Defesa do marxismo

Fotografia de José Carlos Mariátegui tirada para a credencial da Conferência Econômica Internacional em Gênova, Itália, 1922.

DEFESA DO MARXISMO

polêmica revolucionária
e outros escritos

José Carlos Mariátegui

tradução, organização, notas e índice onomástico
Yuri Martins Fontes

Copyright desta edição © Boitempo Editorial, 2011

Tradução dos originais em espanhol *Defensa del marxismo, polémica revolucionaria* (Lima, Biblioteca Amauta, 1964) e *Obras* (2 v., org. Francisco Baeza, Havana, Casa de Las Américas, 1982).

Coordenação editorial	Ivana Jinkings
Editora-adjunta	Bibiana Leme
Assistência editorial	Livia Campos
Tradução	Yuri Martins Fontes
Revisão	Caio Moretto Ribeiro
Capa	David Amiel
Diagramação	Acqua Estúdio Gráfico
Coordenação de Produção	Juliana Brandt
Assistência de Produção	Livia Viganó

CIP-BRASIL. CATALOGAÇÃO-NA-FONTE
SINDICATO NACIONAL DOS EDITORES DE LIVROS, RJ.

M286d

Mariátegui, José Carlos, 1895-1930
    Defesa do marxismo, polêmica revolucionária e outros escritos / José Carlos Mariátegui ; tradução, organização, notas e índice onomástico Yuri Martins Fontes. - São Paulo : Boitempo, 2011.

    Tradução de: Defensa del marxismo, polémica revolucionaria
    Índice
    ISBN 978-85-7559-181-9

    1. Problemas sociais. I. Título.

11-4484.   CDD: 361.1
                                                                                                     CDU: 364.6

19.07.11   25.07.11   028179

É vedada a reprodução de qualquer parte
deste livro sem a expressa autorização da editora.

1ª edição: agosto de 2011
1ª reimpressão: abril de 2025

BOITEMPO
Jinkings Editores Associados Ltda.
Rua Pereira Leite, 373
05442-000 São Paulo SP
Tel.: (11) 3875-7250 / 3875-7285
editor@boitempoeditorial.com.br | boitempoeditorial.com.br
blogdaboitempo.com.br | youtube.com/tvboitempo

Sumário

Introdução – MARIÁTEGUI E A FILOSOFIA DE NOSSO TEMPO 7

DEFESA DO MARXISMO
    I. HENRI DE MAN E A "CRISE" DO MARXISMO 29
    II. A TENTATIVA REVISIONISTA DE *PARA ALÉM DO MARXISMO* 33
    III. A ECONOMIA LIBERAL E A ECONOMIA SOCIALISTA 37
    IV. A FILOSOFIA MODERNA E O MARXISMO 43
    V. TRAÇOS E ESPÍRITO DO SOCIALISMO BELGA 49
    VI. ÉTICA E SOCIALISMO 53
    VII. O DETERMINISMO MARXISTA 59
    VIII. O SENTIDO HEROICO E CRIADOR DO SOCIALISMO 63
    IX. A ECONOMIA LIBERAL E A ECONOMIA SOCIALISTA 66
    X. FREUDISMO E MARXISMO 68
    XI. POSIÇÃO DO SOCIALISMO BRITÂNICO 71
    XII. O LIVRO DE ÉMILE VANDERVELDE 77
    XIII. O IDEALISMO MATERIALISTA 80
    XIV. O MITO DA NOVA GERAÇÃO 86
    XV. O PROCESSO CONTRA A LITERATURA FRANCESA CONTEMPORÂNEA 90
    XVI. "A CIÊNCIA DA REVOLUÇÃO" 97

OUTROS ESCRITOS
    A CRISE DA DEMOCRACIA 103
    FATOS E IDEIAS DA REVOLUÇÃO RUSSA 141
    A CRISE DO SOCIALISMO 159
    A MENSAGEM DO ORIENTE 185
    AS REIVINDICAÇÕES FEMINISTAS 201
    PROGRAMA DO PARTIDO SOCIALISTA PERUANO 205

Índice onomástico 211
Cronologia resumida de José Carlos Mariátegui 229
Obras do autor 231

Capa da edição peruana de 1964 do livro *Defesa do marxismo*.
Ilustração de Karl Marx feita por David Alfaro Siqueiros.

Siglas

N. A. – Nota do autor

N. E. B. – Nota da edição brasileira

N. E. P. – Nota da edição peruana

N. T. – Nota do tradutor

Introdução

MARIÁTEGUI E A FILOSOFIA DE NOSSO TEMPO

Yuri Martins Fontes

Figurando entre os principais expoentes da filosofia contemporânea, somente neste novo século o pensador e ativista peruano José Carlos Mariátegui começou a ocupar nos meios editorial e acadêmico o espaço de posteridade que sua obra lhe designou. Com delicado estilo analítico e clareza expositiva, constrói um texto ponderado e sempre embasado em detalhadas fontes, em que mesmo críticas agudas sabem ser colocadas de maneira gentil. Seus escritos, elaborados especialmente nos anos 1920, percorrem temas históricos, filosóficos e artísticos, dentre outros, manejando com precisão a ferramenta dialética materialista para desvendar desde a história de seu país, inserida em um contexto latino-americano periférico, até aspectos da geopolítica mundial. Sem ter buscado com imensos tratados aventurar-se a formular alguma solução abstrata para todo o sempre da humanidade, esse marxista de práxis – cuja vida teórica e prática foram inseparáveis – usou do faro de jornalista e viajante, aliado à solidez de historiador, para investigar aspectos pertinentes que possibilitassem transcender uma sociedade decaída e subjugada pela violência do capital. Seus luminosos ensaios tratam de diversos problemas da época – qual um vaga-lume insistente a prover de fagulhas as noites sem lua do pós-guerra em que via o ser humano se perder. Com originalidade e erudição, e sem deixar de ter como princípio a comunicação com as massas, conjugou sua vida de militante com reflexões acerca de como tornar viável o caminho da mais nobre e saudável utopia comunista.

Seu marxismo dito *heterodoxo* – taxado de irracionalista por socialistas ainda atados ao espírito positivista típico dos tempos – foi um dos primeiros a acusar a necessidade de o ser humano desenvolver todas as faces de seu ser: racional e irracional; intelectual e sentimental; sensual e criativa. Com ampla capacidade de visão apoiada nos alicerces do materialismo histórico, e sem cair nas vias anárquicas de um ecletismo diletante, soube absorver o que havia de essências conceituais libertárias em pensadores proscritos pela esquerda ortodoxa, agregando à sua contribuição ético-ontológica categorias fundamentais ao ideal do materialismo histórico – auscultando desde as ideias de Georges Sorel até as de Sigmund Freud e Friedrich Nietzsche, dentre vários outros nomes centrais ao pensamento contemporâneo.

Ensaios dialéticos por uma filosofia da práxis

Nos artigos selecionados para esta publicação, Mariátegui se atém às questões filosóficas e políticas mais prementes do conturbado momento em que viveu, quando, por um lado, as potências capitalistas haviam levado a humanidade a conhecer uma das piores carnificinas de sua história – a Primeira Guerra Mundial – e, por outro, a Revolução Soviética apontava uma possibilidade de fuga daquele sistema que o autor percebia como ilógico e imoral. Sua técnica de dissecar experiências da discussão socialista e equívocos dos revisionistas ou, ainda, de iluminar personagens importantes no jogo dos poderes e ideias, no entanto, não se limita a um abstracionismo esquerdista ou a uma emotiva história política – é antes uma plataforma tática da qual ele se ergue para enxergar o porvir humano no instável pós-guerra, em que um capitalismo feroz demonstrava sua incapacidade de oferecer ao homem uma solução de paz duradoura, em meio às ambições contrapostas de nações imperialistas interessadas em obter máximas vantagens. Assim, o jornalista e historiador, ao propor uma direção aos caminhos da ciência e da história, afirma-se também como filósofo.

Esta tradução buscou preservar o estilo eloquente e cativante do autor, bem como o de sua época, mantendo a contundência das repetições, seu ritmo de pontuação e sua escolha de termos que, sem ser prolixos, são eruditos, exigindo conceituação precisa. Desse modo, pretendeu-se falsear o menos possível a mensagem e o poder de persuasão dos textos originais – cujo tom beira mesmo o poético.

Abre esta edição a obra *Defesa do marxismo – polêmica revolucionária*, seu principal livro sobre temas filosóficos, no qual esboça pontos de vista fundamentais acerca do marxismo – e que ora ganha sua primeira versão em português, mais de oitenta anos depois de escrito. Na obra, elaborada entre 1928 e 1929 – últimos anos de estabilidade capitalista antes da grande crise econômica –, pode-se perceber um pensador cujos conhecimentos sobre as principais teorias que (ao lado da filosofia da práxis[1] de Marx e Engels) fundaram o mundo contemporâneo despontam em meio à ortodoxia do comunismo daquele início de século. O idealismo e a fé racional de Mariátegui – à semelhança dos também heterodoxos Antonio Gramsci e Caio Prado Jr. – o levariam em um

---

[1] "Filosofia da práxis", assim como "materialismo histórico", é uma designação da filosofia marxista. Em *Filosofia da práxis* (São Paulo, Expressão Popular, 2007), o filósofo mexicano Adolfo Sánchez Vázquez define a práxis como uma "teoria condicionada historicamente e fundamentada cientificamente" – atentando à necessidade de que o pensamento una a teoria à prática, seja totalizante, transformador e transponha as especialidades que reduzem o indivíduo contemporâneo, permitindo ao ser humano desenvolver com plenitude suas potências psíquicas e físicas.

rumo distinto ao do evolucionismo tímido da Segunda Internacional. Na obra desses três pensadores, apesar das diferentes realidades históricas vividas, nota-se a mesma característica ensaística ou experimental, a denotar seu caráter jornalístico e militante de intervenção na opinião pública.

Em seu duro embate contra o revisionismo – que, a partir de críticas ao socialismo burocrático e obsoleto predominante na Europa Ocidental, quer negar ou superar o marxismo –, Mariátegui enstrada pela discussão da moderna psicanálise, a qual vinha sendo usada como arma por pretensos reformadores. É o caso do principal personagem atacado em sua *defesa marxista*, o "derrotista" Henri de Man – "reformista desenganado" pela medíocre experiência do socialismo na Bélgica. Para Mariátegui, sua crítica não é original nem cabe ao marxismo de fato, heroico e revolucionário, mas serve sim ao próprio "reformismo" do ambiente em que o belga se situa – o "ambiente medíocre e passivo" do sindicato e da social-democracia de seu país. Em sentido inverso, o peruano mostra como as contribuições de Freud e da psicologia contemporânea são convergentes e úteis ao materialismo histórico, concluindo que a "interpretação econômica da história não passa de uma psicanálise generalizada do espírito social e político".

Os quatro títulos seguintes da presente coletânea foram selecionados dentre aqueles que vieram a público em castelhano sob o nome *La escena contemporánea* [A cena contemporânea], nos quais o autor foca, com destreza psicológica, figuras e aspectos da realidade internacional – analisando-os segundo a dialética materialista, inseridos no contexto histórico. São, como ele as define, "impressões por demais fragmentadas" para se pretenderem uma explicação da época, mas que contêm "um esboço ou ensaio de interpretação dessa época e de seus tormentosos problemas".

Já os dois últimos escritos ilustram seu espírito engajado, atento a tensões que pulsam em seu entorno social – no caso, o advento das ainda confusas ideias feministas no Peru, bem como suas próprias teses como líder socialista a traduzir o marxismo ao contexto peruano, expostas no programa de seu partido. Uma questão que lhe é básica é a de como articular de modo dialético o desenvolvimento científico de origem ocidental (tradição intelectual europeia) com o desenvolvimento comunitário fraterno oriental[2] (típico das tradições indígenas), no intuito de conceber uma perspectiva comunista autêntica. Para tanto, realiza análises históricas, econômicas, socioantropológicas, literárias e

---

[2] Mariátegui usa o termo *oriental* em sentido similar ao que Edward Said mais tarde desenvolverá em *Orientalismo* (2. ed., São Paulo, Companhia das Letras, 2001), ou seja, o *não ocidental*, os *outros*, os *diferentes*.

pedagógicas, demonstrando erudição científica e artística que pode ser observada em vários dos ensaios da presente publicação. De modo a oferecer ao leitor um panorama didático sobre o conhecimento do autor a respeito de ideias que o cercavam – facilitando a fluidez da leitura –, confeccionou-se o índice onomástico que acompanha esta edição.

Como Mariátegui sugere com relação a muitos de seus escritos, os ensaios que elaborou foram intervenções ativistas, apaixonadas, constituindo-se em germes de livros mais aprofundados que desejaria desenvolver mais tarde. À revelia de qualquer enquadramento ideológico ou acadêmico, declara que seu trabalho se desenvolve "segundo a observação de Nietzsche, que não apreciava o autor envolvido na produção intencional e deliberada de um livro, mas sim aquele cujos pensamentos formavam um livro de forma espontânea". No calor da luta, escreve por amor, atua movido pela fé na causa revolucionária – sentimento que acredita ser a grande contribuição dos povos indígenas à Revolução. Contudo, a vida abreviada antes dos 36 anos não lhe permitiu ampliar e sistematizar em teses sua produção ensaística – vítima de uma infecção na perna, derivada de um golpe que recebera quando jovem, morreu em 1930.

Contexto histórico-ideológico

Considerado hoje um dos mais profundos marxistas americanos, Mariátegui exerce influência sobre diversos movimentos sociais da atualidade – desde o Movimento dos Trabalhadores Rurais Sem Terra (MST) e a Via Campesina até as guerrilhas do Movimento Revolucionário Túpac Amaru, o Sendero Luminoso, as Forças Armadas Revolucionárias da Colômbia – Exército do Povo (Farc-EP) e o Exército Zapatista de Libertação Nacional. Segundo o autor, cuja teoria foi intrinsecamente voltada à prática, a "faculdade de pensar a história" se identifica com a "faculdade de fazê-la e criá-la". Em uma de suas principais obras historiográficas, *Sete ensaios de interpretação da realidade peruana*[3], traduzida para mais de setenta idiomas e cuja leitura é obrigatória em seu país, afirma: "Meu pensamento e minha vida constituem uma única coisa, um único processo" – ao que acrescenta que deve ser valorizado aquele "capaz de traduzir em atos" o que até então "não pôde ser senão ideia".

Trabalhando como jornalista, nos anos 1920 ele se aproxima do movimento operário, enfrentando a classe dirigente limenha e apoiando greves. O então presidente peruano, casado com uma parente sua, impõe-lhe o exílio. Ele segue

---

[3] São Paulo, Expressão Popular, 2008.

para a Europa, e elege a Itália para viver a maior parte do tempo – país em que "desposaria algumas ideias e uma mulher". Vê de perto a ascensão do fascismo, no que entende ser uma resposta do grande capital a uma crise social profunda – a expressão de uma classe dominante que já não se sente protegida por suas instituições pobremente democráticas. Nesse período se forma como ideólogo do comunismo, travando também contato com a psicanálise e a filosofia intuitiva de Nietzsche – assunto que o interessa especialmente no tocante à impotência do homem moderno, inserido na estrutura cultural burguesa--cristã. Quando regressa a Lima, Mariátegui já se declarava comunista; suas ideias foram acusadas por nacionalistas de "europeizadas", ao que ele contesta: "Fiz na Europa o melhor de minha aprendizagem e acredito que não haja salvação para a Indo-América sem a ciência e o pensamento europeus ou ocidentais". Participa então da fundação do Partido Socialista Peruano – para o qual não elege a denominação *comunista* devido à apropriação do termo, na época, por uma linha moscovita que se burocratizava.

Para o autor, a teoria marxista sobre as revoluções nacionais não pode ser obstruída por uma visão estagnada e pré-estabelecida – sendo antes um método interpretativo e uma prática de vida que devem ser construídos segundo a realidade de cada país. Refuta, assim, a leitura europeia de revolucionários ortodoxos defensores do etapismo, que enxergam no capital um papel civilizador: "Não existe no Peru, como jamais existiu, uma burguesia, com sentido nacional". Entende que é preciso que se desenvolva uma perspectiva revolucionária com raízes nas próprias tradições e culturas populares. Tal posição foi vista como afronta não apenas pela ortodoxia socialista, mas também pela centro-esquerda revisionista da Alianza Popular Revolucionaria Americana (Apra), movimento reformista influente no Peru liderado por Víctor Raúl Haya de la Torre. O marxismo latino-americano, como analisa Michael Löwy[4], estava então polarizado entre duas atitudes extremistas: os ortodoxos queriam submeter o particular ao universal; os revisionistas superestimavam as especificidades locais em prejuízo da universalidade da teoria de Marx.

Mariátegui entendia que o comunismo na América não poderia ser uma cópia europeia, mas sim uma "criação heroica", em que a comunidade camponesa autóctone, essencialmente solidária em suas relações sociais, se tornaria a base do Estado contemporâneo. Em defesa dessa tese, expõe sua concepção sobre o *comunismo primitivo* em que viviam os incas (ou quéchuas), povo "disciplinado e simples" e que dispunha de "bem-estar material":

---

[4] Na coletânea *O marxismo na América Latina* (2. ed., São Paulo, Perseu Abramo, 2006).

> Todos os testemunhos históricos concordam na afirmação de que o povo incaico – trabalhador, disciplinado, panteísta e simples – vivia com bem-estar material [...]. A organização coletivista, regida pelos incas, tinha amortecido o *impulso individualista* nos índios; mas havia desenvolvido neles, em proveito desse regime econômico, o hábito de uma humilde e religiosa obediência ao seu dever social [...]. O trabalho coletivo e o esforço comum eram frutiferamente empregados nos fins sociais.[5]

Tais práticas saudáveis dos indígenas têm de ser preservadas, sem que no entanto se deixe de levar em conta o aporte que a cultura europeia legou ao mundo – e cujo "mais alto plano é a filosofia marxista". Ao contrário das análises fechadas então predominantes dentre os partidos comunistas europeus, Mariátegui parte de uma observação fundamental: o socialismo em um país onde três quartos da população são indígenas não pode ser criado sem a participação efetiva dos índios. A libertação do índio peruano passa pela união dos povos indígenas, em luta conjunta com camponeses e trabalhadores urbanos, na construção de um socialismo adequado à realidade histórica do Peru.

Já em seu enfrentamento do outro extremo, critica o indigenismo dos apristas*, alertando que o socialismo não pode ser confundido com paternalismo. Para ele, tal ideia criada verticalmente por mestiços crioulos das classes letradas, embora útil para condenar o latifundiário, tem um cunho filantrópico de caridade que não serve à revolução. Aqui, bem como em passagens salpicadas em vários de seus livros, observa-se certa influência nietzschiana – no caso, a desmascarar o suposto valor do *bom burguês* caridoso.

Sua obra, por tais razões, apesar do atual reconhecimento internacional, foi por muito tempo impopular. Seu marxismo autônomo, original e criativo foi segregado como *desvio ideológico*. Isso fez com que tardasse décadas para que um livro seu chegasse aos brasileiros – o que se deveu também a fatores como a marginalidade do Peru aos olhos de um Brasil sempre voltado para a Europa, os Estados Unidos e, quando muito, a Argentina e o México.

A filosofia da plenitude humana

Travando contato com as ideias de Freud e Nietzsche, Mariátegui percebe que são, junto com as de Marx, das mais letais ao racionalismo positivista, ou vulgar – visão perfeccionista advinda do Iluminismo. Constatados e explícitos os descaminhos da civilização capitalista ocidental, o narcisismo do homem

---

[5] José Carlos Mariátegui, "Esquema da evolução econômica", em *Sete ensaios de interpretação da realidade peruana*, cit., p. 33-4.
* Membros da Apra. (N. E. B.)

moderno – divinizado – estava ferido. E, em pouco tempo, a difusão do princípio da física moderna se somaria ao desmonte dessa razão vulgar, demonstrando que nem as ciências ditas exatas são de fato exatas. Assim, do velho positivismo não restariam senão escombros, sobre os quais se ergueria o neorracionalismo hoje imposto, a louvar um pensamento técnico-científico redutível a números – precariamente demonstrável e supostamente útil –, em detrimento de qualquer reflexão filosófica que pudesse lhe servir de guia. Tal ideia é a que hoje fornece as bases do dogma neoliberal, pregando o pensamento único, e pautado pelo paradigma economicista segundo o qual quantidades absolutas e mensuráveis são a medida essencial do progresso. Sendo desesperançado, o neorracional tende a ser conservador ou, na melhor das hipóteses, sua crítica é cética e, portanto, passiva. O cientista valorizado na sociedade burguesa, se já não tem mais a pretensão positivista ingênua de descrever o mundo, quer ainda reduzir o pensamento à produção de pequenas verdades técnico-utilitárias mensuráveis – desgovernadas – que garantem a manutenção de privilégios econômicos, embora degradem corpo e espírito. Há, pois, um intuito pragmático imediatista que empobrece a própria razão, servindo portanto ao capitalismo – além de influenciar parcela de socialistas que não lograram suplantar uma estreita razão intelectual, mesmo após a constatação de que não existe conhecimento *exato*, mas *probabilístico*. Mariátegui, atento a esse movimento epistêmico-ideológico, percebe como central a discussão sobre o positivismo e sua influência mecanicista no marxismo, fundamentando sua crítica na tese de Marx de que a verdade só existe na história – o que por sua vez remonta a G. W. F. Hegel, para quem a verdade só existe no tempo:

> A filosofia contemporânea varreu o medíocre edifício positivista. Esclareceu e demarcou os modestos limites da razão [...]. É inútil procurar uma verdade absoluta. A verdade de hoje não será a verdade de amanhã. Uma verdade é válida apenas para uma época. Contentemo-nos com uma verdade relativa.[6]

Embora menos estrito, esse intelectualismo remodelado – discurso utilitarista e pessimista que sucede o anterior otimismo iludido – mantém uma soberba valorização do objetivismo científico, uma abstração irreal, como mostraram Einstein e a ciência moderna, que é ainda mais simplória quando se trata da imensurável complexidade humana. Pragmática, essa razão intelectual menospreza uma razão subjetiva que contemple também as potências humanas

---

[6] José Carlos Mariátegui, *El alma matinal y otras estaciones del hombre de hoy* (Lima, Amauta, 1987).

afetivas – sentimentos acerca do justo e do belo – em busca de uma "razão mais ampla"; ou seja, um conhecimento que enverede no campo do incomensurável, porém concebível, próprio das disciplinas filosóficas ética e estética, reunificando a razão que fora desmembrada teoricamente por Immanuel Kant.

Friedrich Wilhelm Joseph von Schelling, citado por Theodor Adorno e Max Horkheimer na obra *Dialética do Iluminismo* – obscuramente intitulada *Dialética do esclarecimento* em sua tradução para o português –, sintetiza a questão: "A arte entra em ação quando o saber desampara os homens". Segundo os filósofos da Escola de Frankfurt, esse *esclarecimento* neoiluminista – intelectualismo do século XX que corrompe a diversidade existencial em valores monetários – está infectado por sua covardia perante o devir histórico: o "medo de pensar a si mesmo", afirmam, não lhe permite constatar o "elemento destrutivo do progresso", o qual, sob o comando dos mais esclarecidos, "dirige a sociedade em direção à barbárie":

> Se o *esclarecimento* não acolhe dentro de si a reflexão sobre esse elemento regressivo, ele está selando seu próprio destino [...]. A causa da recaída do esclarecimento está no próprio esclarecimento *paralisado pelo temor à verdade* [...] [o que se manifesta como] a aversão à dúvida, o agir por interesse, a preguiça nas investigações pessoais, o fetichismo verbal, o deter-se em conhecimentos parciais [...]. O que os Homens [elite esclarecida] querem aprender da natureza é como empregá-la para *dominar* completamente a ela e aos Homens [...]. Para o *esclarecimento*, aquilo que não se reduz a números passa a ser ilusão: o *positivismo moderno* remete-o para a literatura.[7]

Preludiando as críticas dos frankfurtianos, a análise mariateguiana vai mais além de negar o positivismo ingênuo, contrapondo-se também ao neorracionalismo cético – inserindo-se na tradição não ortodoxa marxista que desde cedo recusa o economicismo, entendendo de modo amplo o desenvolvimento humano, cuja essência é a possibilidade de realização plena do homem enquanto ser teórico e prático, racional e instintivo[8]; um conceito distinto do

---

[7] Theodor Adorno e Max Horkheimer, *Dialética do esclarecimento* (Rio de Janeiro, Zahar, 1985), p. 13-23. Grifos meus.

[8] Quanto ao desenvolvimento totalizante das potências humanas, vale remeter à obra *Tipos psicológicos*, de C. G. Jung (4. ed., Petrópolis, Vozes, 2011), em que o autor sistematiza orientações características humanas a partir das concepções autóctones de diversas culturas antigas (gregos, chineses, brâmanes, indo-americanos e africanos), bem como de tendências expressas na literatura (Platão, Goethe, Nietzsche etc.). Sua investigação antropológica, entretanto, é limitada por certa rigidez determinista, segundo a qual o ser humano só conseguiria desenvolver uma dessas potências recalcando as demais. O que o neofreudiano não percebe, do patamar nublado de seu academicismo estruturalmente burguês, é que a conformação social im-

mero progresso tecnológico desgovernado a que hoje se tenta reduzir tal noção. As ciências humanas têm complexidade incomparavelmente maior do que as naturais; não é possível reduzir seu objeto de análise à camada tênue superficial a que chamamos consciência, bem como não se pode querer compartimentar artificialmente a já frágil razão. Daí que seja preciso haver pontos de vista teóricos ampliados, que abarquem desde a história, a economia, a psicologia – o inconsciente – e as demais ciências sociais até as disciplinas filosóficas e a literatura, em oposição à fragmentação das faculdades supostamente autônomas, alijadas umas das outras conforme a tendência atual da especialização que domina uma ciência técnico-mercadológica[9].

A ideia de totalização, tanto do conhecimento como da plenitude humana, é vital para Karl Marx e Friedrich Engels – e também o movimento dos Annales mais tarde a abraçaria. Em *A ideologia alemã*, Marx acusa a limitação do homem pelo capitalismo, afirmando que, em uma sociedade comunista, "cada um não tem um campo de atividade exclusivo, mas pode aperfeiçoar-se em todos os ramos que lhe agradam"[10].

A filosofia da práxis mariateguiana situa o autor como um dos marcos fundadores da contemporaneidade do pensamento filosófico americano – ao lado de poucos outros de sua época, como o brasileiro Caio Prado Jr. e o cubano Julio Mella[11]. Seus aportes transcendem o científico rumo ao filosófico, pois são universais, embora observados a partir de singularidades de sua própria cultura; por exemplo, a dominação vista não do ângulo europeu, mas do próprio dominado. Trata-se ainda de um pensamento contemporâneo, no sentido

---

põe sérias restrições à plenitude humana, à dialética das tendências psíquicas opostas – tema que Marx já havia levantado no século XIX. Assim, num eixo racional, não apenas *estão*, mas *movem-se*, num processo de individuação, as potências intelectual e sentimental; enquanto em outro eixo, o irracional (ou instintivo), contrapõem-se e complementam-se a sensualidade (conjunto de percepções presentes) e a intuição (faculdade criadora perceptiva do devir).

[9] A esse respeito, Caio Prado Jr., em suas *Notas introdutórias à lógica dialética* (3. ed., São Paulo, Brasiliense, 1968), afirma que a ciência é vista de forma "deformada"; que o método usado pelos cientistas, cada vez mais especializados e fechados nos limites de suas próprias disciplinas, "se inspira numa concepção atomística da conceituação, e nada têm a ver com a verdadeira natureza do conhecimento". Nota-se aqui influência da psicologia da forma (ou *Gestalt*) na concepção do autor.

[10] Karl Marx e Friedrich Engels, *A ideologia alemã* (São Paulo, Boitempo, 2007), p. 38.

[11] Mella foi também pioneiro em negar o caráter nacional às burguesias locais, além de ter se interessado por ideias de Nietzsche. Ver *Hombres de la Revolución: Julio Antonio Mella* (Havana, Imprenta Universitaria "Andre Voisin", 1971).

de que o materialismo histórico terá pertinência e deverá estar no cerne da discussão humana, enquanto não for superada a estrutura econômica de escassez que obstrui as possibilidades de plenitude humana. Ou, na expressão de Jean-Paul Sartre – que se aprofundou no assunto em "Questão de método"[12] –, o marxismo é a "única filosofia de nossa época", e qualquer outra filosofia que se posicione em contrário só poderá ser um retrocesso arcaico: "Um argumento 'antimarxista' não passa de um rejuvenescimento aparente de uma ideia pré-marxista"[13].

Ao sorver variadas fontes, a filosofia de transformação sociocultural mariateguiana investiga vários campos do saber e absorve sem preconceitos críticas que considera contundentes para corroborar o ideal comunista – valorizando a riqueza de novos temas e pontos de vista, num gesto que ratifica seu espírito dialético.

Análise do inconsciente como reforço à teoria da alienação

Embora em meados do século XX as categorias psicanalíticas tenham passado a interessar substancialmente os marxistas, Mariátegui foi um dos primeiros a dar-lhes a devida atenção ainda na época do entreguerras. O pioneirismo da reflexão mariateguiana sobre a necessidade de a práxis abarcar o tema da irracionalidade se dá bem antes de Sartre desenvolver a questão – tornando-a popular ao elaborar, na Europa já vitimada por duas grandes guerras, uma teoria em que denunciava a crise da civilização europeia. Conforme analisa o historiador da filosofia Leopoldo Zea – em *A filosofia americana como filosofia*[14] –, a Segunda Guerra foi um episódio-limite da irracionalidade da razão esclarecida, envergonhando o ser humano e influenciando o pensamento latino-americano. Mas Mariátegui não viveria para vê-la, embora seja possível perceber em seus textos – como no ensaio "A crise da democracia", presente nesta edição – que ele já previa uma tragédia do gênero, diante da incapacidade de ambiciosas potências chegarem a uma paz duradoura após a trégua de 1918.

Para Mariátegui, tanto o problema econômico-material colocado por Marx como a repressão sexual apontada por Freud remetem às necessidades psíquicas e físicas mais básicas, que, por conseguinte, não são excludentes, mas se reforçam – ao atentarem às alienações humana exterior (social) e interior (indivi-

---

[12] Jean-Paul Sarte, "Questão de método" (São Paulo, Abril Cultural, 1978, Os Pensadores).
[13] Esse tema foi explorado, além de Mariátegui, por Rosa Luxemburgo, Caio Prado Jr. e Florestan Fernandes, dentre vários outros grandes pensadores marxistas.
[14] São Paulo, Pensieri, 1993.

dual). De fato, é nítida a semelhança entre os escritos de Engels e Freud quanto à sociedade primitiva: para ambos, os homens vieram a se tornar animais trabalhadores por meio da repressão de seus impulsos, pois o trabalho pela sobrevivência exige a cooperação social e certa repressão dos desejos sexuais.

Mariátegui entende que, ao lado da repressão social, a sexual é questão premente a uma práxis efetiva que almeje superar o estágio raso no qual se afoga o homem civilizado. Em *Defesa do marxismo*, afirma que as teorias marxista e psicanalítica atentam a "deformações", uma observando a consciência; a outra, a sociedade:

> Freudismo e marxismo – apesar de os discípulos de Freud e Marx não serem ainda os mais propensos a entendê-lo e notá-lo – são parentes em seus diferentes domínios, não só pelo que em suas teorias há de "humilhação", como diz Freud, para as concepções idealistas da humanidade, mas pelo seu método diante dos problemas que abordam.[15]

Para essa polemização teórica, Mariátegui cita o trotskista Max Eastman, que em *Marx, Lenin, and the Science of Revolution* [Marx, Lenin e a ciência da revolução][16] coincide com Henri de Man na tendência de estudar o marxismo sob a óptica da psicanálise – embora sem pretender "liquidar o marxismo" como o belga:

> Para curar os transtornos individuais, o psicanalista presta uma atenção particular às deformações da consciência produzidas pelos impulsos sexuais reprimidos. O marxista, que busca curar os transtornos da sociedade, presta uma atenção particular às deformações engendradas pela fome e pelo egoísmo.[17]

Ainda nessa linha, vale lembrar as pesquisas de Wilhelm Reich, marxista contemporâneo a Mariátegui. Em *Um ensaio sobre a revolução sexual*, o sociólogo Daniel Guerin diz que Reich construiu uma "síntese freudomarxista" ao afirmar que a revolução tem de romper a moral social arraigada e doente, restaurando a força humana natural reprimida, constituindo-se simultaneamente em uma revolução social e sexual:

> Antes das inscrições nas paredes da Sorbonne, Reich havia percebido que a repressão da sexualidade pela sociedade estropia suas vítimas, torna-as dementes ou impotentes, ao mesmo tempo que esbanja uma enorme quantidade de energia psí-

---

[15] José Carlos Mariátegui, "Freudismo e marxismo", p. 69 deste volume.
[16] Nova York, Hyperion, 1973.
[17] Max Eastman, citado em José Carlos Mariátegui, "Freudismo e marxismo", p. 69 deste volume.

quica [...] e *paralisa* as forças da revolta no oprimido.[18]

Em *A irrupção da moral sexual repressiva*, Reich afirma que os "sociólogos burgueses" vieram a "falsificar a história para sustentar que a monogamia teria sempre existido, dissimulando que a poligamia e a promiscuidade sexual exerceram papel importante nas sociedades primitivas"[19]. Para o autor, o moralismo sexual da civilização ocidental é ideológico e patológico. Confirmando tal tese, Claude Lévi-Strauss em seus *Tristes trópicos* acusa a violenta repressão da cultura ocidental – a que nos acostumamos a ver como normal –, ao expor que os índios nambiquaras viviam em um equilíbrio natural entre o trabalho e a sexualidade, cumprindo suas tarefas "quase sempre alegres e risonhos, em um clima erótico que impregna a vida no dia a dia"[20]. Outro importante marxista heterodoxo que viria depois a se dedicar a essa convergência – apontando inclusive a importância de a práxis abarcar conceitos do zen-budismo e do taoismo – é Erich Fromm. Em *Meu encontro com Marx e Freud*, avalia que esses pensadores tiveram como essencial o problema da alienação, embora reconheça que a crítica de Marx seja de "maior profundidade e alcance"[21]. Marx concebe que "a exigência de abandonar ilusões sobre sua condição é a exigência de abandonar uma condição que necessita de ilusões"[22] – frase que, segundo nota Fromm, também caberia a Freud. "Enquanto para Marx a verdade era uma arma para as modificações *sociais*, para Freud ela servia às modificações *individuais*."[23] O conhecimento que liberta deve atentar ao exterior e ao interior – às possibilidades sociais e às individuais. A psicanálise busca fazer com que o paciente perceba "o caráter fictício de suas ideias conscientes"[24], tornando consciente o que era inconsciente e assim alcançando o poder para transformar-se. Já para Marx, o conhecimento é o meio essencial para transformar tanto a sociedade como o indivíduo.

Complementando esse panorama de ideias que expandem o marxismo em direção à psicologia, vale notar que Mariátegui, em seu pioneirismo, não se limi-

---

[18] Daniel Guerin, *Um ensaio sobre a revolução sexual* (São Paulo, Brasiliense, 1980), p. 16. Grifo meu.

[19] Wilhelm Reich, *A irrupção da moral sexual repressiva*, citado em Daniel Guerin, *Um ensaio sobre a revolução sexual*, cit., p. 17.

[20] Claude Lévi-Strauss, *Tristes trópicos* (São Paulo, Companhia das Letras, 1996), p. 265 e 269.

[21] Erich Fromm, *Meu encontro com Marx e Freud* (7. ed., São Paulo, Brasiliense, 1979).

[22] Ibidem, p. 21.

[23] Citado em ibidem, p. 20. Grifos meus.

[24] Ibidem, p. 21.

tou a conhecer Freud, mas foi também em busca das contribuições nietzschianas, no aspecto de sua investigação intuicionista – mergulho ao inconsciente que visa desvendar o homem a si mesmo, expondo sem pudor suas fraquezas e máscaras. Nietzsche – como Marx e Freud – também vê como primordial a questão da alienação. As teorias dos três pensadores têm a semelhança de investir contra esse estado alienado – seja social, instintivo ou existencial – em busca da libertação do homem. Em seu *Assim falou Zaratustra*[25], Nietzsche critica a vida superficial do burguês-cristão típico, incitando-o a desvendar sua profundidade, a dar algum motivo à sua existência. Esse filósofo – que se autointitula o "primeiro psicólogo" – é considerado um dos precursores da moderna psicologia, tendo inclusive prenunciado várias das ideias que seriam sistematizadas por Freud. E cabe colocar que o próprio Nietzsche declara ter se inspirado na "voz do sangue" de Dostoiévski ao ler suas *Memórias do subsolo*. Nesse texto angustiante, o escritor russo, ao perscrutar o subterrâneo humano, proclama:

> Existem nas recordações de todo homem coisas que ele só revela aos seus amigos. Há outras que ele não revela senão a si mesmo, e assim mesmo em segredo. Mas também há, finalmente, coisas que o homem tem medo de desvendar até a si próprio, e em cada homem honesto acumula-se um número bastante considerável de coisas no gênero. E acontece até que, quanto mais honesto é um homem, mais coisas assim ele possui.[26]

Antonio Candido, em seu posfácio às *Obras incompletas* de Nietzsche, afirma serem complementares as concepções marxista e nietzschiana no tocante ao problema da vida em sociedade e à noção de homem enquanto ser inacabado:

> Se Marx ensaiava transmudar os valores sociais no que têm de coletivo, ele [Nietzsche] ensaiou uma transmutação do ângulo psicológico – do homem tomado como unidade de uma *espécie*, pela qual é decisivamente marcado, sem desconhecer, é claro, todo o equipamento de civilização que intervém no processo. São atitudes que se *completam*, pois não basta rejeitar a herança burguesa no nível da produção e das ideologias; é preciso pesquisar o *subsolo pessoal* do homem moderno tomado como indivíduo, revolvendo as convenções que a ele se incorporam.[27]

Embora reconheça ressalvas a certas ideias nietzschianas, Candido observa

---

[25] Friedrich Nietzsche, *Assim falou Zaratustra* (Rio de Janeiro, Civilização Brasileira, 1998).
[26] Fiódor Dostoiévski, *Memórias do subsolo* (São Paulo, Editora 34, 2000), p. 52.
[27] Antonio Candido, "O portador", em *Obras incompletas* (3. ed., São Paulo, Abril Cultural, 1983, Os Pensadores), p. 413. Grifos meus em "completam" e "subsolo pessoal". Grifo do autor em "espécie".

que sua "lição, longe de exaurida, pode servir de guia a muitos problemas do humanismo contemporâneo". Conforme Nietzsche, o homem é um ser que deve ser ultrapassado e, portanto, diz Candido, "o que ele propõe é ultrapassar constantemente o ser de conjuntura que somos num dado momento, a fim de buscar *estados mais completos de humanização*"[28]. Vê-se aqui a aproximação conceitual entre Nietzsche e Marx acerca da plenitude humana e da necessária transcendência de valores, segundo os quais o homem deve transformar sua consciência. Citando Helvétius, em *A sagrada família*, Marx escreve: "As grandes reformas apenas podem ser realizadas com o enfraquecimento da adoração estúpida que os povos sentem pelas velhas leis e costumes"[29]. Em paralelo, o autor de *Assim falou Zaratustra* declara: "Destrocei tudo aquilo que algum dia meu coração venerara, derribei todos os marcos de fronteira e ídolos"[30].

Finalmente, é importante salientar que, apesar da resistência de alguns marxistas ortodoxos, ainda hoje, em observar a questão do irracionalismo, o próprio Marx já desenvolvera o tema. No artigo "Amor", Marx, zomba da noção idealista da "Crítica crítica" – que tem como pretensão certa "quietude do conhecer" –, afirmando o amor como indomável e intrínseco ao homem:

> O amor é uma paixão e não há nada mais perigoso para a Quietude do conhecer do que a paixão [...], satanás em carne e osso; o amor, que é o primeiro a ensinar de verdade ao homem a crer no mundo objetivo fora dele [...], o transforma em um [...] objeto não apenas interior e esquecido no cérebro, mas também manifesto e aberto aos sentidos.[31]

A ironia de Marx denota sua precoce consciência do poder dos instintos sobre a razão – desequilibrando mesmo o mais frio cérebro racionalista: "O que a Crítica crítica quer combater com isso não é apenas o amor, mas tudo aquilo que é vivo, [...] toda experiência sensual, toda experiência *real*"[32]. Mas as paixões não podem ser reduzidas a números – e daí a necessidade de a filosofia da práxis superar esse hábito intelectual puritano, abarcando os campos escuros do inconsciente, de forma a reforçar sua própria autonomia e ação transformadora. Apesar disso, nossa civilização cada vez mais débil e imediatista parece se afastar de tal caminho – mantendo um alienado redu-

---

[28] Ibidem, p. 411. Grifos meus.
[29] Karl Marx e Friedrich Engels, *A sagrada família* (São Paulo, Boitempo, 2003), p. 152.
[30] Friedrich Nietzsche, *Assim falou Zaratustra*, cit., p. 275.
[31] Karl Marx e Friedrich Engels, *A sagrada família*, cit., p. 31-2.
[32] Ibidem, p. 30.

cionismo do real a propagandear supostas virtudes do que é seguro e previsível. Tal ordem, se fosse possível, certamente mais se assemelharia ao tédio que à felicidade.

Intelecto e sensibilidade: uma síntese dialética

Com sua abordagem abrangente, os conceitos mariateguianos abalaram o conservador marxismo mecanicista – motivo pelo qual sua obra foi taxada de "ensaística" e "romântica" pela crítica socialista da época. À primeira dessas críticas ele responderia ressaltando o valor da escrita apaixonada, revolucionária, empenhada com sangue – e foi desse modo, paralelo à sua vida prática, que se concretizou sua ação teórica. Há em sua obra filosófica *ensaística*, um sentido didático e ativo – um pensamento inquieto que não se basta na abstração. Como ele mesmo analisaria, suas várias viagens – com os obstáculos diários que naturalmente o novo sempre acarreta – contribuíram para essa formação não apenas ampla, mas prática.

Diante da segunda crítica, a racionalista, Mariátegui defenderia a importância da utopia para uma existência mais plena, postando-se contra o niilismo cansado do burguês cético, pusilânime e desprovido de sonhos, que só valoriza o que pode possuir, sugar de imediato e controlar, acovardando-se diante de quaisquer enfrentamentos com o desconhecido – o que Nietzsche vê como a prática daquele que apenas percebe a necessidade de superar o que é obsoleto, sem colocar a mão na massa e "destruí-lo". Nessa questão, percebe-se, além de Nietzsche, clara influência do sindicalista Georges Sorel – tido por Mariátegui como um dos mais vigorosos continuadores de Marx. Em *Defesa do marxismo*, ideias de Sorel são convocadas em diversos momentos. Distinguindo o que é essencial à teoria marxista daquilo que lhe é apenas contingente, o revolucionário francês esclarece, em *Reflexões sobre a violência*[33], em meio a um pálido período de parlamentarismo social-democrata que teve lugar após a Primeira Guerra Mundial, a função histórica da violência – incorporando o irracionalismo filosófico ao materialismo histórico. Mariátegui, em consonância com Sorel, defende que a revolução "desgraçadamente" não pode ser feita com "jejuns": "Os revolucionários de todas as latitudes têm de escolher entre sofrer a violência ou utilizá-la. Se não se deseja que o espírito e a inteligência estejam sob as ordens da força" – afirma –, "há que se decidir colocar a força sob as

---

[33] São Paulo, Martins Fontes, 1992.

ordens da inteligência e do espírito"[34].

Outro aspecto da teoria soreliana caro a Mariátegui é a questão da citada fé indígena discutida pelo francês:

> O que mais pura e claramente diferencia nesta época a burguesia do proletariado é o mito. A burguesia já não tem nenhum mito. Tornou-se incrédula, cética, niilista. O mito liberal renascentista envelheceu muito. O proletariado tem um mito: a revolução social [...]. A força dos revolucionários não está em sua ciência; está em sua fé, em sua paixão, em sua vontade.[35]

Para Mariátegui, a fé indígena foi anteriormente fundada no misticismo, mas deve agora se tornar ideológica, em contraste com a desesperança do homem ocidental. A fé – paixão por um ideal – é característica intrinsecamente revolucionária e não pode ser confundida com o velho romantismo. Em *Sete ensaios de interpretação da realidade peruana*, ele afirma que o romantismo do século XIX foi essencialmente individualista, cheio de "queixa egolátrica e narcisista", mas no século XX "é, ao contrário, espontânea e logicamente socialista" – pois que o novo romancista "sente e ama universalmente". Assim, ele se soma à crítica de José Ingenieros – em *O homem medíocre*[36] – contra a limitação racionalista: "O maiores espíritos são os que associam as luzes do intelecto às magnificências do coração". Mariátegui dedicaria a esse filósofo argentino – que também via no entusiasmo e na fé valores cruciais à revolução – um de seus perfis político-literários. Em *Do sonho às coisas: retratos subversivos*, cita Ingenieros:

> Sem entusiasmo de nada servem ideais bonitos, sem ousadia não se realizam atos honrosos [...]. A juventude termina quando se apaga o entusiasmo... A inércia perante a vida é covardia. Não basta na vida pensar num ideal; é necessário aplicar todo esforço em sua realização.[37]

Ainda em contraposição a esse intelectualismo, *razão sábia* é o termo com que Sérgio Rouanet denomina a razão dialética, que contempla tanto o intelecto quanto o sentimento – equilibrando-se em meio à oposição extremista entre positivismo e irracionalismo. "A *razão sábia* tem consciência de que o homem é uma personalidade complexa, *sensível* e *racional* ao mesmo tempo." Por con-

---

[34] José Carlos Mariátegui, "A mensagem do oriente", ver p. 191-2 deste volume.
[35] José Carlos Mariátegui, "El hombre y el mito", em *Obras* (Havana, Casa de las Américas, 1988, v. 1), p. 22.
[36] 4. ed., Curitiba, Juruá, 2006.
[37] José Ingenieros citado em José Carlos Mariátegui, *Do sonho às coisas: retratos subversivos* (São Paulo, Boitempo, 2005), p. 129.

seguinte, é distinta da "arrogância positivista", que "revoga o inconsciente e rejeita a influência da afetividade sobre o conhecimento"; e dista também do irracionalismo, "porque sabe que não há outro caminho para o conhecimento senão a razão – nosso deus Logos, disse Freud, é pouco poderoso, mas é o único que temos"[38]. E, acerca do valor dos sentimentos, cita o *Elogio da loucura* de Erasmo de Rotterdam:

> As paixões não são apenas pilotos que conduzem ao porto da sabedoria os que a ele se dirigem, no caminho da virtude, são aguilhões e esporas que excitam a fazer o bem [...]. Quem não fugiria com horror de um homem sem nenhuma paixão, inacessível ao amor e à piedade [...] que não perdoa nada, que não se engana nunca, que mede tudo com o esquadro, que não ama ninguém, que ousa zombar dos próprios deuses e de tudo escarnece? Tal é o retrato do animal que passa por sábio perfeito.[39]

O marxismo mariateguiano, como exposto, mais além de teoria, é sentimento – é "fé na causa revolucionária". Defende uma visão ampliada de revolução, que una a solidariedade camponesa à ciência europeia. A solução latino-americana está para ele na síntese Oriente-Ocidente, e a comunidade indígena poderá se converter na "célula do Estado socialista moderno" – sociedade evoluída que operaria segundo uma nova conformação econômica e cultural distinta tanto da ocidental como da oriental precedentes. Para tanto é preciso dar à luta indígena um caráter de luta de classes. Avalia que a cultura latino-americana se situa em um ponto relativamente privilegiado, entre o racionalismo ocidental – cuja ciência subjugou a natureza, mas também a degenerou – e o conhecimento instintivo dos povos indígenas, mais bem adaptados ao ambiente, cultura na qual a práxis é um gesto mais presente no cotidiano[40]. Esse equilíbrio entre as idiossincrasias ocidental (europeia) e oriental (nesse caso, a indígena e a africana) se deu a partir da miscigenação étnica que acabou por brindar nossa cultura com elementos de mestiçagem. De modo generalista, seria possível analisar a dialética ocidentalismo-orientalismo como a contraposição de certas tendências. De um lado, temos o gesto intelectual, cético, dado à abstração, marcado pelo individualismo, ávido pela engenhosidade técnica e

---

[38] "Razão e paixão", em Adauto Novaes (org.), *Os sentidos da paixão* (São Paulo, Companhia das Letras, 2009), p. 461.

[39] Ibidem, p. 464.

[40] Nessa mesma direção, Caio Prado Jr. nota de maneira positiva que – contrariamente à suposição de que os índios são um povo indolente –, no "extremo Norte do Brasil", onde os povos nativos ainda predominam, "o indígena mais adaptado ao meio é bastante eficiente [em suas atividades]" (em *Formação do Brasil contemporâneo*, 23. ed., São Paulo, Brasiliense, 1996).

ansioso pelo porvir; de outro, o sentimental, esperançoso, sensualista, coletivista, adaptado à natureza que o rodeia e atento ao presente.

A admiração de Mariátegui pela cultura indígena, porém, não o impede de ter consciência de que o restauracionismo é impossível. Reconhece que certas conquistas ocidentais são irreversíveis, e sua crítica logicamente não se posta contra o progresso tecnológico, mas contra o progresso que está contra o homem[41].

Decadência da civilização ocidental

Ocorre com Mariátegui – assim como com os grandes pensadores de maneira geral – que sua obra veio à luz muito antes de seu tempo estar apto a enxergá-la. Ainda hoje mentes progressistas de nossa sociedade não percebem o valor de questões por ele levantadas. Um ponto central para Mariátegui (e que é comum a Marx, Nietzsche e Freud) é a contestação do suposto progresso ocidental – ideia iluminista. A atual cultura industrial pautada pelo consumo-desperdício continua a se empenhar, antes de tudo, na produção excessiva com ênfase num pseudoconforto que ilude e adoece. Por exemplo, o caso do uso demasiado, e por vezes dependente, da eletricidade e do automóvel individual é emblemático. A sociedade capitalista põe mais importância na segurança e na ordem, apesar da limitação vital que isso produz, do que na saúde psicossomática, na sustentabilidade energética e na própria liberdade – conceito delicado e talvez não sujeito a categorizações. Urge, pois, que seja repensada a noção atual de desenvolvimento. Conforme diz Freud em sua talvez mais forte crítica social, "O mal-estar na civilização": "Os homens se orgulham de suas realizações [...]. Contudo, parecem ter observado que a subjugação das forças da natureza não os tornou mais felizes; que o poder sobre a natureza não constitui a *única* pré-condição da felicidade humana"[42].

Uma constatação bastante explícita da decadência da civilização ocidental e da necessidade de valorizar as tradições de sociedades silvestres – que se desenvolvem em *simbiose* com a natureza, e não *contra* ela – é o fato de que mesmo

---

[41] Note-se aqui a semelhança com Rousseau, que há mais de dois séculos percebeu a necessidade de superar o cientificismo da cultura industrial e urbana que "degrada e avilta o homem", mas sem pretender com isso um regresso à ingenuidade primitiva do estado natural – o que seria até uma impossibilidade lógica, pois a história não comporta caminho de volta. Rousseau, ao criticar os bens culturais da civilização, mostra que a cultura não é um fim em si mesma, mas deve estar dirigida a satisfazer o homem – sem o que lhe é prejudicial.

[42] Sigmund Freud, "O mal-estar na civilização" (São Paulo, Abril Cultural, 1978, Os Pensadores), p. 149.

entre as elites comandantes de tal processo, cujos problemas econômicos estão resolvidos, o que se observa por todo lado é a infelicidade disseminada em seres enfermiços, enfastiados e sedentários. Provam isso os altos índices de depressão, insônia, ansiedade, neuroses e psicoses que afetam a população – independente de sua classe –, frutos da competição e do medo tanto da violência como da pauperização. Outro indicador é a fragilidade física das classes médias urbanas – derivada de sério desequilíbrio entre atividades manuais e intelectuais. Cabe citar ainda a destruição acelerada do ambiente natural em que o homem está inserido e do qual dependem sua saúde e sobrevivência – momento crucial inclusive para que a práxis se abra às conquistas da crítica ecológica, já que sua teoria visa ser totalizante.

Marx, há mais de cem anos, já acusava essa necessidade, ainda hoje negligenciada. Em *O capital*, afirma o valor da regulação, da mediação entre as atividades do homem e a natureza que o cerca. Diz que é necessária a preservação dessa mediação, ou seja, a manutenção do metabolismo homem-natureza em equilíbrio funcional:

> Antes de tudo, o trabalho é um processo entre o homem e a natureza, um processo em que o homem, por sua própria ação, *media, regula* e *controla seu metabolismo* com a natureza [...]. O processo de trabalho é atividade orientada a um fim para produzir valores de uso, apropriação do natural para satisfazer necessidades humanas, condição universal do metabolismo entre o homem e a natureza, condição natural eterna da vida humana [...]. Com a preponderância sempre crescente da população urbana que se amontoa em grandes centros, a produção capitalista acumula, por um lado, a força motriz histórica da sociedade, mas perturba, por outro lado, o metabolismo entre o homem e a terra.[43]

Mas não há mediação – a sociedade industrial chafurda no excesso – e nos afastamos mais e mais de nossas demandas psicocorpóreas. Inclua-se aí a necessidade da arte, que para Marx é esfera essencial da existência humana – pois todo homem é um criador, um artista em potencial. Somos, portanto, seres dependentes de um desenvolvimento que não se pensa a si mesmo, de uma tecnologia escravizante que nos consome a breve existência em trabalhos tantas vezes vãos – que reduz as relações humanas e aliena suas potencialidades mais caras, tolhendo em grandes proporções as possibilidades de felicidade. Tudo em prol de um progresso material que teoricamente levaria a um aperfeiçoa-

---

[43] Karl Marx, *O capital* (3. ed., São Paulo, Nova Cultural, 1988), Livro I, cap. 5, p. 142-6, e Livro II, cap. 13, p. 100.

mento – hegeliano ou preguiçoso – da vida cotidiana, mas que na prática serve somente ao orgulho de tristes especialistas e seus proprietários.

A tais questões Mariátegui foi desde cedo atento. É a paixão do índio que o leva à revolução – afirma ele sobre essa sociedade que considerava mais sã em diversos aspectos. De fato, Lévi-Strauss, após passar quase uma década vivendo com índios brasileiros, declarou que entre eles "nunca presenciou uma briga, ou gesto grosseiro"[44]. Oxalá fosse tal questão que intrigasse os entendidos do intelecto e dirigentes da humanidade – mas, para resolvê-la, haveriam de se romper valores, mesmo que estejam plantados nos abismos do espírito contemporâneo, fazendo da teoria uma prática habitual. Como a mensagem deixada pela vida e obra de Mariátegui, cabe aos marxistas compreenderem que as condições e os modos de luta são diversos – segundo a peculiaridade de cada povo e indivíduo que toma parte no embate. É, afinal, o próprio Marx a ensinar que a beleza está nas diferenças, e que somente uma sociedade comunista pode proporcionar aos seus indivíduos a liberdade de ousar, de criar o novo, de *individuar-se*. Mas cabe antes alcançar as alturas cotidianamente práticas de nossa crítica teórica. Um processo revolucionário não parte do conforto de uma biblioteca, e um movimento que pretenda realizá-lo precisa ter claro que é necessário empreender antes uma revolução de costumes, entender que não basta tomar bens dos proprietários dos meios de produção para seguir com a mesma produção deles. Na realidade, o fato é que já não se precisa *dessa* produção, pois ela se tornou excessiva, nociva à saúde, à arte, ao meio ambiente, ao amor e, enfim, às potências humanas – à harmonia que deve reger uma sociedade onde se deseje proporcionar ao indivíduo a igualdade material básica que torne possível o desenvolvimento de diferenças. Como diz o poeta:

> Só viverá o homem novo,
> se os que por ele sofremos
> formos capazes de ser semente e flor deste homem [...]
> Não somos nem melhores, nem piores,
> somos iguais.
> Melhor é a nossa causa.[45]

---

[44] *Trópico da saudade, Claude Lévi-Strauss e a Amazônia* (França, 2008), documentário de Marcelo Fortaleza Flores.

[45] Thiago de Mello – poeta e militante amazonense, desterrado durante a ditadura civil-militar –, em *Poesia comprometida com a minha e a tua vida* (Rio de Janeiro, Bertrand Brasil, 1989).

DEFESA DO MARXISMO

Frontispício da edição peruana de 1964 do livro *Defesa do marxismo*.

I

HENRI DE MAN E A "CRISE" DO MARXISMO

Em um volume que talvez ambicione "a mesma" ressonância e divulgação dos dois tomos de *A decadência do Ocidente** de Spengler, Henri de Man se propõe – ultrapassando o limite do empenho de Eduard Bernstein há um quarto de século – não apenas à "revisão", mas à "liquidação" do marxismo.

A tentativa, sem dúvida, não é original. O marxismo sofre desde o fim do século XIX – isto é, desde antes que se iniciasse a reação contra as características desse século racionalista, entre as quais é catalogado – com as investidas mais ou menos documentadas ou instintivas de professores universitários, herdeiros do rancor da ciência oficial contra Marx e Engels, e de militantes heterodoxos desgostosos com o formalismo da doutrina do partido. O professor Charles Andler prognosticava, em 1897, a "dissolução" do marxismo e entretinha seus ouvintes na cátedra com divagações eruditas sobre o tema. O professor Masaryk, agora presidente da República Tchecoslovaca, diagnosticou em 1898 a "crise do marxismo", e essa expressão menos extrema e mais universitária do que a de Andler foi mais bem vista. Masaryk acumulou mais tarde, em seiscentas páginas de letras góticas, seus sisudos argumentos de sociólogo e filósofo sobre o materialismo histórico, sem que sua crítica pedante – a qual, como provaram em seguida vários comentadores, não captava o sentido da doutrina de Marx – minasse minimamente sua estrutura. E Eduard Bernstein, insigne estudioso de economia procedente da escola social-democrata, formulou na mesma época sua tese revisionista, elaborada com dados do desenvolvimento do capitalismo que não confirmavam as previsões de Marx a respeito da concentração do capital e da pauperização do proletariado. Por seu caráter econômico, a tese de Bernstein encontrou mais eco do que a dos professores Andler e Masaryk; porém, nem Bernstein, nem os demais "revisionistas" de sua escola conseguiram abalar as fortificações do marxismo. Bernstein, que não pretendia suscitar uma corrente secessionista, mas reclamar consideração a

---

* Oswald Spengler, *A decadência do Ocidente* (Rio de Janeiro, Jorge Zahar, 1964). (N. T.)

circunstâncias não previstas por Marx, manteve-se dentro da social-democracia alemã – a qual, por outro lado, era então mais dominada pelo espírito reformista de Lassalle do que pelo pensamento revolucionário do autor de *O capital*.

Não vale a pena enumerar outras ofensivas menores operadas com argumentos idênticos ou análogos, ou ainda circunscritas às relações do marxismo com uma ciência dada: a do direito *verbi gratia**. A heresia é indispensável para comprovar a saúde do dogma. Algumas [ofensivas] serviram para estimular a atividade intelectual do socialismo, cumprindo uma função oportuna de reação. Quanto às outras, puramente individuais, o tempo fez sua justiça implacável.

A verdadeira revisão do marxismo, no sentido de renovação e continuação da obra de Marx, foi realizada na teoria e na prática por outra categoria de intelectuais revolucionários. Georges Sorel, em estudos que separam e distinguem o que em Marx é essencial ou substantivo daquilo que é formal e contingente, representou nas primeiras décadas do século atual – talvez mais do que a reação do sentimento classista dos sindicatos – o retorno à concepção dinâmica e revolucionária de Marx e sua inserção na nova realidade intelectual e orgânica, contrariamente à degeneração evolucionista e parlamentar do socialismo. Por meio de Sorel, o marxismo assimila os elementos e aquisições substanciais das correntes filosóficas posteriores a Marx. Superando as bases racionalistas e positivistas do socialismo de sua época, Sorel encontra em Bergson e nos pragmatistas** ideias que revigoram o pensamento socialista, restituindo-o à missão revolucionária da qual o aburguesamento intelectual e espiritual dos partidos e de seus parlamentares, que se satisfaziam no campo filosófico com o historicismo mais raso e o evolucionismo mais assustado, o havia gradualmente afastado. A teoria dos mitos revolucionários, que aplica ao movimento socialista a experiência dos movimentos religiosos, estabelece as bases de uma filosofia da revolução, profundamente impregnada de realismo psicológico e sociológico, ao mesmo tempo que se antecipa às conclusões do relativismo contemporâneo, tão caras a Henri de Man. A reivindicação do sindicato como fator primordial de uma consciência genuinamente socialista e como instituição característica de uma nova ordem econômica e política denota o renascimento da ideia classista, subjugada pelas ilusões democráticas do período de apogeu do sufrágio universal, no qual retumbou magnífica a eloquência de Jaurès.

---

* Usada provavelmente com ironia, essa expressão latina significa "por exemplo". (N. T.)

** Pragmatismo: escola filosófica do século XIX caracterizada por considerar uma ideia como útil apenas quando ela tem efeitos práticos imediatos. (N. T)

Sorel, esclarecendo o rol histórico da violência, é o continuador mais vigoroso de Marx nesse período de parlamentarismo social-democrático, cujo efeito mais evidente foi a resistência psicológica e intelectual de líderes operários diante do assalto ao poder a que lhes empurravam as massas na crise revolucionária pós-bélica. As *Reflexões sobre a violência** parecem ter influído decisivamente na formação mental de dois caudilhos tão antagônicos como Lenin e Mussolini. E Lenin aparece incontestavelmente em nossa época como o restaurador mais enérgico e fecundo do pensamento marxista, quaisquer que sejam as dúvidas que a esse respeito dilacerem o desiludido autor de *Para além do marxismo***. A Revolução Russa constitui, quer aceitem ou não os reformistas, o acontecimento dominante do socialismo contemporâneo. É nela, cujo alcance histórico não se pôde ainda medir, que se deve buscar a nova etapa marxista.

Em *Para além do marxismo*, Henri de Man, por certa impossibilidade de aceitar e compreender a revolução, prefere recolher os maus humores e as desilusões de pós-guerra do proletariado ocidental como expressão do estado presente do sentimento e da mentalidade socialistas. Henri de Man é um reformista desenganado. Ele mesmo conta no prólogo de seu livro como as decepções de guerra destroçaram sua fé socialista. A origem de seu livro está sem dúvida no "abismo cada vez mais profundo que o separava de seus antigos correligionários marxistas convertidos ao bolchevismo". Desiludido com a práxis reformista, Henri de Man – discípulo dos teóricos da social-democracia alemã, ainda que a ascendência de Jaurès houvesse suavizado sensivelmente sua ortodoxia – não decidiu, como os correligionários que menciona, seguir o caminho da revolução. A "liquidação do marxismo", da qual se ocupa, representa antes de tudo sua própria existência pessoal. Essa "liquidação" se operou na consciência de Henri de Man assim como na de muitos outros socialistas intelectuais que, com o egocentrismo peculiar à sua mentalidade, apressam-se em identificar o juízo da história com a sua própria experiência.

Por isso, Henri de Man escreveu – poder-se-ia dizer deliberadamente – um livro derrotista e negativo. O mais importante de *Para além do marxismo* é, indubitavelmente, sua crítica à política reformista. O ambiente no qual ele se situa para analisar as motivações e os impulsos do proletariado é aquele médio-

---

* Georges Sorel, *Reflexões sobre a violência* (São Paulo, Martins Fontes, 1992). (N. T.)
** Título original: *Au-delà du marxisme*. Edição em espanhol: Henrs de Man, *Más allá del marxismo* (tradução de V. Marco Miranda, Madri, M. Aguilar, 1933). (N. T.)

cre e passivo no qual combateu: o do sindicato e da social-democracia belgas. Não é em nenhum momento o ambiente heroico da Revolução, que durante a agitação pós-bélica não foi exclusivo da Rússia, como qualquer leitor destas linhas pode comprovar nas páginas rigorosamente históricas e jornalísticas de *La senda roja* [O caminho vermelho]*, de Álvarez del Vayo – ainda que o autor misture ao assunto um ligeiro elemento novelesco. Henri de Man ignora e descarta a emoção, o *páthos*** revolucionário. O propósito de liquidar e superar o marxismo o conduziu à crítica minuciosa de um meio sindical e político que não é absolutamente, em nossos dias, o meio marxista. Os mais severos e rigorosos estudiosos do movimento socialista constatam que o efetivo inspirador da social-democracia alemã – da qual teórica e praticamente Man se sente tão próximo – não foi Marx, mas Lassalle. O reformismo lassalliano se harmonizava muito mais com as motivações e a práxis empregadas pela social-democracia no processo de sua expansão do que com o revolucionarismo marxista. Todas as incongruências e as distâncias que Henri de Man observa entre a teoria e a prática da social-democracia germânica não são afinal estritamente imputáveis ao marxismo, a não ser na medida em que se queira chamar de marxismo algo que havia deixado de sê-lo desde quase a sua origem. O marxismo de hoje, ativo, vivente, tem muito pouco a ver com as desoladas comprovações de Henri de Man – que devem antes preocupar a Vandervelde e aos demais políticos da social-democracia belga, aos quais parece que seu livro causou tão profunda impressão.

---

* Alvarez del Vayo, *La senda roja* (Madri, Espasa Calpe, 1934). (N. E. B.)
** Termo grego que designa uma paixão violenta. (N. E. P.)

II

A TENTATIVA REVISIONISTA DE *PARA ALÉM DO MARXISMO*

Sempre houve, entre intelectuais do tipo de Henri de Man, uma tendência peculiar em aplicar na análise da política ou da economia os princípios da ciência que está mais em voga. Até pouco tempo, a biologia impunha seus termos a especulações sociológicas e históricas com um rigor impertinente e enfadonho. Em nossa América tropical, tão propensa a certos contágios, essa tendência fez muitas vítimas. O escritor cubano Lamar Schweyer, autor da *Biología de la democracia* [Biologia da democracia]*, que pretende entender e explicar os fenômenos da democracia latino-americana sem o auxílio da ciência econômica, pode ser citado entre essas vítimas. É óbvio lembrar que essa adaptação de uma técnica científica a temas que fogem de seu objeto constitui um sinal de diletantismo intelectual. Cada ciência tem seu próprio método, e as ciências sociais estão entre as que reivindicam com maior direito essa autonomia.

Henri de Man representa, na crítica socialista, a moda da psicologia e da psicanálise. A razão mais poderosa para que o marxismo lhe pareça uma concepção atrasada e oitocentista reside sem dúvida em seu desgosto de senti-lo anterior e estranho aos descobrimentos de Freud, Jung, Adler, Ferenczi etc. Nessa inclinação, sua experiência individual também se revela. O processo de sua reação antimarxista é antes de tudo um processo psicológico. Seria fácil explicar psicanaliticamente a gênese de *Para além do marxismo*. Para tanto não é necessário se aprofundar até as últimas etapas da biografia do autor. Basta seguir passo a passo sua própria análise, na qual se encontram, invariavelmente em conflito, seu desencanto com a prática reformista e sua resistente e apriorística negação para aceitar a concepção revolucionária – não obstante a lógica de suas conclusões a respeito da degeneração das motivações da primeira. No subconsciente**

---

* Alberto Lamar Schweyer, *Biología de la democracia: ensayo de sociología americana* (Havana, Minerva, 1927). (N. T.)

** No início de seus estudos, Freud nomeava *subconsciente* o que viria depois a chamar *inconsciente* – com o intuito de acentuar a clivagem entre os domínios psíquicos inconsciente e consciente. (N. T.)

de *Para além do marxismo* age um complexo. De outro modo, não seria possível explicar a linha dramaticamente contraditória, retorcida e arbitrária de seu pensamento.

Isso não é motivo para que o estudo dos elementos psíquicos da política operária não constitua a parte mais positiva e original do livro, que a esse respeito contém observações muito sagazes e precisas. Henri de Man faz bom uso do terreno da ciência psicológica, ainda que exagere demais no resultado de suas indagações, quando encontra a fonte principal da luta anticapitalista num "complexo de inferioridade social". Contrariamente ao que Man supõe, sua psicanálise não obtém nenhum esclarecimento que seja contrário às premissas essenciais do marxismo. Assim, por exemplo, quando sustenta que "o ressentimento contra a burguesia é motivado mais por seu poder que por sua riqueza", nada diz que seja contraditório com a práxis marxista – a qual propõe precisamente a conquista do poder político como base para a socialização da riqueza. O erro atribuído a Marx, ao extrair de suas reivindicações sociais e econômicas uma tese política – e Henri de Man encontra-se entre os que usam esse argumento –, absolutamente não existe. Marx colocava a conquista do poder como ponto alto de seu programa não porque subestimasse a ação sindical, mas por considerar a vitória sobre a burguesia um fato político. Outra afirmação que igualmente não causa dano é:

> O que estimulou os operários das fábricas à luta defensiva não foi tanto a diminuição dos salários, mas a diminuição da independência social, da alegria no trabalho e do amparo para viver; era uma tensão crescente entre as necessidades rapidamente multiplicadas e um salário que só lentamente aumentava, e era, enfim, a sensação de uma contradição entre as bases morais e jurídicas do novo sistema de trabalho e as tradições do antigo.

Nenhuma dessas comprovações diminui a validez do método marxista, que busca a causa econômica "em última análise", e é isso o que nunca puderam entender aqueles que reduzem arbitrariamente o marxismo a uma explicação puramente econômica dos fenômenos.

Henri de Man está inteiramente correto quando reclama uma maior valorização dos fatores psíquicos do trabalho. Uma verdade incontestável se resume nestas proposições: "Ainda que nos dediquemos a um trabalho utilitário, não mudou a disposição original que nos impulsionou a buscar o prazer do trabalho, expressando nele os valores psíquicos que nos são mais pessoais"; "O homem pode encontrar a felicidade não somente pelo trabalho, mas também no trabalho"; "Hoje a maior parte de população de todos os países industriais se acha condenada a viver por meio de um trabalho que, ainda que crie bens mais úteis que outrora, proporciona menos prazer do que nunca aos trabalhadores"; "O capitalismo separou o produtor da produção: o operário da obra". Entretanto, nenhum desses conceitos foi descoberto pelo autor de *Para além do marxismo* nem justifica uma tentativa revisionista. Eles não estão expressos apenas na crítica ao taylorismo* e nas outras consequências da civilização industrial, mas sobretudo na bastante substancial obra de Sorel, que dedicou uma atenção especial aos elementos espirituais do trabalho. Apesar de sua filiação marcadamente *materialista* – na acepção antagônica desse termo ao de *idealista* –, Sorel sentiu, melhor talvez do que qualquer outro teórico do socialismo, o desequilíbrio espiritual a que a ordem capitalista condenava o trabalhador. O mundo espiritual do trabalhador e sua responsabilidade moral preocuparam o autor de *Reflexões sobre a violência* tanto quanto suas reivindicações econômicas. Nesse plano, sua pesquisa dá seguimento às de Le Play e Proudhon, tão frequentemente citados em alguns de seus trabalhos, dentre os quais o que esboça as bases de uma teoria sobre a dor – testemunha de sua fina e certeira penetração na psicologia. Muito antes que o freudismo se difundisse, Sorel reivindicou todo o valor do seguinte pensamento de Renan:

> É surpreendente que a ciência e a filosofia, adotando a postura frívola das pessoas comuns de tratar a causa misteriosa por excelência como se fosse uma simples matéria de gozação, não tenham feito do amor o objeto capital de suas observações e especulações. É o fato mais extraordinário e sugestivo do universo. Por uma hipocrisia sem sentido na ordem da reflexão filosófica, não se fala dele nem se adota a seu respeito quaisquer ingênuas vulgaridades. Não se deseja ver que se está diante da nudez das coisas, ante o mais profundo segredo do mundo.

Sorel, aprofundando essa opinião de Renan, como ele mesmo diz, sente-se induzido

> a pensar que os homens manifestam em sua vida sexual tudo o que há de mais essencial em sua psicologia; se essa lei psicoerótica foi tão descuidada pelos psicólogos de profissão, foi no entanto quase sempre levada em séria consideração pelos romancistas e dramaturgos.

Para Henri de Man é evidente a decadência do marxismo devido à pouca curiosidade que, segundo ele, despertam agora seus temas no mundo intelectual, onde, pelo contrário, encontram extraordinário favorecimento os tópicos

---

* *Taylorismo* é o nome que se dá à chamada "racionalização" da produção em série capitalista, cuja intenção é obter as maiores vantagens da mão de obra proletária. Tal designação tem origem no nome de Frederick Winslow Taylor. (N. E. P.)

de psicologia, religião, teosofia etc. Eis aqui outra reação do mais específico tipo psicológico intelectual. Henri de Man provavelmente sente a nostalgia de tempos como o do processo Dreyfus, em que um socialismo gasoso e abstrato – administrado em doses não prejudiciais à neurose de uma burguesia mansa e apática ou de uma aristocracia esnobe – conseguia as mais impressionantes vitórias mundanas. O entusiasmo por Jean Jaurès, que colore de delicado galicismo sua lassalliana – e não marxista – educação social-democrática, depende sem dúvida de uma importância excessiva e *tout à fait** intelectual dos sufrágios obtidos, na elite de sua época, pelo idealismo humanista do grande tribuno. Porém a própria observação que motiva essas nostalgias não é exata. Não há dúvida de que a reação fascista, primeiro, e a estabilização capitalista e democrática, depois, fizeram estragos notáveis no humor político dos literatos e universitários. Mas a Revolução Russa, que é a expressão culminante do marxismo teórico e prático, conserva seu interesse intacto para os estudiosos. É o que provam os livros de Duhamel e Durtain, recebidos e comentados pelo público com o mesmo interesse que, nos primeiros anos do experimento soviético, foi dedicado aos livros de H. G. Wells e Bertrand Russell. A mais inquieta e valiosa linha vanguardista da literatura francesa, o surrealismo, sentiu-se espontaneamente levada a solicitar ao marxismo uma concepção de revolução que esclarecesse política e historicamente o sentido de seu protesto. A mesma tendência ocorre em outras correntes artísticas e intelectuais de vanguarda, tanto na Europa como na América. No Japão, o estudo do marxismo nasceu na universidade; na China, o mesmo fenômeno se repete. Pouco significa o fato de o socialismo não conseguir a mesma clientela que, num público versátil, encontram o espiritismo, a metafísica e Rudolph Valentino.

Por outro lado, a pesquisa psicológica de Henri de Man, bem como sua investigação doutrinária, tiveram como sujeito o reformismo. O quadro sintomático que nos oferece em seu livro do estado afetivo do proletariado industrial corresponde à sua experiência individual nos sindicatos belgas. Henri de Man conhece o campo da reforma; ignora o da revolução. Seu desencanto nada tem com essa última. E pode-se dizer que na obra desse reformista decepcionado reconhece-se, em geral, a alma pequeno-burguesa de um país-tampão, prisioneiro da Europa capitalista, ao qual seus limites proíbem toda autonomia de movimento histórico. Há aqui outro complexo e outra repressão a serem esclarecidos. Mas não será Henri de Man quem vai esclarecê-los.

---

* Expressão francesa que significa "claramente", "evidentemente". (N. E. P.)

III

A ECONOMIA LIBERAL E A ECONOMIA SOCIALISTA

Não se concebe uma revisão – e menos ainda uma liquidação – do marxismo que não almeje antes de tudo uma correção documentada e original da economia marxista. No entanto, Henri de Man contenta-se com chacotas nesse campo, como a de se perguntar "por que Marx não apresentou a evolução social como proveniente da evolução geológica ou cosmológica?", em vez de fazê-la depender, em última análise, das causas econômicas. Henri de Man não oferece nem uma crítica nem uma análise a respeito da economia contemporânea. Parece se conformar, a esse respeito, com as conclusões a que Vandervelde chegou em 1898, quando declarou datadas as três seguintes proposições de Marx: a lei de bronze dos salários*, a lei da concentração do capital e a lei da correlação entre a potência econômica e a política. Desde Vandervelde, que – como agudamente observava Sorel – não se consola (apesar das satisfações com sua glória internacional) da desgraça de ter nascido em um país por demais pequeno para seu gênio, até Antonio Graziadei, que pretendeu separar a teoria do lucro da teoria do valor, e desde Bernstein, líder do revisionismo alemão, até Hilferding, autor de *Das Finanzkapital* [O capital financeiro]**, que a bibliografia econômica socialista abrange uma especulação teórica, à qual o novíssimo e espontâneo encarregado do testamento marxista não agrega nada de novo.

Henri de Man se entretém com seus embustes acerca dos diversos graus em que se cumpriram as previsões de Marx a respeito da desqualificação do trabalho humano como consequência do desenvolvimento das máquinas. "A meca-

---

* Em sua origem, essa lei expressava que os salários tendem a ser regulados de forma rígida (daí o termo *bronze*), pagos no nível estrito da sobrevivência – devido ao crescimento populacional, ao uso das máquinas e à oferta abundante de trabalhadores. Porém, Engels afirma que, em *O capital*, essa ideia é circunstancialmente refutada por Marx na seção sobre o 'Processo de acumulação do capital'". Ver Friedrich Engels, "Carta a Auguste Bebel (28 de março de 1875)", em Karl Marx e Friedrich Engels, *Obras escolhidas em três tomos* (Lisboa, Avante!, 1982), disponível em: <http://www.marxists.org/portugues/marx/1875/03/28.htm>, acesso em 2 de agosto de 2011. (N. T.)
** Rudolf Hilferding, *O capital financeiro* (São Paulo, Nova Cultural, 1985). (N. T.)

nização da produção – defende ele – produz duas tendências opostas, uma que desqualifica o trabalho e outra que o requalifica". Esse fato é óbvio. O que importa saber é em que proporção a segunda tendência compensa a primeira. E sobre isso Henri de Man não tem nenhum dado a nos fornecer. Apenas se sente à vontade para "afirmar que como regra geral as tendências desqualificadoras adquirem força no princípio da mecanização, enquanto as requalificadoras são próprias de um estado mais avançado do progresso técnico". Man não acredita que o taylorismo, o qual "corresponde inteiramente às tendências inerentes à técnica da produção capitalista, como forma de produção que renda o máximo possível com a ajuda das máquinas e com a maior economia possível de mão de obra", venha a impor suas leis à indústria. Para sustentar essa conclusão, afirma que, "nos Estados Unidos, onde nasceu o taylorismo, não há uma só empresa importante em que a aplicação completa do sistema não tenha fracassado devido à impossibilidade psicológica de reduzir os seres humanos ao estado de gorilas". Essa pode ser outra ilusão do teórico belga, muito satisfeito de que ao seu redor continuem abundantes os camelôs e artesãos; mas é uma afirmação muito distante de ser corroborada pelos fatos. É fácil comprovar que os fatos desmentem Henri de Man. O sistema industrial de Ford, do qual os intelectuais da democracia esperam toda sorte de milagres, baseia-se como é evidente na aplicação dos princípios tayloristas. Ford, no livro *Minha vida e minha obra**, não economiza esforços para justificar a organização taylorista do trabalho. Seu livro, a esse respeito, é uma defesa absoluta da mecanização contra as teorias de psicólogos e filantropos.

> O trabalho que consiste em fazer sem cessar a mesma coisa e sempre da mesma maneira constitui uma perspectiva terrível para certas organizações intelectuais. Para mim também o seria. Ser-me-ia impossível fazer a mesma coisa de um extremo do dia a outro; porém, tenho de dar-me conta de que para outros espíritos, talvez para a maioria, esse gênero de trabalho nada tenha de terrificante. Para certas inteligências, ao contrário, o terrível é pensar. Para essas, a ocupação ideal é aquela em que o espírito de iniciativa não tem necessidade de se manifestar.

Henri de Man confia que o taylorismo seja desacreditado pela comprovação de que "determina no operário consequências psicológicas de tal modo desfavoráveis à produtividade que não poderiam ser compensadas pela economia de

---

* Henry Ford, com a colaboração de Samuel Crowther, *My Life and Work* (Nova York, Arno, 1973). [Ed. bras.: *Minha vida e minha obra*, São Paulo, Editora Monteiro Lobato, 1925.] (N. E. B.)

trabalho e de salários, teoricamente prováveis". Mas, nessa como em outras especulações, seu raciocínio é de psicólogo e não de economista. A indústria se atém por ora muito mais à opinião de Ford do que à dos socialistas belgas. O método capitalista de racionalização do trabalho ignora radicalmente o que diz Henri de Man. Seu objetivo é o barateamento dos custos mediante o emprego de máquinas e de operários não qualificados. A racionalização tem, entre outras consequências, a de manter, por meio de um exército permanente de desempregados, um baixo nível de salários. Esses desempregados provêm, em boa parte, da desqualificação do trabalho pelo regime taylorista, o qual Henri de Man tão otimista e prematuramente supõe condenado.

Henri de Man aceita a colaboração dos operários no trabalho de reconstrução da economia capitalista. A prática reformista obtém totalmente sua adesão. "Ajudando no restabelecimento da produção capitalista e na conservação do estado atual – afirma –, os partidos operários realizam um trabalho preliminar para todo o progresso vindouro". Pouco desgaste, então, deveria lhe custar a comprovação de que, entre os meios para essa reconstrução, se conta em primeiro plano o esforço pela racionalização do trabalho, aprimorando os equipamentos industriais, aumentando o trabalho mecânico e reduzindo o emprego de mão de obra qualificada.

No entanto, sua melhor experiência moderna foi obtida nos Estados Unidos, terra de promessas, cuja vitalidade capitalista o fez pensar que,

> o socialismo europeu, na realidade, não nasceu tanto de sua oposição ao capitalismo como entidade econômica, mas de sua luta contra certas circunstâncias que acompanharam o nascimento do capitalismo europeu, tais como a pauperização dos trabalhadores, a subordinação de classes sancionada por leis, usos e costumes, a ausência de democracia política, a militarização dos Estados etc.

Nos Estados Unidos, o capitalismo se desenvolveu livre dos resíduos feudais e monárquicos. Apesar de esse ser um país capitalista por excelência, "não há um socialismo estadunidense que possamos considerar expressão do descontentamento das massas trabalhadoras". Conclui-se, portanto, que o socialismo vem a ser algo como o resultado de uma série de perversões europeias que os Estados Unidos desconhecem.

Henri de Man não formula explicitamente esse conceito, porque senão estaria liquidado não apenas o marxismo, mas também o próprio socialismo ético, que apesar de suas várias decepções ele teima em professar. Porém, eis aqui um dos aspectos de sua alegação que o leitor poderia pôr às claras. Para um estudioso sério e objetivo – e já não falemos em um socialista – teria sido mais fácil reconhecer que há nos Estados Unidos uma economia capitalista vigorosa, que deve parte de sua plenitude e de seu impulso às condições excepcionais de liberdade na qual pôde nascer e crescer, mas que não se furta, por essa graça original, à sina de toda economia capitalista. O trabalhador estadunidense é pouco dócil para com o taylorismo. Indo mais além, Ford constata sua arraigada vontade de ascensão. Contudo, a indústria ianque dispõe de operários estrangeiros que se adaptam facilmente às exigências da taylorização. A Europa pode abastecê-la dos homens de que precisa para os gêneros de trabalho que são repugnantes ao operário ianque. Por um lado, os Estados Unidos são um império; por outro, a Europa possui um grande saldo de população desempregada e faminta. Os imigrantes europeus não aspiram, geralmente, a algo além de ser mestres de obra, reforça o senhor Ford. Henri de Man, deslumbrado pela prosperidade ianque, não se pergunta ao menos se o trabalhador desse país encontrará sempre as mesmas possibilidades de crescimento individual. Não tem olhos para o processo de proletarização que também atinge os Estados Unidos. A restrição da entrada de imigrantes nada lhe diz.

O neorrevisionismo limita-se a umas poucas e superficiais observações empíricas que não apreendem o próprio curso da economia nem explicam o sentido da crise pós-bélica*. O mais importante da previsão marxista – a concentração capitalista – já se realizou. Sociais-democratas como Hilferding – a cuja tese um político burguês como Caillaux (veja-se *Où va la France?* [Para onde vai a França?]**) mostra-se mais atento do que um teórico socialista como Henri de Man – aportam seu testemunho científico à consolidação desse fenômeno. Que valor teriam, diante do processo de concentração capitalista que confere o mais decisivo poder às oligarquias financeiras e aos trustes industriais, aqueles pequenos e parciais refluxos escrupulosamente registrados por um revisionismo negativo, que não se cansa de ruminar medíocre e incansavelmente a Bernstein, tão superior, evidentemente, como cientista e cérebro, a seus supostos continuadores? Na Alemanha acaba de ocorrer algo que deveria fazer meditar proveitosamente os teóricos empenhados em negar a relação entre o poder político e o econômico. O Partido Populista, castigado nas eleições, não ficou, no entanto, nem um pouco diminuído no momento de se organizar um novo minis-

---

* O autor refere-se aqui à Primeira Guerra Mundial. (N. T.)
** Joseph Caillaux, *Où va la France? Où va l'Europe?* (Paris, La Sirènne, 1922). (N. T.)

tério. Conversou e negociou de potência a potência com o Parlamento socialista, vitorioso nos escrutínios. Sua força depende de seu caráter de partido da burguesia industrial e financeira; e a perda de alguns assentos no *Reichstag** não pode afetá-la – nem se a social-democracia o vencesse por tripla proporção.

Lenin, chefe de uma grande revolução proletária e, ao mesmo tempo, autor de obras de política e economia marxistas importantes como *O imperialismo, fase superior do capitalismo*** – que deve aqui ser recordado, já que Henri de Man discorre como se o ignorasse completamente –, coloca a questão econômica em termos que os "reconstrutores" absolutamente não modificaram e que seguem correspondendo aos fatos. Escrevia Lenin no estudo mencionado:

> O antigo capitalismo terminou sua tarefa. O novo constitui uma transição. Encontrar "princípios sólidos e um fim concreto" para conciliar o monopólio e a livre concorrência é, evidentemente, tentar resolver um problema insolúvel.
>
> A democratização do sistema de ações e obrigações, da qual os sofistas burgueses, oportunistas e social-democratas, esperam que advenha a "democratização" do capital, o reforço da pequena produção e muitas outras coisas, não é definitivamente senão um dos meios de alimentar o poder da oligarquia financeira. Por isso, nos países capitalistas mais avançados ou mais experientes, a legislação permite que se emitam títulos de menor valor. Na Alemanha, a lei não permite que sejam emitidas ações de menos de mil marcos, e os magnatas das finanças alemãs observam com olhar invejoso a Inglaterra, onde a lei permite que se emitam ações de uma libra esterlina. Siemens, um dos maiores industriais e um dos monarcas das finanças alemãs, declarava no *Reichstag*, em 7 de junho de 1900, que "ações ao preço de uma libra esterlina são a base do imperialismo britânico".

O capitalismo deixou de coincidir com o progresso. Eis aqui um fato característico da etapa dos monopólios, que um intelectual tão preocupado com valores culturais como Henri de Man não deveria ter negligenciado em sua crítica. No período da livre concorrência, a contribuição da ciência encontrava um enérgico estímulo nas necessidades da economia capitalista. O inventor e o criador científico colaboravam com o progresso industrial e econômico, enquanto a indústria conduzia ao êxito o processo científico. Já o regime dos monopólios apresenta efeito distinto. A indústria e as finanças começam a ver, como nota Caillaux, um perigo nos descobrimentos científicos. O progresso da ciência se converte num fator de instabilidade industrial. Para se defender

---
* Antigo Parlamento alemão. (N. E. P.)
** São Paulo, Centauro, 2003. (N. E. B.)

desse risco, um truste pode ter interesse em sufocar ou sequestrar uma descoberta. Diz Lenin:

> Como todo monopólio, o monopólio capitalista engendra infalivelmente uma tendência à estagnação e à corrupção: na medida em que se fixam, ainda que temporariamente, preços de monopólio, ou em que desaparecem em certa medida os estimulantes do progresso técnico e, por conseguinte, os estimulantes para a marcha adiante de qualquer outro progresso, surge então a possibilidade econômica de se entravar o progresso técnico.

Estando a produção governada por uma organização financeira que funciona como intermediária entre o especulador e a indústria, em vez da democratização do capital – que alguns acreditavam descobrir nas sociedades por ações –, o que temos é um completo fenômeno de parasitismo: uma ruptura do processo capitalista da produção é acompanhada por um relaxamento dos fatores aos quais a indústria moderna deve o seu colossal crescimento. Esse é um aspecto da produção para o qual o apreço de Henri de Man pelas pesquisas psicológicas poderia ter descoberto motivos ainda virgens.

No entanto, Henri de Man pensa que o capitalismo, mais do que uma economia, é uma mentalidade, e censura em Bernstein os limites deliberados de seu revisionismo que, em vez de pôr em discussão as hipóteses filosóficas das quais partiu o marxismo, esforçou-se em empregar o método marxista e continuar suas indagações. Há, pois, que buscar suas razões em outro terreno.

IV

A FILOSOFIA MODERNA E O MARXISMO

Com linguagem bíblica, o poeta Paul Valéry expressava desta maneira, em 1919, uma linha genealógica: "E este foi Kant, o qual engendrou Hegel, o qual engendrou Marx, o qual engendrou...". Embora a Revolução Russa já estivesse em curso, ainda era muito cedo para não se contentar prudentemente com as reticências ao chegar à descendência de Marx. Porém, em 1925, C. Achelin substituiu-as pelo nome de Lenin. E é provável que o próprio Paul Valéry não achasse demasiadamente audacioso esse modo de completar seu pensamento.

O materialismo histórico reconhece em sua origem três fontes: a filosofia clássica alemã, a economia inglesa e o socialismo francês. Esse é precisamente o pensamento de Lenin. De acordo com ele, Kant e Hegel antecedem e originam primeiro Marx e depois – acrescentamos nós – Lenin, da mesma maneira que o capitalismo antecede e origina o socialismo. A atenção que representantes tão ilustres da filosofia idealista, como os italianos Croce e Gentile, dedicaram ao fundo filosófico do pensamento de Marx não é certamente alheia a essa filiação evidente do materialismo histórico. A dialética transcendente de Kant preludia, na história do pensamento moderno, a dialética marxista.

Mas essa filiação não significa nenhuma servidão por parte do marxismo a Hegel nem à sua filosofia, que, segundo a célebre frase, Marx pôs de pé contra a intenção de seu autor, que a havia colocado de ponta cabeça. Em primeiro lugar, Marx nunca se propôs à elaboração de um sistema filosófico de interpretação histórica destinado a servir de instrumento à atuação de sua ideia política e revolucionária. Sua obra é, em parte, filosofia, porque esse gênero de especulações não se reduz aos sistemas propriamente ditos, nos quais, como adverte Benedetto Croce – para quem é filosofia todo pensamento que tenha caráter filosófico –, não se encontra por vezes senão sua aparência. A concepção materialista de Marx nasce dialeticamente como antítese da concepção idealista de Hegel. E essa relação não parece tão clara a críticos tão sagazes como Croce. Diz ele:

O laço entre as duas concepções parece-me, antes de tudo, meramente psicológico, pois o hegelianismo era a pré-cultura do jovem Marx e é natural que cada um amarre os novos aos velhos pensamentos, como desenvolvimento, como correção, como antítese.

O empenho daqueles que, como Henri de Man, condenam sumariamente o marxismo como um simples produto do racionalismo do século XIX não pode, pois, ser mais precipitado e caprichoso. O materialismo histórico não é precisamente o metafísico ou filosófico, nem é uma filosofia da história deixada para trás pelo progresso científico. Marx não tinha por que criar mais do que um método de interpretação histórica da sociedade atual. Refutando o professor Stammler, Croce afirma que "o pressuposto do socialismo não é uma filosofia da história, mas uma concepção histórica determinada pelas condições presentes da sociedade e do modo como esta chegou a elas". A crítica marxista estuda concretamente a sociedade capitalista. Enquanto esta não estiver definitivamente suplantada, o cânone de Marx permanecerá válido. O socialismo, ou seja, a luta por transformar a ordem social de capitalista em coletivista, mantém viva essa crítica, a continua, a confirma e a corrige. Vã é toda tentativa de catalogá-la como uma simples teoria científica enquanto trabalhe na história como evangelho e método de um movimento de massas. Porque, diz novamente Croce,

> o materialismo histórico surgiu da necessidade de entender determinada configuração social, não mais de um propósito de investigação dos fatores da vida histórica; e se formou na cabeça de políticos e revolucionários, não na de frios e sistemáticos sábios de biblioteca.

Marx está vivo na luta que, pela realização do socialismo, inumeráveis multidões encorajadas por sua doutrina levam a cabo por todo o mundo. O destino das teorias científicas ou filosóficas que ele usou como elementos de seu trabalho teórico, superando-as e transcendendo-as, não compromete em absoluto a validade e a vigência de sua ideia. Esta é radicalmente alheia à mutável fortuna das ideias científicas e filosóficas que a acompanham ou antecedem imediatamente no tempo.

Henri de Man formula assim seu juízo:

> O marxismo é filho do século XIX. Suas origens remontam à época em que o reinado do conhecimento intelectual – inaugurado pelo humanismo e pela Reforma – alcançava seu apogeu com o método racionalista. Esse método tomou seu caminho sagrado das ciências naturais exatas às quais se devia o progresso das técnicas de produção e de intercomunicação; e consiste em transportar o princípio

da causalidade mecânica, que se manifesta na técnica, à interpretação dos fatos psíquicos. Vê no pensamento racional – que a psicologia contemporânea não reconhece mais do que como uma função ordenadora e inibidora do psíquico – a regra de todo desejo humano e de todo desenvolvimento social.

Em seguida, ele acrescenta que "Marx fez uma síntese psicológica do pensamento filosófico de sua época" (concordando que era "singularmente tão nova e vigorosa na própria ordem sociológica que não é lícito duvidar de sua genial originalidade") e que "o que se expressa nas doutrinas de Marx não são movimentos de ideias, os quais não surgiram senão depois de sua morte, das profundezas da vida operária e da prática social, mas sim o materialismo causal de Darwin e o idealismo teleológico de Hegel".

Não são muito diferentes as inapeláveis sentenças pronunciadas, de um lado, pelo futurismo* e, de outro, pelo tomismo** contra o socialismo marxista. Marinetti junta de um só golpe Marx, Darwin, Spencer e Comte, para fuzilá-los mais rápida e implacavelmente, sem ter cautela com as distâncias que podem distinguir esses homens em seus conceitos igualmente oitocentistas e, portanto, sentenciáveis. E os neotomistas, partindo do extremo oposto – o da reivindicação medieval contra a modernidade –, descobrem no socialismo a conclusão lógica da Reforma e de todas as heresias protestantes, liberais e individualistas. Assim, Henri de Man não apresenta sequer o mérito da originalidade em seu esforço totalmente reacionário de catalogar o marxismo entre os mais específicos processos mentais do "estúpido" século XIX.

Não é preciso reivindicar esse século – negando a artificial e rasa injúria de seus execradores – para refutar o autor de *Para além do marxismo*. Nem sequer é necessário demonstrar que Darwin, tal qual Spencer e Comte, de maneiras diversas, corresponde em todo caso ao modo de pensar do capitalismo, bem como Hegel, de quem descende o racionalismo conservador – aparentemente com o mesmo título do racionalismo revolucionário de Marx e Engels – daqueles historiadores que aplicaram a fórmula "todo racional é real" para justificar despotismos e plutocracias. Se Marx não pôde embasar seu plano político e sua concepção histórica na biologia de De Vries, nem na psicologia de Freud, nem na física de Einstein, assim como Kant, em sua elaboração filosó-

---

* Ver ensaios sobre o futurismo nos textos de *La escena contemporánea* (Lima, Amauta, 1964), *El alma matinal* (Lima, Amauta, 1987) e *El artista y la época* (3. ed., Lima, Amauta, 1967). (N. E. P.)
** Tomismo: filosofia escolástica de Tomás de Aquino, adotada oficialmente pela Igreja Católica, que busca conciliar o pensamento aristotélico e neoplatônico ao cristianismo. (N. T.)

fica teve de se contentar com a física newtoniana e a ciência de seu tempo, o marxismo – ou seus intelectuais –, em seu curso superior, não cessou de assimilar o mais substancial e ativo da especulação filosófica e histórica pós-hegeliana ou pós-racionalista. Georges Sorel, tão influente na formação espiritual de Lenin, ilustrou o movimento revolucionário socialista – com um talento que Henri de Man certamente ignora, ainda que em sua obra omita toda citação do autor de *Reflexões sobre a violência* – à luz da filosofia bergsoniana*, continuando o que Marx, cinquenta anos antes, havia ilustrado à luz da filosofia de Hegel, Fichte e Feuerbach. A literatura revolucionária não abunda, como gostaria Henri de Man, em eruditas divulgações de psicologia, metafísica, estética etc., porque deve atender a objetivos concretos de agitação e crítica. Porém, fora da imprensa oficial do partido, em revistas como *Clarté*** [Claridade] e *La lutte des classes* [A luta de classes], de Paris, *Unter dem Banner des Marxismus* [Sob os estandartes do Marxismo], de Berlim etc., encontraria as expressões de um pensamento filosófico muito mais sério do que o de sua tentativa revisionista.

Vitalismo, ativismo, pragmatismo e relativismo, nenhuma dessas correntes filosóficas – no que podiam contribuir à Revolução – manteve-se à margem do movimento intelectual marxista. William James não é alheio à teoria dos mitos sociais de Sorel, que por sua vez foi marcadamente influenciada por Vilfredo Pareto. E a Revolução Russa – em Lenin, Trotski e outros – produziu um tipo de homem *pensante* e *operante* que deveria dar o que pensar a certos filósofos baratos carregados de todos os preconceitos e superstições racionalistas, das quais se imaginam purgados e imunes.

Marx deu início a esse tipo de homem de ação e pensamento. Porém, nos líderes da Revolução Russa, aparece com traços mais definidos o ideólogo realizador. Lenin, Trotski, Bukharin e Lunacharsky filosofam na teoria e na práxis. Lenin nos lega, ao lado dos trabalhos de estrategista da luta de classes, seu *Materialismo e empiriocriticismo****. Trotski, em meio ao desenrolar da guerra civil e da discussão do Partido, ocupa-se com suas meditações sobre *Literatura*

---

* Com base nas ideias de Henri Bergson, a filosofia bergsoniana é caracterizada por sua crítica ao determinismo – às correntes filosóficas que visavam estabelecer para as humanidades leis análogas às das ciências naturais. (N. T.)
** Ver o ensaio do autor em *El artista y la época*. (N. E. P.)
*** Lisboa, Avante!, 1982. (N. T.)

e revolução*. E acaso não se mesclam a toda hora, em Rosa Luxemburgo, a combatente e a artista? Quem dentre os professores que Henri de Man admira vive com mais plenitude e intensidade de ideia e criação? Virá um tempo em que a assombrosa mulher que escreveu na prisão as maravilhosas cartas a Luisa Kautsky** – a despeito dos presunçosos catedráticos que hoje monopolizam a representação oficial da cultura – despertará a mesma devoção e encontrará o mesmo reconhecimento que uma Teresa d'Ávila. Espírito mais filosófico e moderno – ao mesmo tempo ativo e contemplativo – do que toda a corja pedante que a ignora, ela colocou no poema trágico de sua existência o heroísmo, a beleza, a agonia e o gozo que não são ensinados por nenhuma escola da sabedoria.

Em vez de processar o marxismo por atraso ou indiferença a respeito da filosofia contemporânea, seria antes o caso de processá-la por sua deliberada e medrosa incompreensão da luta de classes e do socialismo. Um filósofo liberal como Benedetto Croce – verdadeiro filósofo e verdadeiro liberal – iniciou esse processo em termos de inapelável justiça[1], antes que outro filósofo, também

---

* Rio de Janeiro, Jorge Zahar, 2007. (N. T.)

** Referência às cartas de Rosa Luxemburgo a Luisa Kautsky, esposa do filósofo alemão Karl Kautsky. (N. T.)

[1] Indagando as culpas das gerações imediatamente precedentes, Croce as define e denuncia desta forma: "Duas grandes culpas: uma contra o pensamento, quando por protesto contra a violência dirigida às ciências empíricas (cujo motivo era de certa forma legítimo) e pela preguiça mental (o que era ilegítimo) se pretendeu retroceder – depois de Kant, Fichte e Hegel – e se abandonou o princípio da potência do pensamento para abarcar e dominar toda a realidade, a qual não é e não pode ser outra coisa senão espiritualidade e pensamento. A princípio não se desconhecia própria e abertamente a potência do pensamento, e somente se transformou-a na da observação e do experimento; porém, posto que esses procedimentos empíricos deviam necessariamente se provar insuficientes, a realidade real se mostrou uma transcendência inapreensível, um incognoscível, um mistério, e o positivismo gerou de seu seio o misticismo e as renovadas formas religiosas. Por essa razão eu disse que os dois períodos analisados não podem ser separados claramente e contrastados entre si: de um lado o positivismo e de outro o misticismo; porque este é filho daquele. Um positivista, após a gelatina dos laboratórios, não creio que tenha outra coisa mais valiosa que o incognoscível, isto é, aquela gelatina na qual se cultiva o micróbio do misticismo" (*Crítica*, 1907). "Mas a outra culpa requereria a análise das condições econômicas, das lutas sociais do século XIX e, em particular, daquele grande movimento histórico que é o socialismo, ou seja, a entrada da classe operária na arena política. Falo a partir de aspecto geral, e transcendo as paixões e as contingências do lugar e do momento. Como historiador e como observador político, não ignoro que tal ou qual feito que se utilize do nome socialismo, em qualquer lugar ou tempo, possa ser com maior ou menor razão comparado, como ademais acontece com qualquer outro programa político, que é sempre contingente e pode ser mais ou menos extravagante e imaturo, e mes-

idealista e liberal, Giovanni Gentile, continuador e exegeta do pensamento hegeliano, aceitasse um posto nas brigadas do fascismo, em promíscua sociedade com os mais dogmáticos neotomistas e os mais incandescentes anti-intelectuais (Marinetti e sua patrulha).

A bancarrota do positivismo e do cientificismo como filosofia não compreende absolutamente a posição do marxismo. A teoria e a política de Marx cimentam-se invariavelmente na ciência, e não no cientificismo. E, como observa Benda, hoje em dia, na ciência, querem repousar todos os programas políticos, sem excluir os mais reacionários e anti-históricos. Brunetière, que proclama a quebra da ciência, não se comprazia por acaso em casar o catolicismo ao positivismo? E Maurras não se reivindica igualmente filho do pensamento científico? A religião do porvir, como pensa Waldo Frank, repousará na ciência, caso alguma crença ascenda à categoria de verdadeira religião.

---

mo ocultar um conteúdo diferente de sua forma aparente. Porém, de maneira geral, a pretensão de destruir o movimento operário, nascido do seio da burguesia, seria como pretender cancelar a Revolução Francesa, que criou o domínio da burguesia, ou, mais ainda, o absolutismo iluminista do século XVIII, que preparou a Revolução; e, passo a passo, suspirar pela restauração do feudalismo e do Sacro Império Romano, e por conseguinte pelo regresso da história às suas origens: onde não sei se poderia ser encontrado o comunismo primitivo dos sociólogos (e a língua única do professor Trombetti), mas não se encontraria, certamente, a civilização. Quem se põe a combater o socialismo, não somente neste ou naquele momento da vida de um país, mas em geral (digamos assim, em sua exigência), está confinado a negar a civilização e o próprio conceito moral em que a civilização se funda. Negação impossível; negação que a palavra se recusa a pronunciar e que por isso deu origem aos indizíveis ideais da força pela força, do imperialismo, do aristocratismo, tão desprezíveis que mesmos seus defensores não têm coragem de os propor em toda sua rigidez, e ora moderam-nos, misturando a eles elementos heterogêneos, ora os apresentam com certo ar de bizarria fantástica e de paradoxo literário, o que deveria servir para torná-los aceitáveis. Ou, ainda, o que fez surgir em um contragolpe ideais mais que desprezíveis, tolos, da paz, do quietismo e da não resistência ao mal" (*La letteratura della nuova Italia*, v. IV, p. 187). (N. A.)

V

TRAÇOS E ESPÍRITO DO SOCIALISMO BELGA

Não são arbitrárias as alusões à nacionalidade de Henri de Man que o leitor encontrou no decorrer deste estudo. O caso de Man se explica, em grande parte, pelo processo das lutas de classes em seu país. Sua tese se alimenta da experiência belga. Quero explicar isso antes de seguir adiante no exame de suas proposições. E o leitor pode reunir esta digressão dentro de um parêntesis.

A Bélgica é o país da Europa que mais se identifica com o espírito da Segunda Internacional. Em nenhuma cidade o reformismo ocidental encontra melhor seu clima do que em Bruxelas. Berlim ou Paris significariam uma suspeitada e invejada hegemonia da social-democracia alemã ou da SFIO*. A Segunda Internacional habitualmente preferiu Bruxelas, Amsterdã e Berna para as assembleias. Suas sedes características são Bruxelas e Amsterdã. (O *Labour Party*** britânico manteve em sua política muito da situação insular da Inglaterra.)

Vandervelde, De Brouckère e Huysman aprenderam cedo a ser funcionários da Segunda Internacional. Esse trabalho lhes trouxe forçosamente certo ar diplomático, certo hábito de mesura e equilíbrio facilmente acessíveis à sua psicologia burocrática e pequeno-burguesa de socialistas belgas.

A Bélgica não deve o tom menor de seu socialismo à função de lar da Segunda Internacional. Desde sua origem, o movimento socialista ou proletário do país se ressente do influxo da tradição pequeno-burguesa de um povo católico e agrícola, espremido entre duas nacionalidades rivais e ainda fiel em seus burgos ao gosto pelo artesanato, insuficientemente conquistado pela grande indústria. Sorel não economiza, em sua obra, duros sarcasmos sobre Vandervelde e seus correligionários. Em *Reflexões sobre a violência*, escreve:

> A Bélgica é um dos países onde o movimento sindical é mais fraco; toda a organização do socialismo está fundada sobre a padaria, a *épicerie**** e a mercearia, ex-

---

* Seção Francesa da Internacional Operária. (N. E. P.)
** Partido Trabalhista. (N. E. P.)
*** Em francês no original: venda, mercado. (N. E. P.)

ploradas por comitês do partido; o trabalhador, habituado por longo tempo a uma disciplina clerical, é sempre um *inferior*, que acredita ser obrigado a seguir a direção das pessoas que lhe vendem os produtos de que precisa com um ligeiro desconto e que matam sua sede com arengas católicas ou socialistas. Não apenas encontramos o comércio de provisões elevado a um sacerdócio, mas também é da Bélgica que nos chegou a famosa teoria dos serviços públicos – contra a qual Guesde escreveu em 1883 um violento folheto, e à qual Deville, paralelamente, chamava deformação belga do coletivismo. Todo o socialismo belga tende ao desenvolvimento da indústria do Estado, à constituição de uma classe de trabalhadores-funcionários, solidamente disciplinada sob a mão de ferro de chefes que a democracia aceitaria.

Marx, como se sabe, julgava a Bélgica o paraíso dos capitalistas.

Na época do tranquilo apogeu da social-democracia lassalliana e jauresiana, esses juízos não eram muito populares, sem dúvida. Nesses tempos, via-se a Bélgica como o paraíso da reforma, antes que do capital. Admirava-se o espírito progressista de seus liberais, entusiasmados e vigilantes defensores de sua laicidade, de seus católicos-sociais, a vanguarda do *Rerum Novarum**, e de seus socialistas, sabiamente abastecidos pelo oportunismo lassalliano e pela eloquência jauresiana. Élisée Reclus havia definido a Bélgica como "o campo de experiência da Europa". E a democracia ocidental se deleitava em otimismo por esse pequeno Estado onde pareciam amainados todos os antagonismos de classe e de partido.

O processo da guerra fez com que, nessa beata sede da Segunda Internacional, a política da "união sagrada"** levasse os socialistas ao mais exacerbado nacionalismo. Os líderes do internacionalismo se converteram em excelentes ministros da monarquia. Evidentemente, daqui advém em boa parte a desilusão de Henri de Man a respeito do internacionalismo dos socialistas. Seus pontos de referência imediatos estão em Bruxelas, a capital onde Jaurès pronunciou inutilmente, dois dias antes do desencadeamento da guerra, sua última arenga internacionalista.

Em seu levante nacionalista ante a invasão, a Bélgica mostrou muito mais grandeza e coragem do que em seu ofício pacifista e internacional de *bureau**** do socialismo europeu. Afirma Piero Gobetti:

---

* *Rerum Novarum*: encíclica de Leão XIII, na qual delineia a posição da Igreja Católica diante do problema social. (N. E. P.)
** A esse respeito, ver os comentários de Mariátegui em sua obra *La escena contemporánea*.
*** Em francês no original: escritório. (N. T.)

O sentimento da falta de heroísmo deve explicar os repentinos gestos de dignidade e altruísmo desse povo utilitarista e calculista que, em 1830, como em 1924*, em todas as grandes encruzilhadas de sua história, sabe se comportar com desinteresse senhorial.

Para Gobetti – a quem não se pode atribuir o mesmo humor polêmico em relação a Vandervelde, como faz Sorel –, a vida normal na Bélgica sofre da ausência do sublime e do heróico. Gobetti completa o diagnóstico soreliano:

> A força belga está no equilíbrio entre agricultura, indústria e comércio. Resulta daí a feliz mediocridade das terras férteis e obscuras. As relações com o exterior são extremamente delicadas; nenhuma audácia é concedida impunemente; todas as crises mundiais repercutem com grande sensibilidade em seu comércio e em sua capacidade de expansão, ameaçando a cada instante compeli-los às posições seguras, mas insuportáveis, do equilíbrio caseiro. O belga é um povo do tipo caseiro e provinciano, empurrado, pela situação absurda e fortuita, a desempenhar sempre um papel superior ao de suas forças na vida europeia.

O movimento operário e socialista não podia escapar das consequências da tradição e da mecânica da vida belga. Agrega Gobetti:

> A prática da luta de classes não era consentida devido às mesmas exigências idílicas de uma indústria experimental e de uma agricultura que aproxima e acomoda todas as classes. A mediocridade é inimiga até mesmo do desespero. Um país em experimentação não pode deixar de cultivar a discrição dos gestos, a quietude modesta e otimista. Além disso, embora tenham desaparecido quase que completamente da Bélgica, entre 1848 e 1900, os artesãos e a indústria domiciliar, o instinto pequeno-burguês se sedimentou no trabalhador da grande indústria, que por vezes é ao mesmo tempo agricultor e operário, e sempre – habitando a trinta ou quarenta quilômetros da fábrica – acaba por se abster da vida e da psicologia da cidade, escola do socialismo intransigente.

Gobetti entende que os líderes do socialismo belga

> conduziram os trabalhadores da Bélgica à vanguarda do cooperativismo e da poupança, mas os deixaram sem nenhum ideal de luta. Depois de trinta anos de vida política, encontram-se como representantes naturais de um socialismo cortesão e obrigatório, e continuador das funções conservadoras.

A consideração desses fatos explica não apenas a entonação geral da longa obra de Vandervelde, o atual hóspede do socialismo argentino**, como tam-

---

* Referência à Revolução Belga de 1830 e à ampliação colonial na África pós-guerra em 1924. (N. T.)

** Vandervelde visitou a Argentina e escreveu sobre a viagem em *Algunas semanas en la Argentina* (Buenos Aires, L. J. Rosso, 1929). (N. T.)

bém a inspiração do livro derrotista e desencantado de Henri de Man, que pouco antes da guerra fundara uma "central de educação" da qual procedem justamente os criadores do primeiro movimento comunista belga. Henri de Man, como ele mesmo afirma em seu livro, não pôde acompanhar seus amigos nessa trajetória heroica. Mal-humorado e pessimista, ele regressa por isso para o lado de Vandervelde, que o acolhe com seus mais lisonjeiros e comprometedores elogios.

VI

ÉTICA E SOCIALISMO

Não são novas as censuras ao marxismo por supostamente ser antiético, por suas motivações materialistas, pelo sarcasmo com que Marx e Engels tratam a moral burguesa em suas páginas polêmicas. A crítica neorrevisionista não diz a esse respeito nada que já não tenham dito antes os utópicos e fariseus de toda espécie. Contudo, a reivindicação de Marx do ponto de vista ético já foi feita também por Benedetto Croce – esse que é um dos mais autorizados representantes da filosofia idealista e cujo juízo parecerá a todos mais decisivo do que qualquer deploração jesuítica da inteligência pequeno-burguesa. Em um de seus primeiros ensaios sobre o materialismo histórico, refutando a tese que acusa o marxismo de antiético, Croce escrevia o seguinte:

> Essa corrente esteve determinada principalmente pela necessidade que encontraram Marx e Engels, diante das várias categorias de utópicos, de afirmar que a chamada questão social não é uma questão moral (ou seja, conforme há de se interpretar, ela não se resolve por meio de prédicas ou dos meios ditos morais), bem como pela sua áspera crítica das ideologias e hipocrisias de classe. E foi logo apoiada, segundo me parece, pela origem hegeliana do pensamento de Marx e Engels – sendo sabido que na filosofia hegeliana a ética perde a rigidez que lhe dera Kant e foi conservada por Herbart. E, finalmente, aí não carece de eficácia a denominação "materialismo", que nos faz pensar em seguida na necessidade em si mesma e no cálculo dos prazeres. Contudo, é evidente que o idealismo e o caráter absoluto da moral, no sentido filosófico de tais palavras, são o pressuposto necessário do socialismo. Não é por acaso um interesse moral ou social – como se prefira chamar – o interesse que nos move a construir um conceito de sobrevalor? Na economia pura, pode-se falar em mais-valia? O proletariado não vende sua força de trabalho pelo que ela vale dada sua situação na presente sociedade? E, sem esse pressuposto moral, como se explicaria, junto com a ação política de Marx, o tom de violenta indignação ou sátira amarga com que nos deparamos em cada página d'*O capital*?*

---

* Benedetto Croce, *Materialismo histórico e economia marxista* (São Paulo, Centauro, 2007). (N. T.)

Senti a necessidade de apelar a esse juízo de Croce tendo em vista algumas frases de Unamuno em *A agonia do cristianismo**, pois o genial espanhol, ao honrar-me com sua resposta, escreveu que Marx não foi um professor, mas um profeta.

Croce ratificou explicitamente mais de uma vez as palavras citadas. Uma de suas conclusões críticas sobre o assunto é precisamente "a negação da intrínseca amoralidade, ou da intrínseca antiética do marxismo". No mesmo título, maravilha-se com que ninguém "tenha pensado em chamar Marx, honradamente, de o Maquiavel do proletariado", e a partir daí busca encontrar a explicação cabal do conceito em sua defesa do autor de *O príncipe*, igualmente tão perseguido pelas deplorações das gerações posteriores. Sobre Maquiavel, Croce escreveu que "ele descobre a necessidade e a autonomia da política que está mais além do bem e do mal moral, que tem leis contra as quais é vão rebelar-se e que não pode ser exorcizada ou eliminada do mundo com água benta". Maquiavel, na opinião de Croce, mostra-se

> dividido de ânimo e mente acerca da política, da qual descobriu a autonomia e que lhe parece ora como uma triste necessidade de sujar as mãos ao ter de tratar com gente embrutecida, ora como a arte sublime de fundar e sustentar aquela grande instituição que é o Estado.**

A semelhança entre os dois casos foi expressamente indicada pelo próprio Croce nestes termos:

> Um caso análogo em certos aspectos a esse das discussões sobre a ética de Marx é a crítica tradicional da ética de Maquiavel: crítica que foi superada por De Sanctis (no capítulo sobre Maquiavel de sua *Storia della letteratura*), mas que retorna frequentemente e se afirma na obra do professor Villari, que encontra a imperfeição de Maquiavel no seguinte argumento: ele não se propôs a questão moral. Daí que sempre me ocorreu perguntar por qual obrigação, por qual contrato Maquiavel deveria tratar de toda sorte de questões, inclusive daquelas sobre as quais não teria nada a dizer. Seria o mesmo que censurar quem faz pesquisas em química por não ter-se remetido às investigações gerais metafísicas sobre os princípios do real.

A função ética do socialismo – a respeito da qual são induzidos sem dúvida ao erro os apressados e sumários exageros de alguns marxistas como Lafargue – deve ser buscada não em grandiloquentes decálogos nem em especulações filosóficas, que de nenhum modo constituíam uma necessidade da teorização

---

* Miguel de Unamuno, *A agonia do cristianismo* (Lisboa, Cotovia, 1991). (N. T.)
** Benedetto Croce, *Elementi di politica* (Bari, G. Laterza & figli, 1925). (N. T.)

marxista, mas sim na criação de uma moral de produtores pelo próprio processo da luta anticapitalista. Disse Kautsky:

> Em vão busca-se inspirar o trabalhador inglês, mediante sermões morais, a uma concepção mais elevada de vida, ao sentimento de esforços mais nobres. A ética do proletariado emana de suas aspirações revolucionárias; são elas que lhe dão mais força e elevação. É a ideia da revolução que salvou o proletariado do rebaixamento.

Sorel agrega que, para Kautsky, a moral está sempre subordinada à ideia do sublime e, ainda que em desacordo com muitos marxistas oficiais que extremaram os paradoxos e as gozações acerca dos moralistas, ele concorda que

> os marxistas tinham uma razão particular para se mostrarem desconfiados de tudo quanto era relativo à ética; os propagandistas de reformas sociais, os utópicos e os democratas haviam abusado de tal modo da Justiça que existia o direito de ver toda dissertação a esse respeito como um exercício de retórica, ou como uma sofística destinada a extraviar as pessoas que se ocupavam do movimento operário.

Devemos ao pensamento soreliano de Édouard Berth uma apologia dessa função ética do socialismo. Diz ele:

> Daniel Halévy parece acreditar que a exaltação do *produtor* deve prejudicar a do *homem*; atribui a mim um entusiasmo totalmente estadunidense por uma civilização industrial. E não é assim, absolutamente. *A vida do espírito livre* me é tão cara como o é a ele mesmo, e estou longe de acreditar que não há no mundo mais do que a produção. No fundo, essa é sempre a velha contestação feita aos marxistas, acusados de serem, moral e metafisicamente, *materialistas*. Nada mais falso: o materialismo histórico não impede de nenhum modo o mais alto desenvolvimento daquilo que Hegel chamava *o espírito livre ou absoluto*; pelo contrário, é sua condição preliminar. E nossa esperança é precisamente que, em uma sociedade assentada sobre ampla base econômica, constituída por uma federação de oficinas, onde operários livres estariam animados por um vivo entusiasmo pela produção, a arte, a religião e a filosofia poderiam ganhar um impulso prodigioso, e esse ritmo ardente e frenético as transportaria às alturas.

A sagacidade de Luc Durtain, que não é isenta da fina ironia francesa, constata esse ascendente religioso do marxismo no primeiro país cuja constituição se conforma a seus princípios. Historicamente já estava comprovado, pela luta socialista do Ocidente, que o sublime proletário não é uma utopia intelectual nem uma hipótese propagandística.

Quando Henri de Man, reclamando ao socialismo um conteúdo ético, esforça-se por demonstrar que o interesse de classe não pode ser por si só motor suficiente para uma nova ordem, ele não vai absolutamente "para além do marxismo" nem repara em coisas que já não tenham sido advertidas pela crítica revolucionária. Seu revisionismo ataca o sindicalismo reformista, em cuja prática o interesse de classe se contenta com a satisfação de limitadas aspirações materiais. Uma moral de produtores, como a concebe Sorel e a concebia Kautsky, não surge mecanicamente do interesse econômico: forma-se na luta de classes, liberada com ânimo heroico e vontade apaixonada. É absurdo buscar o sentimento ético do socialismo nos sindicatos aburguesados – nos quais uma burocracia domesticada debilitou a consciência de classe – ou nos grupos parlamentares, espiritualmente assimilados ao inimigo, que combatem com discursos e moções. Henri de Man diz algo perfeitamente ocioso quando afirma: "O interesse de classe não explica tudo. Não cria motivos éticos". Essas constatações podem impressionar a certo gênero de intelectuais novecentistas que, ignorando clamorosamente o pensamento marxista e a história da luta de classes, imaginam-se facilmente, como Henri de Man, a ultrapassar os limites de Marx e de sua escola. A ética do socialismo se forma na luta de classes. Para que o proletariado cumpra, em seu progresso moral, sua missão histórica, é necessário que adquira consciência prévia de seu interesse de classe; mas tal interesse, por si só, não basta. Muito antes de Henri de Man, os marxistas o entenderam e sentiram perfeitamente. Daí, precisamente, partem suas vigorosas críticas contra o reformismo frouxo. "Sem teoria revolucionária, não há ação revolucionária", repetia Lenin, aludindo à tentativa amarela de se esquecer do finalismo revolucionário, atendendo somente às circunstâncias presentes.

A luta pelo socialismo eleva os operários – que tomam parte nela com extrema energia e absoluta convicção – a um ascetismo ao qual é totalmente ridículo jogar na cara sua crença materialista, em nome de uma moral de teóricos e filósofos. Luc Durtain, depois de visitar uma escola soviética, questiona se não se poderia encontrar na Rússia uma escola laica – pois a tal ponto lhe parecia religioso o ensino marxista. O materialista, ao professar e servir à sua fé religiosamente, apenas por uma convenção de linguagem poderia ser oposto ou distinto do idealista. (Unamuno já disse, a respeito de outro aspecto da oposição entre idealismo e materialismo, que, "assim como isso de matéria não é para nós mais do que uma ideia, o materialismo é idealismo".)

O trabalhador, indiferente à luta de classes, contente com seu teor de vida, satisfeito com seu bem-estar material, poderá chegar a uma medíocre moral burguesa, mas não conseguirá jamais se elevar a uma ética socialista. E é uma impostura pretender que Marx quisesse separar o operário de seu trabalho, privá-lo de tudo quanto espiritualmente o une a seu ofício, para que ele se apoderasse melhor do demônio da luta de classes. Essa conjectura só é concebível para quem se atenha às especulações de marxistas como Lafargue – o apologista do direito à preguiça. A usina e a fábrica atuam no trabalhador psíquica e mentalmente. O sindicato e a luta de classes continuam e completam o trabalho e a educação que aí começa. Aponta Gobetti:

> A fábrica dá a precisa visão da coexistência dos interesses sociais: a solidariedade do trabalho. O indivíduo se habitua a sentir-se parte de um processo produtivo, uma parte indispensável, bem como insuficiente. Eis aqui a mais perfeita escola de orgulho e humildade. Recordarei sempre a impressão que tive dos operários quando me ocorreu visitar as usinas da Fiat, um dos poucos estabelecimentos anglo-saxões, modernos e capitalistas que existem na Itália. Sentia neles uma atitude de domínio, uma segurança sem posse, um desprezo por toda sorte de diletantismo. Quem vive numa fábrica tem a dignidade do trabalho, o hábito da pontualidade, do rigor e da continuidade. Essas virtudes do capitalismo se ressentem de um ascetismo quase árido; porém, em troca, o sofrimento contido, com a irritação, alimenta a coragem para a luta e o instinto de defesa política. A maturidade anglo-saxônica, sua capacidade de acreditar em ideologias precisas, de afrontar os perigos para fazê-las prevalecer, e sua vontade rígida de praticar dignamente a luta política nascem nesse noviciado, que significa a maior revolução surgida depois do cristianismo.

Nesse ambiente severo, de persistência, esforço e tenacidade, temperaram-se as energias do socialismo europeu que, mesmo nos países onde o reformismo parlamentar prevalece sobre as massas, oferece aos indo-americanos um exemplo admirável de continuidade e duração. Cem derrotas sofreram nesses países os partidos socialistas, as massas sindicais. No entanto, a cada novo ano, a eleição, o protesto ou uma mobilização ordinária e extraordinária qualquer as encontra sempre engrandecidas e obstinadas. Renan reconhecia o que de religioso e místico havia nessa fé social. Labriola enaltecia, com razão, no socialismo alemão,

> esse caso verdadeiramente novo e imponente de pedagogia social, ou seja, que em um número tão grande de trabalhadores e pequeno-burgueses se forme uma consciência nova, à qual concorrem em igual medida o sentimento diretor da situação econômica – que induz à luta – e a propaganda do socialismo, entendido como meta e ponto de chegada.

Se o socialismo não devesse se realizar como ordem social, bastaria essa obra formidável de educação e elevação para justificá-lo perante a história. O próprio Henri de Man admite esse conceito ao dizer, ainda que com outra intenção, que "o essencial no socialismo é a luta por ele", frase que lembra muito aquelas em que Bernstein aconselhava os socialistas a se preocuparem com o *movimento*, e não com o *fim* – dizendo, segundo Sorel, algo muito mais filosófico do que o líder revisionista pensava.

Henri de Man não ignora a função pedagógica e espiritual do sindicato e da fábrica, embora sua experiência seja mediocremente social-democrática. Observa ele:

> As organizações sindicais contribuem, muito mais do que supõem a maior parte dos trabalhadores e quase todos os patrões, para estreitar os laços que unem o operário ao trabalho. Obtêm esse resultado quase sem saber – procurando sustentar a aptidão profissional e desenvolver o ensino industrial –, ao organizar o direito de inspeção dos operários e democratizar a disciplina da oficina, por meio do sistema de delegados, seções etc. Desse modo, prestam ao operário um serviço muito menos problemático, considerando-o cidadão de uma cidade futura, em vez de buscar o remédio na desaparição de todas as relações psíquicas entre o operário e o meio ambiente da oficina.

Contudo, o neorrevisionista belga, não obstante seus alardes idealistas, encontra a vantagem e o mérito disso no crescente apego do trabalhador a seu bem-estar material, e na medida em que isso faz dele um filisteu. Paradoxos do idealismo pequeno-burguês!

VII

O DETERMINISMO MARXISTA

Outra atitude frequente dos intelectuais que se entretêm roendo a bibliografia marxista é exagerar de modo interesseiro o determinismo de Marx e sua escola, com o objetivo de declará-los, também desse ponto de vista, como um produto da mentalidade mecanicista do século XIX, incompatível com a concepção heroica e voluntarista da vida a que se inclina o mundo moderno após a guerra. Essas censuras não podem ser abarcadas na crítica das superstições racionalistas, utopistas e de fundo místico do movimento socialista. Mas Henri de Man não poderia deixar de fazer uso de um argumento que tão facilmente causa dano aos intelectuais novecentistas, seduzidos pelo esnobismo da reação contra o "estúpido século XIX". O revisionista belga observa, porém, certa prudência a esse respeito:

> Há de se notar que Marx não merece a censura que com frequência lhe é dirigida, de ser um fatalista, no sentido de negar a influência da vontade humana no desenvolvimento histórico; o que ocorre é que considera essa vontade pré-determinada.

E acrescenta que "os discípulos de Marx têm razão quando defendem seu mestre da acusação de haver pregado essa espécie de fatalismo". Nada disso o impede, contudo, de acusá-los por sua "crença em outro fatalismo, o dos fins categoriais inevitáveis", pois, "segundo a concepção marxista, há uma vontade social submetida a leis, a qual se cumpre por meio da luta de classes e do resultado inevitável da evolução econômica que cria oposições de interesses".

Na essência, o neorrevisionismo adota, ainda que com discretas emendas, a crítica idealista que reivindica a ação da vontade e do espírito. Porém, tal crítica só é concernente à ortodoxia social-democrática, que, como já está demonstrado, não é nem nunca foi marxista, mas sim lassalliana – fato comprovado até mesmo pelo vigor com que se difunde hoje na social-democracia alemã o lema: "o retorno a Lassalle". Para que essa crítica fosse válida, seria preciso começar pela prova de que o marxismo é a social-democracia – trabalho que Henri de Man evita. Pelo contrário, ele reconhece a Terceira Internacional como herdeira da Associação Internacional dos Trabalhadores, em cujas assembleias encorajava a um misticismo muito próximo ao do cristianismo das catacumbas. E manifesta em seu livro este juízo explícito:

> Os marxistas vulgares do comunismo são os verdadeiros usufrutuários da herança *marxiana*. Não o são no sentido de que compreendem Marx melhor tendo como referência sua época, mas porque o utilizam com mais eficácia para as tarefas de sua época, para a realização de seus objetivos. A imagem que Kautsky nos oferece de Marx assemelha-se mais ao original do que aquela que Lenin popularizou entre os seus discípulos; porém, Kautsky discutiu sobre uma política que Marx jamais influenciou, enquanto as palavras tomadas de Marx por Lenin, tal qual um escrito sagrado, tratam de uma mesma política depois da morte daquele, e que continua criando realidades novas.

A Lenin é atribuída uma frase que Unamuno enaltece em sua *A agonia do cristianismo*; ele a pronunciou certa vez para contradizer alguém que observava que seu esforço ia contra a realidade: "Tanto pior para a realidade!". O marxismo, onde se mostrou revolucionário – vale dizer, onde foi marxismo –, não obedeceu nunca a um determinismo passivo e rígido. Os reformistas resistiram à Revolução durante a agitação revolucionária pós-bélica, por razões do mais rudimentar determinismo econômico as quais no fundo identificavam-se com as da burguesia conservadora e denunciavam o caráter absolutamente burguês – e não socialista – desse determinismo. Para a maioria de seus críticos, pelo contrário, a Revolução Russa aparece como uma tentativa racionalista, romântica e anti-histórica de utopistas fanáticos. Os reformistas de todo calibre reprovam nos revolucionários, antes de tudo, sua tendência a forçar a história, tachando a tática dos partidos da Terceira Internacional de "blanquista*" e "putschista**".

Marx não podia conceber nem propor senão uma política realista, e por isso levou ao extremo a demonstração de que o processo da economia capitalista em si mesmo, quanto mais plena e vigorosamente se cumpra, conduz ao socialismo; contudo, entendeu sempre como condição prévia a uma nova ordem a capacitação espiritual e intelectual do proletariado para realizá-la por meio da

---

* Corrente do socialismo utópico francês dirigida por Louis-Auguste Blanqui, negava a luta de classes e acreditava que a libertação humana da escravidão assalariada se daria por meio de uma conspiração por parte de uma minoria de intelectuais. (N. T.)

** Do alemão *putsch,* golpe de Estado; golpistas. (N. T.)

luta de classes. Antes de Marx, o mundo moderno já havia chegado a um momento no qual nenhuma doutrina política e social podia surgir em contradição com a história e a ciência. A decadência das religiões tem uma origem por demais evidente no seu afastamento cada vez maior da experiência histórica e científica. E seria absurdo requerer de uma concepção política eminentemente moderna em todos os seus elementos, como é o caso do socialismo, que fosse indiferente a essa ordem de considerações. Todos os movimentos políticos contemporâneos, a começar pelos mais reacionários – como observa Benda, em sua obra *A traição dos intelectuais**–, caracterizam-se por seu empenho em atribuir a si próprios uma estrita correspondência com o curso da história. Os reacionários da *Action Française***, literalmente mais positivistas do que qualquer revolucionário, entendem que o período inaugurado pela revolução liberal é monstruosamente romântico e anti-histórico. Os limites e a função do determinismo marxista já estão fixados há tempos. Críticos alheios a todo critério de partido, como Adriano Tilgher, subscrevem a seguinte afirmação:

> A tática socialista, para obter bom êxito, deve levar em conta a situação histórica sobre a qual tem de operar e, sendo esta ainda imatura para a instauração do socialismo, tem de cuidar-se bem para não forçar a mão; contudo, por outro lado, não deve remeter-se passivamente à ação dos acontecimentos, mas, inserindo-se em seu curso, deve tender cada vez mais a orientá-los no sentido socialista, de modo a torná-los maduros para a transformação final. A tática marxista é, assim, dinâmica e dialética, bem como a doutrina de Marx: a vontade socialista não se agita no vazio, não prescinde da situação preexistente, não se ilude em mudá-la com apelos ao bom coração dos homens, e sim adere solidamente à realidade histórica, sem se resignar a ela de modo passivo; ou, antes, reage contra ela cada vez mais energicamente, no sentido de reforçar o proletariado econômica e espiritualmente, de acentuar nele a consciência de seu conflito com a burguesia até que, tendo chegado ao máximo da exasperação, e a burguesia ao extremo das forças do regime capitalista convertido em obstáculo às forças produtivas, possa então esse regime ser derrubado e substituído, com vantagens a todos, pelo regime socialista. (*La crisi mondiale e saggi critice di marxismo e socialismo* [A crise mundial e ensaios críticos sobre o marxismo e o socialismo] ***.)

---

* Título original: *La trahison des clercs* [literalmente, "A traição dos clérigos"]. Ed. bras.: Julien Benda, *A traição dos intelectuais* (São Paulo, Peixoto Neto, 2007). (N. T.)
** "Ação Francesa": grupo fascista francês. (N. E. P.)
*** Adriano Tilgher, *La crisi mondiale e saggi critice di marxismo e socialismo* (Bolonha, Zanichelli, 1921). (N. T.)

O caráter voluntarista do socialismo na verdade não é menos evidente, embora seja menos compreendido pela crítica, do que seu fundo determinista. Para valorizá-lo, no entanto, basta seguir o desenvolvimento do movimento proletário, desde a ação de Marx e Engels em Londres, nas origens da Primeira Internacional, até a sua atualidade dominada pelo primeiro experimento de um Estado socialista: a URSS. Nesse processo, cada palavra, cada ato do marxismo é acentuado pela fé, pela vontade, pela convicção heroica e criadora – cujo impulso seria absurdo buscar em um medíocre e passivo sentimento determinista.

VIII

O SENTIDO HEROICO E CRIADOR DO SOCIALISMO

Todos aqueles que, como Henri de Man, predicam e anunciam um socialismo ético baseado em princípios humanitários, em vez de contribuírem de algum modo para a elevação moral do proletariado, trabalham inconsciente e paradoxalmente contra sua afirmação enquanto força criadora e heroica, ou seja, contra seu rol civilizador. Pela via do socialismo "moral" e de seus sermões antimaterialistas, não se consegue senão recair no mais estéril e lacrimoso romantismo humanitário, na mais decadente apologia do "pária", no mais sentimental e inepto plágio da frase evangélica dos "pobres de espírito". E isso equivale a retroceder o socialismo à sua estação romântica e utópica, na qual suas reivindicações se alimentavam em grande parte do sentimento e da divagação dessa aristocracia que, depois de haver se entretido idílica e dezoitescamente em disfarces de pastores e camponesas e ter se convertido à *Enciclopédia* e ao liberalismo sonhava em capitanear bizarra e cavalheirescamente uma revolução de descamisados e escravos. Obedecendo a uma tendência de sublimação de seu sentimento, esse gênero de socialistas – ao qual ninguém pensa em negar o valor e no qual sobressaíram a grandes alturas espíritos extraordinários e admiráveis – recolhia da correnteza os seus clichês sentimentais e as imagens demagógicas de uma epopeia de *sans-culottes** destinada a instaurar no mundo uma idade paradisiacamente rousseauniana. Contudo, como sabemos há muito tempo, esse não era absolutamente o caminho da revolução socialista. Marx descobriu e ensinou que era preciso começar por compreender a fatalidade da etapa capitalista e sobretudo o seu valor. O socialismo, a partir de Marx, aparecia como a concepção de uma nova classe, como uma doutrina e um movimento que nada tinham em comum com o romantismo daqueles que repudiavam a obra capitalista tal qual uma abominação. O proletariado sucedia a burguesia na empresa civilizadora. E assumia essa missão consciente de sua

---

* Trata-se dos revolucionários franceses, assim chamados por deixarem de usar culotes (calções típicos da nobreza). (N. E. P.)

responsabilidade e capacidade – adquiridas na ação revolucionária e na fábrica capitalista –, enquanto a burguesia, tendo cumprido seu destino, cessava de ser uma força de progresso e cultura.

Por isso a obra de Marx tem certo tom de admiração pela obra capitalista, e *O capital*, ao mesmo tempo que fornece as bases de uma ciência socialista, é a melhor versão da epopeia do capitalismo (algo que não escapa à observação de Henri de Man exteriormente, mas sim em seu sentido mais profundo).

O socialismo ético, pseudocristão e humanitário, que se tenta opor anacronicamente ao socialismo marxista, pode ser o exercício mais ou menos lírico e inócuo de uma burguesia fatigada e decadente, mas não a teoria de uma classe que alcançou sua maioridade, superando os mais altos objetivos da classe capitalista. O marxismo é totalmente estranho e contrário a essas medíocres especulações altruístas e filantrópicas. Nós marxistas não acreditamos que o empreendimento de criar uma nova ordem social superior à ordem capitalista seja tarefa de uma amorfa massa de párias e oprimidos, guiada por evangélicos predicadores do bem. A energia revolucionária do socialismo não se alimenta de compaixão nem de inveja. Na luta de classes, onde residem todos os elementos do sublime e heroico que há em sua ascensão, o proletariado deve se elevar a uma "moral de produtores", muito distante e distinta da "moral de escravos" que oficiosamente se empenham em lhe prover os seus gratuitos professores de moral horrorizados com seu materialismo. Uma nova civilização não pode surgir de um triste e humilhado mundo de escravos e miseráveis, sem mais qualificações e aptidões do que sua escravidão e miséria. Somente como classe social o proletariado ingressa politicamente na história; isso ocorre no instante em que descobre sua missão de edificar uma ordem social superior com os elementos reunidos pelo esforço humano moral ou amoral, justo ou injusto. E ele não alcançou essa capacidade por milagre. Adquiriu-a situando-se solidamente no terreno da economia e da produção. Sua moral de classe depende da energia e do heroísmo com que opera nesse terreno, e da amplitude com que conhece e domina a economia burguesa.

Henri de Man por vezes resvala nessa verdade; mas em geral se resguarda de adotá-la. Assim, por exemplo, escreve: "O essencial no socialismo é a luta por ele. Segundo a fórmula de um representante da Juventude Socialista Alemã, o objeto de nossa existência não é paradisíaco, mas heroico". Porém, não é essa precisamente a concepção na qual se inspira o pensamento do revisionista belga, que algumas páginas antes confessa: "Sinto-me mais próximo do reformista prático do que do extremista, e estimo mais uma nova rede de esgotos em um bairro operário, ou um jardim florido diante da casa de trabalhadores, do que uma nova teoria de luta de classes". Man critica, na primeira parte de sua obra, a tendência a idealizar o proletário como se idealizava o camponês, o homem primitivo e simples, na época de Rousseau. E isso indica que sua especulação e sua prática se baseiam quase que unicamente no socialismo humanitário dos intelectuais.

Não há dúvidas de que até hoje esse socialismo humanitário não é pouco difundido por entre as massas operárias. *A Internacional*, o hino da Revolução, dirige-se em seu primeiro verso aos "pobres do mundo", uma frase de clara reminiscência evangélica. Ao se recordar de que o autor desses versos é um poeta popular francês de pura estirpe boêmia e romântica, a veia de sua inspiração aparece nítida. A obra de outro francês, o grande Henri Barbusse*, apresenta-se impregnada pelo mesmo sentimento de idealização das massas – das massas atemporais, eternas, sobre as quais pesa opressora a glória dos heróis e o fardo das culturas. Massa-cariátide**. Porém, as massas não são o proletariado moderno; e sua reivindicação genérica não é a reivindicação revolucionária e socialista.

O mérito excepcional de Marx nesse sentido consiste em ter descoberto o proletariado. Conforme escreve Adriano Tilgher,

> Marx aparece ante a história como o descobridor, e eu diria quase o *inventor*, do proletariado; ele de fato não apenas deu ao movimento proletário a consciência de sua natureza, de sua legitimidade e necessidade histórica, de sua lei interna e do último estágio em direção ao qual se encaminha – infundindo assim nos proletários aquela consciência que antes lhes faltava –, como também se pode dizer que criou a própria noção, e por trás da noção a realidade, do proletariado como classe essencialmente antitética da burguesia, verdadeira e única portadora do espírito revolucionário na sociedade industrial moderna.

---

* Sobre H. Barbusse, ver o ensaio de Mariátegui *El artista y la época*. (N. E. P.)
** Cariátide: estátua em forma de mulher, usada como coluna na arquitetura antiga. (N. T.)

IX

A ECONOMIA LIBERAL E A ECONOMIA SOCIALISTA

Aquelas fases do processo econômico que Marx não previu – e é preciso desistir de consultar, tal qual as memórias de uma pitonisa, os robustos volumes de crítica e teoria nos quais expôs seu método de interpretação – não afetam minimamente os fundamentos da economia marxista; exatamente como não destroem os fundamentos da economia liberal – enquanto bases teóricas da ordem capitalista – os fatos muito mais profundos e graves que no último século retificaram a prática do capitalismo, forçando-o a preferir, conforme o caso, o protecionismo ao livre-câmbio e o intervencionismo à livre-concorrência. Agora mesmo, em plena época de estatização mundial de serviços e empresas, o líder do Partido Republicano e presidente eleito dos Estados Unidos* reivindica esses princípios individualistas como essenciais à prosperidade e ao desenvolvimento da nação, considerando um ataque à mais vital força da economia ianque a tendência do partido antagônico de hipertrofiar o Estado com funções de empresário. Por mais que o regime republicano mantenha o Estado ianque em sua linha clássica, reservando os negócios e a produção às empresas privadas, a política dos trustes e a prática do monopólio representam por si sós a revogação dos velhos princípios reclamados com tanto vigor por Hoover. Contudo, sem esses princípios, que em última análise se reduzem ao princípio da propriedade privada, o capitalismo não teria nada a opor ideologicamente ao socialismo. Ainda que os fatos restrinjam e em certos momentos anulem sua vigência – como é próprio ao processo de uma economia que cumpriu sua missão –, esses princípios que constituem a substância da economia liberal são por ela, e, em consequência, por seus estadistas e políticos, irrenunciáveis.

Essa constatação se parece estreitamente com aquela que, falhando no processo movido contra a economia marxista por sua abstração – ou por seu racionalismo, diria agora Henri de Man –, serviu a eminentes filósofos e historiógrafos de diversos campos, preocupados antes de tudo com uma rigorosa

---

* Mariátegui se refere a Herbert Hoover. (N. E. B.)

objetividade científica, para demonstrar a improcedência e nulidade desse encargo por parte dos professores da economia política liberal, pela razão de que mesmo ela tampouco correspondia exatamente à realidade histórica regida por seus princípios. Como observava Sorel:

> A economia política liberal foi um dos melhores exemplos de utopia que se pode citar. Havia sido imaginada uma sociedade em que tudo estaria reduzido a modelos comerciais, sob a lei da mais completa livre-concorrência; reconhece-se hoje que essa sociedade ideal seria tão difícil de se realizar como a de Platão; porém, grandes ministros modernos deveram sua glória aos esforços que fizeram para introduzir algo dessa liberdade comercial na legislação industrial.

Croce, por sua vez, não explica a título de que os economistas liberais poderiam tachar o socialismo de utopia, sendo evidente que com maior razão

> os socialistas poderiam devolver a mesma acusação ao liberalismo, se o estudassem tal como ele é no presente, e não como era há anos, quando Marx meditava sua crítica. O liberalismo se dirige com suas exortações a um ente que, ao menos por agora, não existe: o interesse nacional ou geral da sociedade; porque a sociedade presente está dividida em grupos antagônicos, e reconhece o interesse de cada um desses grupos, mas não, ou só muito fragilmente, o interesse geral.*

E não se diga, por outro lado, que o marxismo como práxis se atém atualmente a dados e premissas da economia estudada e definida por Marx, pois as teses e os debates de todos os seus congressos não são outra coisa senão um contínuo restabelecimento dos problemas econômicos e políticos de acordo com os novos aspectos da realidade. Os sovietes, a cujo respeito pode ser invocada uma variada e extensa experiência, sustentaram na última Conferência Econômica Europeia o princípio da coexistência legítima dos Estados de economia socialista, junto com os Estados de economia capitalista. E exigiam para essa coexistência – que hoje se dá na história como um fato – o seu reconhecimento enquanto direito, a fim de chegar a uma organização jurídica e econômica de suas relações. Nessa proposição, o primeiro Estado socialista se mostra muito mais liberal do que os Estados formalmente liberais. O que confirmaria a conclusão a que chegam os pensadores liberais quando afirmam que a função do liberalismo – histórica e filosoficamente – foi transferida ao socialismo, e que, sendo o liberalismo um princípio de evolução e progresso incessantes, nada hoje é menos liberal do que os velhos partidos com esse nome.

---

* Benedeto Croce, *Materialismo histórico e economia marxista*, cit. (N. E. B.)

X

FREUDISMO E MARXISMO

O recente livro de Max Eastman, *La ciencia de la revolución* [A ciência da revolução]*, coincide com o de Henri de Man na tendência de estudar o marxismo com os dados da nova psicologia. Porém, Eastman – que, ressentido com os bolcheviques, não está isento de motivações revisionistas – parte de pontos de vista diferentes do escritor belga e, sob vários aspectos, aporta à crítica do marxismo uma contribuição mais original. Henri de Man é um herege do reformismo ou da social-democracia; Max Eastman é um herege da Revolução. Seu criticismo de intelectual supertrotskista divorciou-o dos sovietes, cujos chefes – em especial Stalin – ele atacou violentamente no livro *Depuis la morte de Lenin* [Desde a morte de Lenin]**.

Max Eastman está longe de achar que a psicologia contemporânea em geral, e a psicologia freudiana em particular, diminua a validez do marxismo como ciência prática da revolução. Pelo contrário: afirma que a reforça e assinala interessantes afinidades entre o caráter das descobertas essenciais de Marx e o das descobertas de Freud, assim como das reações provocadas na ciência oficial por um e outro. Marx demonstrou que as classes idealizavam ou mascaravam suas motivações e que, por trás de suas ideologias, isto é, de seus princípios políticos, filosóficos ou religiosos, atuavam seus interesses e necessidades econômicas. Essa afirmação, formulada com o rigor e absolutismo que toda teoria revolucionária sempre tem em sua origem, e que se acentua por razões polêmicas no debate com seus contestadores, feria profundamente o idealismo dos intelectuais, resistentes até hoje a admitir qualquer noção científica que implique uma negação ou redução da autonomia e majestade do pensamento ou, mais precisamente, dos profissionais ou funcionários do pensamento.

---

* Max Eastman, *Marx, Lenin, and the science of revolution* (Londres, Allen and Unwin, 1926). Mariátegui cita o título do livro em espanhol. (N. T.)
** Max Eastman, *Since Lenin Died* (Nova York, Boni and Liveright, 1925). Mariátegui cita o título do livro em francês. (N. T.)

Freudismo e marxismo – apesar de os discípulos de Freud e Marx não serem ainda os mais propensos a entendê-lo e notá-lo – são parentes em seus diferentes domínios, não só pelo que em suas teorias há de "humilhação", como diz Freud, para as concepções idealistas da humanidade, mas pelo seu método diante dos problemas que abordam. Como observa Max Eastman:

> Para curar os transtornos individuais, o psicanalista presta uma atenção particular às deformações da consciência produzidas pelos impulsos sexuais reprimidos. O marxista, que busca curar os transtornos da sociedade, presta uma atenção particular às deformações engendradas pela fome e pelo egoísmo.

O vocábulo "ideologia" de Marx é simplesmente um nome que serve para designar as deformações do pensamento social e político produzidas por impulsos reprimidos. Esse vocábulo traduz a ideia dos freudianos quando falam de *racionalização, substituição, transferência, deslocamento* e *sublimação*. A interpretação econômica da história não é mais do que uma psicanálise generalizada do espírito social e político. É prova disso a resistência espasmódica e irracional que o paciente opõe. O diagnóstico marxista é considerado mais um ultraje do que uma constatação científica. Em vez de ser acolhido com espírito crítico verdadeiramente compreensivo, tropeça com racionalizações e "reações de defesa" de caráter bastante violento e infantil.

Freud, examinando as resistências à psicanálise, já havia descrito tais reações que nem entre os médicos, nem entre os filósofos obedeceram a razões propriamente científicas ou filosóficas. A objeção à psicanálise se dava, sobretudo, por contrariar e sublevar uma espessa camada de sentimentos e superstições. Suas afirmações sobre a subconsciência, e em especial sobre a libido, infligiam aos homens uma humilhação tão grave como a experimentada com a teoria de Darwin e a descoberta de Copérnico. À humilhação biológica e à humilhação cosmológica, Freud poderia ter agregado um terceiro motivo: o da humilhação ideológica, causada pelo materialismo econômico, em pleno auge da filosofia idealista.

A acusação de pansexualismo que atinge a teoria de Freud tem um equivalente exato na acusação de paneconomicismo sofrida pela teoria de Marx. Além do fato de que o conceito de economia em Marx é tão amplo e profundo como o de libido em Freud, o princípio dialético em que se baseia toda a concepção marxista excluía a redução do processo histórico a uma pura mecânica econômica. E os marxistas podem refutar e destruir a acusação de paneconomicismo com a mesma lógica de Freud, que ao defender a psicanálise diz:

Foi censurada como pansexualista, embora o estudo psicanalítico dos instintos houvesse sido sempre rigorosamente dualista e não houvesse jamais deixado de reconhecer, ao lado dos apetites sexuais, outras motivações bastante potentes para produzir o rechaço do instinto sexual.

Além disso, nos ataques à psicanálise, assim como nas resistências ao marxismo, influiu o sentimento antissemita. E muitas das ironias e reservas com que na França se acolhe a psicanálise – por proceder de um germânico cuja nebulosidade se ajusta pouco à claridade e à mesura latinas e francesas – parecem-se surpreendentemente àquelas que o marxismo sempre encontrou, e não apenas entre os antissocialistas desse país, onde um nacionalismo subconsciente habitualmente inclinou as pessoas a verem no pensamento de Marx o pensamento de um *boche** obscuro e metafísico. Os italianos, por sua parte, não o têm poupado dos mesmos adjetivos nem têm sido menos extremistas e ciumentos quando opõem, conforme o caso, o idealismo ou o positivismo latinos ao materialismo ou à abstração germânica de Marx.

Às motivações de classe e de educação intelectual, que regem a resistência ao método marxista entre os homens de ciência – como observa Max Eastman –, não se podem subtrair nem os próprios discípulos de Freud, inclinados a considerar a atitude revolucionária uma simples neurose. O instinto de classe determina esse juízo de fundo reacionário.

O valor científico e lógico do livro de Max Eastman – e essa é a curiosa conclusão a que se chega ao final da leitura, recordando os antecedentes de seu *Desde a morte de Lenin* e sua ruidosa excomunhão pelos comunistas russos – resulta muito relativo, a menos que se investiguem os sentimentos que inevitavelmente o inspiram. A psicanálise, desse ponto de vista, pode ser prejudicial a Max Eastman como elemento de crítica marxista. Seria impossível, ao autor de *A ciência da revolução*, provar que em suas argumentações neorrevisionistas, em sua posição herética e, sobretudo, em seus conceitos sobre o bolchevismo não influem minimamente seus ressentimentos pessoais. O sentimento se impõe com demasiada frequência ao argumento desse escritor que tão apaixonadamente pretende situar-se em um terreno objetivo e científico.

---

* Diz-se desdenhosamente dos alemães. (N. E. P.)

XI

POSIÇÃO DO SOCIALISMO BRITÂNICO

Ao contrário do que pretende uma crítica superficial e apriorística, o desenvolvimento do socialismo inglês traz consigo a confirmação mais inapelável da teoria marxista, que não sem motivo repousa no estudo da economia teórica e prática da Inglaterra. Marx e sua escola – de Lenin a Hilferding – sustentam que a evolução do capitalismo condiz com as condições materiais e espirituais de uma ordem socialista. E hoje são poucos os revisionistas e polemistas do gênero de Henri de Man que, contentando-se em assinalar o caráter essencialmente britânico e nada marxista do movimento socialista da Grã-Bretanha, mostram-no como um testemunho contrário à doutrina de Marx. Basta, no entanto, aprofundar-se um pouco nos fatos para comprovar que tal testemunho lhe é, antes, favorável.

As origens do movimento socialista inglês não são doutrinárias e intelectualistas como as da social-democracia alemã nem como as do bolchevismo russo. Na Inglaterra, o Labour Party nasce das *trade unions**, que aparecem e se desenvolvem como associações de natureza estritamente econômica e profissional. O *trade unionismo* cresce indiferente e até hostil ao doutrinamento político e econômico. Em absoluto acordo com o espírito britânico, interessam-lhe os fatos, não as teorias. Os núcleos intelectuais socialistas carecem durante muito tempo de raízes nos sindicatos. O Independent Labour Party, não obstante sua moderação, só se converte no estado-maior do movimento operário depois da guerra. E o próprio Partido Trabalhista só atinge a idade adulta neste século [XX]. Antes disso, a maior parte dos eleitores operários não se sentia ainda vinculada à sua política. O proletariado britânico organizado nas *trade unions* ainda não havia reivindicado sua autonomia política em um partido de classe. Porém, à medida que o capitalismo declina – e que a função do Partido Liberal perde seu sentido clássico e o poder e a maturidade política do proletariado se elevam –, cresce o alcance das reivindicações operárias até vir a trans-

---

* *Trade union*: união de trabalhadores. (N. E. P.)

bordar e romper seu marco primitivo. As reivindicações corporativas e imediatas se transformam gradualmente em reivindicações de classe. A influência dos líderes convictos do socialismo sobrepõe-se à autoridade de uma burocracia meramente sindical. No Labour Party descobre-se, pouco a pouco, uma finalidade socialista: ele quer a socialização dos meios de produção, como os demais partidos socialistas. E, embora a deseje com a parcimônia e prudência britânicas, propondo-a em linguagem simplesmente reformista, o certo é que reconhece nela sua meta mais natural e legítima. Os outros partidos reformistas da Europa empregam desde o nascimento uma linguagem distinta. Atribuem-se em grau mais ou menos enérgico uma ortodoxia marxista. Mas, se essa tem sido sua teoria, sua práxis – e mesmo seu espírito – não esteve muito distante da do reformismo inglês. Hoje mesmo, a distância entre uma e outra prática é insignificante, se é que existe. O Partido Socialista Francês pode se converter, a qualquer momento, em um partido ministerial, como o Trabalhista. E, entre um discurso de Paul-Boncour e outro de Ramsay MacDonald, à margem do lago Lemán*, não haverá nenhuma diferença substancial. Além disso, ambos têm o mesmo ar mundano e empoeirado de filósofos da *Enciclopédia* e primeiros-ministros do rei.

O proletariado britânico chegou à política socialista por um impulso espontâneo de sua ação de classe, apesar de sua supersticiosa e conservadora apreensão acerca do socialismo e de seus teóricos. Os sindicatos e as guildas** descendem das corporações medievais e, no processo de seu crescimento, impregnaram-se profundamente dos princípios de uma educação e uma economia liberais. Mais ainda: seu desejo foi refratário ao socialismo. As *trade unions* temeram e evitaram o doutrinamento socialista, em parte devido ao empirismo britânico, em parte por representarem no mundo uma aristocracia operária na época da expansão e prosperidade do império da Grã-Bretanha e em parte pelo crescimento de um capitalismo vigoroso e progressista. No entanto, acentuadas as contradições internas do capitalismo e colocada a questão de sua impotência para resolver a crise da produção, esse proletariado não encontra outro caminho e não adota outro programa senão o do socialismo.

Essa significativa experiência, cumprida no maior Estado capitalista da Europa, demonstra – contra o que revisionistas e confusionistas tão baratos

---

* Um dos maiores lagos da Europa, situado na fronteira franco-suíça. (N. T.)
** Sociedades originárias da Escandinávia cujos membros, pertencentes às classes mais baixas, reuniam-se em banquetes para jurar a defesa comum de seus interesses. Tinham caráter antimonárquico e antecederam os grêmios medievais. (N. E. P.)

como pedantes possam querer adulterar – que pela via do capitalismo e suas instituições, empírica ou doutrinariamente, marcha-se em direção ao socialismo. O que não quer dizer absolutamente que, antes que o proletariado adquira consciência de sua missão histórica e se organize e discipline politicamente, o socialismo seja possível. A premissa política e intelectual não é menos dispensável que a premissa econômica. Não basta a decadência ou o esgotamento do capitalismo. O socialismo não pode ser a consequência automática de uma bancarrota; tem de ser o resultado de um tenaz e esforçado trabalho de ascensão.

O caso inglês não prova senão que, mesmo negando-se *a priori* o socialismo doutrinário e político, ele é alcançado inevitavelmente logo que o proletariado adquire maioridade enquanto força política. A resistência a esse socialismo no movimento *trade unionista*, por outro lado, explica-se perfeitamente pelos fatores já enumerados. A Inglaterra, no terreno filosófico, ateve-se sempre ao fato, à experiência. Foi um país receoso ante toda metafísica. "O espírito geral da cultura intelectual e da filosofia anglo-saxã – observa fundamentalmente Max Eastman – foi sempre *terre a terre** e científico, apesar da pequena vigarice lançada em nome da divindade pelo bispo Berkeley." A política inglesa preferiu ser prática e teórica. Como consequência, o empirismo britânico se curva de conservadorismo. E a isso se deve – ao lado da marcha segura do capitalismo na Inglaterra – a sua incapacidade de resolver sua antinomia com instituições e privilégios remanescentes que não atrapalham excessivamente seu desenvolvimento. Essa foi a força do capitalismo britânico, de certo ponto de vista e até dado momento; mas essa também tem sido sua debilidade.

A revolução liberal não liquidou a monarquia na Inglaterra, nem outras instituições do regime aristocrático. Seu caráter industrial e urbano lhe permitiu uma grande liberalidade com a nobreza latifundiária. A economia capitalista cresceu comodamente sem a necessidade de sacrificar a decoração aristocrática, o quadro monárquico do Império. No primeiro império capitalista, dono de imensas colônias e dominador dos mares, a economia agrária passava a um plano secundário. Sua produção industrial, seu poder financeiro e suas empresas transoceânicas e coloniais o deixavam apto para abastecer-se vantajosamente, nos mais distantes mercados, dos produtos agrícolas necessários para seu consumo. A Grã-Bretanha podia, assim, custear sem esforço excessivo o luxo de

---

* Expressão francesa que significa "ligado às coisas materiais". (N. E. P.)

manter uma aristocracia refinada, com seus cavalos, cães, parques e terras.

Isso, sob certo aspecto, poderia ser relacionado com um traço geral da sociedade burguesa, que nem mesmo nos países de republicanismo mais avançado conseguiu emancipar-se da imitação dos arquétipos e do estilo aristocráticos. O "burguês fidalgo" até agora está presente. A última aspiração da burguesia, consumada sua obra, é parecer-se com as aristocracias às quais venceu e sucedeu, ou assimilar-se a elas. O próprio capitalismo ianque, que se desenvolveu em um clima tão isento de superstições e privilégios, e que produziu em seus tipos de capitães de empresa uma hierarquia tão original e vigorosa de chefes, não esteve livre dessa imitação nem resistiu à sedução dos títulos e castelos da decaída nobreza europeia. O nobre se sentia e se via como o auge de uma cultura, de uma origem; o burguês não. E talvez por isso o burguês tenha conservado um respeito subconsciente pela corte, pelo ócio, pelo gosto e pelo protocolo aristocráticos.

Na Inglaterra, porém, isso não serve apenas para considerações de psicologia social e política. A conciliação da economia capitalista e da política democrática com a tradição monárquica tem, nesse caso, consequências econômicas concretas. A Inglaterra depara com a necessidade de enfrentar um problema agrário que os Estados Unidos ignoram e que a França resolveu com a Revolução. O luxo de suas terras improdutivas está em estridente contraste com a economia de uma época de depressão industrial e 1,5 milhão de desocupados. Esse milhão de desocupados, cuja miséria pesa sobre o orçamento e o consumo doméstico da Grã-Bretanha, pertence a uma população essencialmente industrial e urbana. Os ofícios e costumes citadinos dessa gente atrapalham o empreendimento de empregá-la nos mais prósperos domínios britânicos: Canadá e Austrália, onde o operário e o empregado imigrante teriam de se conformar a ser rústicos lavradores.

O empirismo e o conservadorismo a que já me referi – o hábito de se reger pelos fatos prescindindo e até desdenhando das teorias – permitiram à Grã-Bretanha certa insensibilidade a respeito da incompatibilidade entre as instituições e os privilégios nobiliários, respeitados por sua evolução, e as consequências de sua economia liberal e capitalista. Porém, essa insensibilidade e negligência, que em tempos de abundante prosperidade capitalista e incomparável hegemonia mundial puderam ser um luxo e um capricho britânicos, em tempos de desemprego e competição se tornam excessivamente onerosas e produzem contradições que perturbam o ritmo evolucionista.

A concentração industrial e urbana assegura a preponderância final do partido do trabalho. Na Grã-Bretanha, o socialismo quase não conhece o problema da difícil conquista de um campesinato com papel decisivo na luta social. As bases políticas e econômicas da nação são suas cidades e indústrias. Para a política agrária do socialismo não é fundamental, como na França e na Alemanha, que se façam complicadas concessões a uma grande massa de pequenos proprietários, ligados fortemente à ordem estabelecida. Dirigida contra os *landlords**, é antes uma válida arma de ataque aos interesses da classe conservadora.

A marcha para o socialismo está garantida pelas condições objetivas do país. O que falta ao movimento socialista inglês é antes esse finalismo, esse racionalismo que os revisionistas acham exorbitante em outros partidos socialistas europeus. O proletariado inglês é dirigido por pedagogos e funcionários obedientes a um evolucionismo, a um pragmatismo de fundo rigorosamente burguês. O crescimento do poder político do trabalhismo caminhou muito mais depressa do que a adaptação de seus parlamentares. Não é à toa que esses parlamentares ainda estão sob a influência intelectual e espiritual de um grande império capitalista. A aristocracia operária da Inglaterra, por razões peculiares da história inglesa, é a mais enfeudada mentalmente à burguesia e à sua tradição. Sente-se obrigada a lutar contra a burguesia usando a mesma moderação com que esta se comportara – excetuando-se Cromwell e sua política – diante da aristocracia e seus privilégios. E os neorrevisionistas não são tão propensos a nada como a regozijar-se caso isso ocorra. Como escreve Henri de Man:

> A social-democracia alemã considerou-se em seus primórdios a encarnação das doutrinas revolucionárias e teleológicas do marxismo intransigente; como consequência, a tendência crescente de sua política em direção a um oportunismo conservador de Estado aparece ante seus elementos jovens e extremistas como uma renúncia gradual da social-democracia a seus fins tradicionais. Pelo contrário, o partido trabalhista britânico, o Labour Party, é o tipo de movimento de mentalidade "causal", refratário por essência a formular objetivos remotos na forma de uma teleologia *a priori*. Desenvolveu-se somente movido pela experiência, partindo de uma representação bastante moderada de interesses profissionais, até chegar a constituir um partido socialista. Parece, pois, que o progresso do movimento alemão se distancia de sua finalidade, enquanto o progresso do inglês o aproxima da sua própria. A consequência prática dessa diferença é que o grau de desenvolvimento correspondente a uma tendência progressiva na vida intelectual do socialismo inglês contrasta com uma tendência regressiva na vida intelectual da social-democracia alemã. O movimento inglês, cujos fins impulsionam, pode-se dizer, dia a dia, a

---

* Senhores donos de terras. (N. E. P.)

experiência de uma luta por objetivos imediatos – mas justificados por motivações éticas –, anima desse modo todo objetivo parcial e amplia a ação desse impulso na medida em que ele alarga o campo de sua prática reformista. Daí o Partido Trabalhista britânico exercer, apesar de sua mentalidade fundamentalmente oportunista e empírica, uma atração crescente entre os elementos mais acessíveis às motivações éticas e absolutas: a juventude e os intelectuais, em primeiro plano.

Fácil é demonstrar que essa suposta vantagem se torna amplamente desmentida pela relação entre o poder político e os fatores subjetivos da ação trabalhista. O Labour Party se desenvolveu com maior rapidez numérica do que espiritual e de mentalidade. Diante das eleições que se avizinham, ele parece estar inferiorizado em sua missão, em sua tarefa. Na Inglaterra ninguém poderá acusar o socialismo de romantismo revolucionário. Por conseguinte, se assim vierem a chegar a um governo socialista, sem dúvida não será porque o tenham proposto, forçando assim a história, mas porque o curso dos acontecimentos e a afirmação do proletariado como força política o impôs inexoravelmente. Marx é confirmado pela história na Inglaterra, mesmo quando, segundo os revisionistas, ela parece querer retificá-lo.

XII

O LIVRO DE ÉMILE VANDERVELDE

Vandervelde, em seu recente livro *Le marxisme a-t-il fait faillite?* [O marxismo fracassou?]* – que reúne distintos estudos sobre teoria e política socialistas –, examina principalmente a tese exposta por Henri de Man em sua notória obra (que na edição alemã tem o comedido título de *Zur psychologie des sozialismus* [Sobre a psicologia do socialismo])** e em sua menos notória conferência aos estudantes socialistas de Paris.

Vandervelde, que, como já recordei, cedo tomou parte no movimento revisionista, começa rememorando – não sem certa intenção irônica – como é antiga a tendência a fáceis e apressadas sentenças de morte ao socialismo. Ele cita as frases do acadêmico Reybaud, após as jornadas de junho de 1848: "O socialismo está morto; falar dele é pronunciar sua oração fúnebre". Mistura de imediato, com evidente finalidade confusionista, as críticas de Menger e Andler com as de Sorel. Opõe, de certa forma, a tentativa também revisionista de Nicholson – que prudentemente se satisfaz em anunciar a renovação do marxismo – à tentativa de Henri de Man, que proclama sua aniquilação. Porém, após um capítulo em que resguarda seu próprio revisionismo, declara-se contrário a certos leitores jovens e impressionáveis que acreditaram ver na obra de Henri de Man a revelação de uma doutrina nova. A reação do autor de *Para além do marxismo* em geral parece-lhe excessiva.

Se levarmos em conta que a propaganda de *Para além do marxismo* exaltou a opinião de Vandervelde sobre a obra – considerada por ele a mais importante sobre o socialismo publicada depois da guerra –, suas ressalvas e críticas são muito oportunas e têm um valor singular. Vandervelde, no decorrer de sua carreira política, ainda que conteste tal afirmação, abandonou visivelmente a linha marxista. Quando era um teórico, sua posição foi a de um revisionista; e na época de parlamentar e ministro ele o foi ainda mais. Todos os argumentos

---
* Émile Vandervelde, *Le marxisme a-t-il fait faillite?* (Bruxelas, L'Eglantine, 1928). (N. T.)
** Jena, E. Diederichs, 1927. (N. E. B.)

do revisionismo antigo e novo lhe são familiares. Caso Henri de Man houvesse encontrado efetivamente os princípios de um novo socialismo não marxista ou pós-marxista, Vandervelde, por mil razões especulativas, práticas e sentimentais, não teria deixado de regozijar-se. No entanto, Man não descobriu nada, já que não se pode considerar uma descoberta os resultados de um engenhoso e por vezes feliz emprego da psicologia atual no questionamento de alguns recursos psíquicos da ação operária. E Vandervelde, ciente e cauteloso, teve logo de tomar suas precauções contra qualquer superestimação exorbitante da tese de seu compatriota. Reconhece assim, de modo categórico, que não há "nada absolutamente essencial no livro de Henri de Man que já não se encontre ao menos em germe em Andler, em Menger, em Juárez e, ainda, nesse bom e velho Benoît Malon". E isso equivale a desautorizar, apagar completamente – por parte de quem mais atribuiu importância ao livro de Henri de Man –, a hipótese de sua novidade ou originalidade.

Vandervelde contribui com vários outros argumentos à refutação de Henri de Man. O esquema do estado afetivo da classe trabalhadora industrial apresentado por Henri de Man, que o conduz a um esquecimento radical do fundo econômico de seu movimento, não prova absolutamente, apenas com seus elementos psicológicos, o que o revisionista belga imagina provar. Escreve Vandervelde a esse respeito:

> Posso admitir que o instinto de classe seja superior à consciência de classe, que não seja indispensável a elucidação do problema da mais-valia, pelos trabalhadores, para lutar contra a exploração e dominação de que são vítimas, que não seja unicamente o "instinto aquisitivo" o determinante dos seus desejos sociais; contudo, ao fim das contas, após ter feito com ele um rodeio psicológico, de todo modo interessante, regressamos ao que do ponto de vista socialista é verdadeiramente essencial no marxismo, ou seja, a primazia do econômico, a importância primordial do progresso da técnica, o desenvolvimento autônomo das forças produtivas, no sentido de uma concentração que tende a eliminar ou subordinar as pequenas empresas, a expandir o proletariado, a transformar a concorrência em monopólio e, finalmente, a criar uma contradição ostensiva entre o caráter social da produção e o caráter privado da apropriação capitalista.

A afirmação de Henri de Man de que "em última análise a inferioridade social das classes trabalhadoras não repousa nem em uma injustiça política, nem em um preconceito econômico, mas em um estado psíquico" é, para Vandervelde, "exorbitante". Henri de Man sobrepôs a psicologia à economia, em um trabalho realizado sem objetividade científica, sem rigor especulativo, com o propósito extracientífico e anticientífico de escamotear a economia. E Vandervelde não tem outra saída a não ser negar que "sua interpretação psicológica do movimento operário mude algo que seja essencial no que há de realmente sólido nas concepções econômicas e sociais do marxismo".

Paralelamente ao livro de Henri de Man, Vandervelde examina o *Tratado de materialismo histórico**, de Bukharin, e sua conclusão comparativa é a seguinte: "Se tivesse de caracterizar com uma palavra – de todo modo exagerada – as duas obras que acabam de ser analisadas, talvez se pudesse dizer que Bukharin descarna o marxismo de sua ossada econômica sob o pretexto de idealizá-lo". Nessa comparação, Bukharin aparece sem dúvida mais bem colocado do que Henri de Man, embora todas as afinidades de Vandervelde sejam com este último. Basta considerar que o *Tratado de materialismo histórico* é um manual popular, um livro de divulgação no qual forçosamente o marxismo teve de reduzir-se a um esquema elementar. O marxismo de Bukharin, sem carne, esquelético, se manteria sempre de pé, ocupando a profissão didática de um catecismo, como essas ossadas de museu que dão uma ideia das dimensões, da estrutura e da fisiologia da espécie que representam; por sua vez, o marxismo desossado de Henri de Man, incapaz de se sustentar por um segundo, está condenado a se corromper e desagregar sem deixar nenhum vestígio.

Henri de Man termina, portanto, desqualificado por seu reformismo, e pela boca daquele que, dentre todos os seus corifeus, se sentia certamente o mais propenso a tratá-lo com simpatia. E isso é perfeitamente lógico, não somente porque boa parte de *Para além do marxismo* constitui uma crítica que dissolve as contradições e o sistema do reformismo, mas também porque a base econômica e classista do marxismo não é na prática menos indispensável aos reformistas do que aos revolucionários. Se o socialismo renega, como pretende Man, seu caráter e sua função classistas para se ater às revelações inesperadas dos intelectuais e moralistas dispostos a adotá-lo ou renová-lo, de quais recursos disporiam os reformistas para enquadrar a classe operária em seus modelos, para mobilizar um imponente eleitorado de classe nas batalhas do sufrágio e para ocupar – de modo distinto dos vários partidos burgueses – uma forte posição parlamentar? A social-democracia não pode absolutamente subscrever as conclusões do revisionista belga sem renunciar ao seu próprio fundamento. Aceitar em teoria que o materialismo econômico tenha caducado seria o melhor modo de servir todo tipo de sermões fascistas. Mas Vandervelde, interessado em sustentar a democracia liberal, é tão cauteloso que fica difícil compreendê-lo.

---

* Nicolai Bukharin, *Tratado de materialismo histórico* (Rio de Janeiro, Laemmert, 1970). (N. T.)

XIII

O IDEALISMO MATERIALISTA

Escreve-me um amigo e camarada, cuja inteligência aprecio muito, que em sua opinião o mérito da obra de Henri de Man é o de um esforço de espiritualização do marxismo. Em sua dupla qualidade de intelectual e universitário, meu amigo deve ter se escandalizado, em mais de um comício, com o materialismo simplista e elementar de ortodoxos catequistas. Conheço muitos desses casos; e eu mesmo tive uma experiência assim nas primeiras etapas de minha indagação sobre o fenômeno revolucionário. Porém, ainda sem avançar de modo prático nessa investigação, basta meditar sobre a natureza dos elementos que tal opinião abarca para perceber sua nulidade. Meu amigo acharia absurda a pretensão de conhecer e valorizar o catolicismo pelos sermões de um padre de bairro. Exigiria ao crítico um tratamento sério e profundo da escolástica e da mística. E todo pesquisador honrado o acompanharia nessa exigência. Então, como ele pode concordar com o primeiro estudante de filosofia – que acaba de colher de seu professor uma frase de desgosto e desdém pelo marxismo – acerca da necessidade de espiritualização dessa doutrina, por demais grosseira para o paladar da cátedra, tal como a entendem e propagam seus vulgarizadores de comícios?

Antes de tudo, que espiritualização é a que se deseja? Se a civilização capitalista, em sua decadência – semelhante em tantos aspectos à civilização romana –, renuncia a seu próprio pensamento filosófico e abdica de sua própria certeza científica para buscar em ocultismos orientais e metafísicas asiáticas algo como um entorpecente, então o melhor sinal de saúde e potência do socialismo, como princípio de uma nova civilização, será sem dúvida a resistência a todos esses êxtases espiritualistas. Diante do retorno da burguesia, decadente e ameaçada, a mitologias que não a inquietaram em sua juventude, a afirmação mais sólida da força criadora do proletariado será o completo repúdio e o risonho desprezo pelas angústias e pesadelos de um espiritualismo de menopausa.

Contra os desmaios sentimentais – não religiosos – e a nostalgia ultraterrena de uma classe que sente ter concluído sua missão, uma nova classe dirigente não dispõe de defesa mais válida do que a ratificação dos princípios materialistas de sua filosofia revolucionária. Em que se distinguiria do mais senil e extenuado pensamento capitalista um pensamento socialista que começasse por compartilhar todos os seus gostos clandestinos? Não; nada mais insensato que supor ser um sinal de superioridade do professor ou do banqueiro a disfarçada tendência de reverenciar Krishnamurti – ou de ao menos mostrar-se compreensivo com sua mensagem. Nenhum dos clientes desse banqueiro pede a ele, como ninguém no auditório pede ao professor, que mostre esse mesmo nível de compreensão para com a mensagem de Lenin.

Quem – que percorra com lucidez crítica o processo do pensamento moderno – deixará de notar que o retorno às ideias espiritualistas e a fuga para os paraísos asiáticos têm estímulos e origens puramente decadentistas? O marxismo, como especulação filosófica, toma a obra do pensamento capitalista a partir do ponto em que este, vacilante diante de suas consequências extremas – vacilação que corresponde estritamente, na ordem econômica e política, a uma crise do sistema liberal burguês –, desiste de seguir adiante e começa sua manobra de retrocesso. Sua missão é continuar essa obra. Os revisionistas como Henri de Man – que, segundo frase de Vandervelde, desossam o marxismo por meios que o fazem parecer atrasado diante de atitudes filosóficas com impulso claramente reacionário – não almejam outra coisa senão uma retificação apóstata, por meio da qual o socialismo, por um frívolo desejo de adaptar-se à moda, viria a atenuar suas premissas materialistas até torná-las aceitáveis aos espíritas e teólogos.

A primeira posição falsa nessa meditação é a de supor que uma concepção materialista do universo não seja apta para produzir grandes valores espirituais. Os preconceitos teológicos – e não filosóficos – que atuam como resíduo em mentes que se imaginam livres de dogmatismos superados induzem a unir a uma filosofia materialista uma vida mais ou menos rústica. A história contradiz com inúmeros testemunhos esse conceito arbitrário. A biografia de Marx, Sorel, Lenin ou outros milhares de lutadores do socialismo não fica nada a dever, como beleza moral e plena afirmação do espírito, à biografia dos heróis e ascetas que no passado trabalharam de acordo com uma concepção espiritualista ou religiosa – na acepção clássica dessas palavras. A URSS combate a ideologia burguesa com as armas do mais ultraísta* materialismo.

---

* O ultraísmo foi um estilo de vanguarda da poética hispânica, surgido no início do século XX. (N. T.)

E, entretanto, a obra da URSS, em suas afirmações e objetivos, resvala nos limites modernos do racionalismo e do espiritualismo – se o objetivo destes for melhorar e enobrecer a vida. Será que os que desejam uma espiritualização do marxismo acreditam que o espírito criador esteja menos presente e ativo na ação dos que lutam mundo afora por uma nova ordem do que na de agiotas ou industriais que, em Nova York, demonstrando um instante de cansaço capitalista, renegam uma forte ética nietzschiana – a moral sublimada do capitalismo – para *flertar* com faquires e ocultistas? Assim como a metafísica cristã não impediu ao Ocidente suas grandes realizações materiais, o materialismo marxista sintetiza – como já afirmado em outra ocasião – todas as possibilidades de ascensão moral, espiritual e filosófica de nossa época.

Piero Gobetti, discípulo e herdeiro do idealismo croceano no que este tem de mais ativo e puro, considerou tal problema em termos de admirável precisão:

> O cristianismo transportava para dentro nós, na intimidade do espírito, o mundo da verdade, indicando aos homens um dever, uma missão e uma redenção. Contudo, abandonado o dogma cristão, encontramo-nos mais ricos de valores espirituais, mais conscientes e mais capazes de ação. Nosso problema é moral e político: nossa filosofia santifica os valores da prática. Tudo se reduz a um critério de responsabilidade humana; se a luta terrena é a única realidade, cada um tem valor na medida em que trabalha – somos nós que fazemos a nossa história. E ela progride porque se desenvolve sempre mais enriquecida por novas experiências. Não se trata mais de alcançar um fim, ou de negá-lo em uma renúncia ascética; trata-se de que cada qual seja sempre si mesmo, mais intensa e conscientemente – com a superação das cadeias de nossa debilidade por meio de um esforço mais que humano, perene. O novo critério da verdade é a obra que se adequa à responsabilidade de cada um. Estamos no reino da luta (de homens contra homens, de classes contra classes, de Estados contra Estados), porque somente por meio dela são refinadas as capacidades, e cada qual, ao defender com intransigência seu posto, colabora com o processo vital que superou o ponto morto do ascetismo e do objetivismo grego.

Nenhuma mente latina pode encontrar uma fórmula mais classicamente precisa do que esta: "Nossa filosofia santifica os valores da prática".

As classes que se sucederam no domínio da sociedade disfarçaram sempre suas motivações materiais através de uma mitologia que abonava o idealismo e a sua conduta. Como o socialismo, consequente com suas premissas filosóficas, renuncia a essa indumentária anacrônica, todas as superstições espiritualistas se amotinam contra ele em um conclave do farisaísmo universal – a cujas sagradas decisões os intelectuais pávidos e os universitários ingênuos sentem o dever de se mostrar atentos, sem reparar em seu sentido reacionário.

Contudo, será que pelo fato de o pensamento filosófico burguês ter perdido essa segurança, esse estoicismo com que quis caracterizar-se em sua época afirmativa e revolucionária, deveria então o socialismo imitá-lo em seu retiro ao claustro tomista, ou em sua peregrinação ao templo do Buda vivente, seguindo o itinerário parisiense de Jean Cocteau, ou o turístico de Paul Morand? Quem são os mais idealistas, na acepção superior e abstrata desse vocábulo, os idealistas da ordem burguesa ou os materialistas da revolução socialista? E, se a palavra idealismo está desacreditada e comprometida pela servidão dos sistemas – o que designa todos os interesses e privilégios de classe passados –, que necessidade histórica teria o socialismo de se proteger sob seu amparo? A filosofia idealista, historicamente, é a filosofia da sociedade liberal e da ordem burguesa. E já sabemos dos frutos que nascem de sua teoria e prática desde que a burguesia se tornou conservadora. Para cada Benedetto Croce que, continuando lealmente essa filosofia, denuncia a inflamada conjuração da cátedra contra o socialismo – desconhecido como ideia que surge do desenvolvimento do liberalismo –, há muitos Giovanni Gentile a serviço de um partido cujos ideólogos, promotores sectários de uma restauração espiritual da Idade Média, repudiam em bloco a modernidade! A burguesia historicista e evolucionista – no tempo em que lhe bastava a fórmula "todo real é racional" para ir contra o racionalismo e o utopismo igualitários – dispôs na época, dogmática e estreitamente, da quase unanimidade dos "idealistas". Agora que, já não lhe servindo mais os mitos da História e da Evolução para resistir ao socialismo, ela se torna anti-historicista – reconcilia-se com todas as igrejas e superstições, favorece o retorno à transcendência e à teologia e adota os princípios dos reacionários que com mais sanha a combateram quando ainda era revolucionária e liberal –, ocorre então que, nos setores e nas capelas de uma filosofia idealista *bonne à tout faire** (neokantistas, neopragmatistas etc.), ela novamente encontra solícitos provedores de todas as prédicas úteis à renovação dos mais velhos mitos, ora cavalheiros e elegantes como o conde Keyserling, ora panfletários e provincianos à Léon Bloy como Domenico Giuliotti.

É possível que universitários vagamente simpáticos a Marx e Lenin, mas sobretudo a Jaurès e MacDonald, sintam falta de uma teorização ou literatura

---

* Expressão francesa: "que servem para tudo". (N. E. P.)

socialista de espiritualismo fervoroso e com citações abundantes de Keyserling, Scheler, Stammler e, ainda, Steiner e Krishnamurti. Dentre esses elementos, por vezes em jejum de uma séria informação marxista, é lógico que o revisionismo de Henri de Man, e até mesmo outros de menor valor, encontre discípulos e admiradores. Poucos entre eles se preocuparam em averiguar se as ideias de *Para além do marxismo* são ao menos originais ou se – como o certifica o próprio Vandervelde – não agregam nada à antiga crítica revisionista.

Tanto Henri de Man como Max Eastman extraem suas maiores objeções da crítica da concepção materialista da história formulada há vários anos pelo professor Brandenburg nos seguintes termos:

> Ela busca fundar todas as *variações* da vida em comum dos homens nas mudanças que advêm do domínio das forças produtivas; contudo, ela não consegue explicar por que estas últimas devem mudar constantemente, e por que essa mudança deve se dar necessariamente em direção ao socialismo.

Bukharin responde a essa crítica em um apêndice de *A teoria do materialismo histórico**. Porém, é mais fácil e cômodo contentar-se com a leitura de Henri de Man do que indagar suas fontes e estudar os argumentos de Bukharin e do professor Brandenbug – menos difundidos pelos distribuidores de novidades.

E, no entanto, é peculiar e exclusiva da tentativa de espiritualização do socialismo de Henri de Man a seguinte proposição:

> Os valores vitais são superiores aos materiais, e dentre os mais elevados estão os espirituais. O que no aspecto eudemonológico** poderia ser expresso assim: em condições iguais, as satisfações que mais apetecem são aquelas sentidas na consciência, quando é refletido o mais vivo da realidade do eu e do meio que o rodeia.

Essa arbitrária categorização dos valores não está destinada a outra coisa senão a satisfazer os pseudossocialistas, desejosos que lhes provenham uma fórmula equivalente à dos neotomistas: "primazia do espiritual". Henri de Man não poderia jamais explicar satisfatoriamente em que se diferenciam os valores vitais dos materiais. E, ao distinguir os materiais dos espirituais, teria de se ater ao mais arcaico dualismo.

No apêndice já citado de seu livro sobre o materialismo histórico, Bukharin julga deste modo a tendência em que se classifica Henri de Man:

---

* Ed. esp.: *Teoría del materialismo histórico* (Madri, Siglo XXI, 1974). (N. E. B.)

** Termo difundido por Arthur Schopenhauer: a arte de ter uma vida feliz, na medida de suas possibilidades. (N. T.)

Segundo Marx, as relações de produção são a base *material* da sociedade. Não obstante, em numerosos grupos marxistas (ou melhor, pseudomarxistas), existe uma tendência irresistível a espiritualizar essa base material. Os progressos da escola e do método psicológico na sociologia burguesa não podiam deixar de "contaminar" os meios marxistas e semimarxistas. Esse fenômeno marchava lado a lado com a influência crescente da filosofia acadêmica idealista. A escola austríaca (Böhm-Bawerk), L. Word e *tutti quanti* puseram-se a refazer a construção de Marx – introduzindo em sua base *material* a base psicológica "ideal". Com essa necessidade, a iniciativa levou o austromarxismo – teoricamente – à decadência. Começou-se a tratar a base material com o espírito do Pickwick Club*. A economia e o modo de produção passaram a ser considerados em uma categoria inferior à das reações psíquicas. O cimento sólido do material desapareceu do edifício social.

Que Keyserling e Spengler, sirenes da decadência, continuem, pois, à margem da especulação marxista. O mais nocivo sentimento que poderia turvar o socialismo, em suas atuais jornadas, é o temor de não parecer intelectualista e espiritualista o bastante diante da crítica universitária. Como disse Sorel no prólogo de suas *Reflexões sobre a violência*:

> Os homens que receberam uma educação primária têm em geral a superstição do livro e atribuem facilmente genialidade a pessoas que ocupam bastante a atenção do mundo letrado; imaginam que têm muito a aprender com autores cujos nomes são citados frequentemente com elogios nos jornais; e escutam com singular respeito os comentários que laureados de concursos vêm a lhes ofertar. Combater esses preconceitos não é tarefa fácil, mas é realizar um serviço útil. Consideramos esse trabalho como absolutamente capital e podemos levá-lo a um bom termo sem ocupar jamais a direção do mundo operário. É necessário que não ocorra ao proletariado o que aconteceu aos germânicos que conquistaram o império romano: tiveram vergonha e acabaram por tomar como mestres os líderes da decadência latina, mas não têm do que se vangloriar por querer civilizar-se.

A advertência desse homem de pensamento e de estudo, que obteve para o socialismo o melhor proveito dos ensinamentos de Bergson, nunca foi tão atual como nestes tempos provisórios de estabilização capitalista.

---

* Fã-clube de admiradores de Pickwick, personagem de romance de Charles Dickens. (N. E. P.)

XIV

O MITO DA NOVA GERAÇÃO

Um sentimento messiânico e romântico, difundido em maior ou menor escala entre a juventude intelectual do pós-guerra – que a inclina a uma ideia excessiva, e por vezes delirante, acerca de sua missão histórica –, influi em sua tendência de enxergar o marxismo como mais ou menos atrasado em comparação com as aquisições e exigências dessa "nova sensibilidade". Em política, como em literatura, há muito pouca substância sob essa palavra. Mas isso não é obstáculo para que a "nova sensibilidade" – que na ordem social e ideológica prefere se chamar "novo espírito" – tenha chegado a se tornar um verdadeiro mito, cuja exata avaliação e estrita análise estejam em tempo de ser empreendidas, sem considerações oportunistas.

Essa "nova geração" começa a escrever sua autobiografia. Já está na estação das confissões, ou melhor, do exame de consciência. Isso poderia ser um sinal de que estes anos de estabilização capitalista a encontram mais ou menos desocupada. Drieu la Rochelle foi quem inaugurou tais "confissões". E, quase simultaneamente, André Chamson e Jean Prévost, em documentos de méritos e inspiração diversos, contam agora suas experiências do ano de 1919*. André Chamson representa, na França, uma juventude bem distante daquela que se entretém mediocremente com a imitação dos jogos sutis de Giraudoux ou as pequenas farsas de Cocteau. Sua literatura, romance ou ensaio se caracterizam por uma busca generosa e séria.

A juventude francesa – cujas jornadas de 1919 são explicadas por André Chamson em um ensaio crítico e interpretativo, bem como por Jean Prévost em uma crônica romanceada e autobiográfica – é aquela que devido à idade não pôde marchar ao *front* e que se impôs, de modo prematuro e grave, a obrigação de pronunciar aos dezoito anos um juízo sobre a história. Escreve Cham-

---

* Em 1919, os ânimos revolucionários estavam acirrados por toda a Europa, influenciados pela vitória da Revolução Russa, bem como pelo desemprego e miséria do pós-guerra. Na França, houve duras greves e manifestações, como a dos metalúrgicos da região parisiense. (N. T.)

son: "Viu-se então toda uma juventude revolucionária aceitando a revolução, ou vivendo à espera de seu triunfo". Chamson atinge um tom fervoroso na exegese dessa emoção. Mas o contágio de sua exaltação não deve turvar a serenidade de nossa análise, precisamente porque nesse processo contra a "nova geração" nós mesmos nos sentimos em causa. A onda espiritual que, depois da guerra, percorreu as universidades e os grupos literários e artísticos da América Latina parte, em sua ansiedade por se regenerar, da mesma crise que agitava a juventude de 1919, contemporânea de André Chamson e Jean Prévost. Dentro das condições diversas de lugar e hora, a revolução de 1919 não é um fenômeno estranho a nosso continente.

No que diz respeito ao espírito revolucionário dessa juventude, Chamson se atém a provas excessivamente subjetivas. As próprias palavras transcritas indicam, entretanto, que esse espírito revolucionário – mais que um fenômeno objetivo ou uma propriedade exclusiva da geração de 1919 – era um reflexo da situação revolucionária criada na Europa pela guerra e suas consequências, pela vitória do socialismo na Rússia e pela queda das monarquias da Europa Central. Pois, se a juventude de 1919 "aceitava" a revolução, ou vivia "à espera" de seu triunfo, era porque a revolução estava em ato, sendo anterior e superior aos desejos dos adolescentes, testemunhas dos horrores e sacrifícios da guerra. O jovem ensaísta francês acrescenta:

> Nós esperávamos a revolução, nós queríamos ter certeza de seu triunfo. Porém, na maior parte dos casos, não havendo chegado a ela pela mudança de doutrinas, não éramos capazes de lhe fixar um sentido político nem sequer um valor social bem preciso. Esses jogos da mente e essas previsões dos sistemas haviam sem dúvida iludido nossa espera; mas nós queríamos mais e, em um só golpe, colocamo-nos para além dessa revolução social, em uma espécie de absoluto revolucionário. O que esperávamos era uma purificação do Mundo, um novo nascimento: a única possibilidade de vivermos fora da guerra.

O que nos interessa agora, em tempos de crítica da estabilização capitalista e dos fatores que preparam uma nova ofensiva revolucionária, não é tanto a psicanálise nem a idealização do *páthos* juvenil de 1919, mas sim o esclarecimento sobre os valores que ele criou e a experiência a que serviu. A história desse episódio sentimental, que Chamson eleva à categoria de uma revolução, ensina que pouco a pouco, depois que as metralhadoras de Noske restabeleceram na Alemanha o poder da burguesia, o messianismo da "nova geração" começou a se acalmar, renunciando às responsabilidades precoces que havia se atribuído apaixonadamente nos primeiros anos de pós-guerra. A força que manteve a esperança revolucionária viva até 1923, com alguma intermitência, não era, pois, a vontade romântica de reconstrução ou a inquietude tumultuada da juventude em sua severa vigília; era antes a desesperada luta do proletariado em barricadas, greves, comícios e trincheiras. Era a ação heroica – operada com sorte desigual – de Lenin e sua aguerrida facção na Rússia, de Liebknecht, Rosa Luxemburgo e Eugen Levine na Alemanha, de Béla Kun na Hungria e dos trabalhadores da Fiat na Itália até a ocupação das fábricas e a cisão das massas socialistas em Livorno*. A esperança da juventude não se encontrava suficientemente ligada à sua época. André Chamson reconhece isso quando escreve o seguinte:

> Na realidade, vivíamos um último episódio da Revolução de 1848. Talvez pela última vez, espíritos formados pela mais profunda experiência histórica (fosse ela intuitiva ou racional), demandavam sua força à mais extrema ingenuidade de esperança. O que buscávamos era um prosseguimento proudhoniano, uma filosofia do progresso na qual pudéssemos acreditar. Por um tempo a demandamos a Marx. Obedecendo aos nossos desejos, o marxismo aparecia como uma filosofia exata da história. A confiança que tínhamos nele logo viria a desaparecer na abstração triunfante da Revolução de 1919 e, mais ainda, nas consequências que esse mito teria sobre nossa vida e nossos esforços; contudo, e por isso mesmo, nesse momento ela possuía mais força. Vivíamos por ela, na certeza de conhecer a ordem dos fatos que iam se desenrolar – a própria marcha dos acontecimentos.

O testemunho de Jean Prévost ilustra outros lados da revolução de 1919: o esnobismo universitário com que os estudantes de sua geração se entregaram a uma leitura raivosa de Marx, o afrouxamento súbito de seu impulso diante do choque com seu escandalizado ambiente doméstico e com os primeiros golpes de cassetete da polícia, e a decepção e o ceticismo mais ou menos disfarçados do seu retorno à *sagesse***. Os melhores espíritos, as melhores mentes da nova geração, seguiram sua trajetória: os dadaístas passaram do estridente tumulto de Dadá às jornadas da revolução surrealista: Raymond Lefebre formulou seu programa nestes intransigentes termos: "A revolução ou a morte"; a equipe de intelectuais do *Ordine Nuovo**** de Turim assumiu o empreendi-

---

* Cidade da Itália onde ocorreu um congresso do Partido Socialista, no qual Mariátegui esteve presente, em que houve a ruptura definitiva entre as tendências socialista-reformista e comunista. (N. E. P.)

** Do francês: prudência. (N. E. P.)

*** Periódico fundado em 1919 por Antonio Gramsci e Palmiro Togliatti, entre outros intelectuais italianos. (N. E. B.)

mento de dar vida ao Partido Comunista na Itália, iniciando o trabalho que deveria custar a Gramsci, Terracini etc., sob o fascismo, a condenação de 20 a 25 de prisão; Ernst Toller, Johannes R. Becher e George Grosz, na Alemanha, reclamaram um posto na luta proletária. Contudo, nessa nova jornada, nenhum desses novos revolucionários continuava a pensar que a Revolução era um empreendimento da juventude que em 1919 havia se rendido ao socialismo. Em vez disso, todos deixavam de invocar sua qualidade de jovens para aceitar sua responsabilidade e sua missão de homens. A palavra "juventude" estava já bastante comprometida politicamente. Não é à toa que as jornadas do fascismo se realizavam sob o *ritornello* de "*Giovinezza, giovinezza*"*.

O mito da nova geração – da revolução de 1919 – perdeu muito de sua força. Sem dúvida, a guerra marcou uma ruptura, uma separação. A derrota do proletariado, em boa parte, se deve ao espírito adiposamente parlamentar, positivista e demoburguês de seus quadros, 90% compostos por gente formada sob o clima pré-bélico. Na juventude socialista, foram recrutadas as primeiras equipes da Terceira Internacional. Os velhos líderes, os Ebert e os Kautsky na Alemanha, os Turati e os Modigliani na Itália e os Bauer e os Renner na Áustria, sabotaram a Revolução. Contudo, Lenin, Trotski e Stalin procediam de uma geração madura, com a experiência de uma longa luta. E até agora a "*abstração triunfante da revolução de 1919*" conta muito pouco na história diante da obra concreta da criação positiva da URSS.

Por isso, conquistar a juventude não deixa de ser uma das necessidades mais evidentes e atuais dos partidos revolucionários. Mas com a condição de que os jovens saibam que amanhã caberá a eles cumprir sua missão, sem os álibis da juventude, com responsabilidade e capacidade de homens.

---

* Ou seja, "sob o estribilho de 'Juventude, juventude'", hino fascista italiano. (N. T.)

XV

O PROCESSO CONTRA A LITERATURA FRANCESA CONTEMPORÂNEA

Explorando um setor contíguo ao das confissões de Chamson, Prévost e outros "jovens europeus" – para empregar o termo de Drieu la Rochelle –, irei me deter com o leitor em outro ensaio novíssimo, publicado por Emmanuel Berl sob o título "Premier pamphlet: les littérateurs et la révolution" [Primeiro panfleto: os literatos e a revolução] nos números 73 a 75 da *Europe*. Nesse ensaio, Berl busca recolocar a questão da Revolução e da Inteligência, que tão frequentemente ocupa os intelectuais dos tempos pós-bélicos. Seu estudo é em grande parte um processo contra a literatura francesa contemporânea, severamente acusada por seu conformismo e aburguesamento – o que Berl documenta copiosa e vivazmente.

A investigação de Berl parte deste ponto de vista:

> Duvido que a ideia da revolução possa ser clara para qualquer um que não a entenda como a esperança de confiscar o poder em proveito do grupo do qual se faz parte. Talvez seja aqui que se deva buscar o mais sólido ensinamento de Lenin. A ideia da Revolução não se obscurece jamais em Lenin, pois ele dispõe de um critério muito seguro para que isso seja possível: todo o poder aos sovietes, todo o poder aos bolcheviques. Ele triunfa sobre Kautsky com facilidade, porque Kautsky já não sabe o que entende pela palavra Revolução, enquanto Lenin sabe. Em *Les conquérants* [Os conquistadores], Borodin* declara que "a Revolução é pagar o exército". Assim teria dito Saint-Just. E nós temos aqui a sensação de tocar a evidência revolucionária. Todavia, semelhantes definições deixam de valer na medida em que já não se está em plena ação – quando são justificadas pelo acontecimento em curso. Não posso aceitar que se reduza a ideia revolucionária a uma série de emoções ou efusões líricas que podem ser suscitadas em uma ou outra pessoa. A Revolução não é o menino que disputa com sua família, nem o senhor que aborrece sua mulher, nem a cortesã ávida por deixar seu amante para trocar de mentira. Somos obrigados à analise já que queremos pensar. É o que nos cabe.

---

* Personagem do romance de André Malraux baseado no agente do Comintern Mikhail Borodin (1884-1951). (N. E. B.)

Na primeira parte dessa proposição, o posicionamento de Berl é justo; porém, como veremos adiante, o mesmo não ocorre na segunda. Berl distingue e separa os tempos de ação dos tempos de espera – uma distinção que, para o "revolucionário profissional" de que fala Max Eastman, não existe. O segredo de Lenin está precisamente em ter prosseguido em seu trabalho de crítica e preparação sem deixar que seu empenho se afrouxasse depois da derrota de 1905 – época de pessimismo e desalento. Marx e Engels produziram a maior parte de sua obra – grande por seu valor espiritual e científico – independentemente de sua eficácia revolucionária em tempos que não eram de insurreições iminentes, como eram os primeiros a ponderar. Nem a análise os fazia se inibir diante da ação, nem a ação os inibia diante da análise.

O autor do "Primeiro panfleto…" no fundo permanece fiel à reivindicação da inteligência pura. Essa é a razão pela qual ele aceita as censuras feitas pelo sr. Benda ao pensamento contemporâneo, embora creia que "a mais grave doença de que sofre é a falta de coragem, não de universalidade". Berl observa muito acertadamente que "o *clerc** não é estorvado pela política na medida em que a pensa, mas na medida em que não a pensa"; e que "a natureza do espírito implica não ser servo daquilo que se leva em consideração, mas sim daquilo que se negligencia". Contudo, quando se trata das consequências e obrigações da reflexão sobre a política, Berl exige que o intelectual compartilhe forçosamente de seu pessimismo e criticismo negativo. Evitar e negligenciar a política é sem dúvida uma maneira de trair o espírito; mas, na sua opinião, defender a esperança de um partido e o mito da revolução também é.

Mais interessantes do que sua tese acerca dos deveres da inteligência são suas opiniões sobre a atual literatura francesa que vêm a ilustrá-la. Tal literatura é, antes de tudo, mais burguesa que a burguesia. "A burguesia constantemente duvida de si. E faz bem. Afirmar-se como burguesia seria assinar embaixo do marxismo." Os literatos, enquanto isso, começam a se ocupar com uma apologia da burguesia como classe. Seu aburguesamento manifesta-se vivamente na desconfiança da ideologia. "Amor à história, ódio à ideia" – eis aqui um dos traços dominantes. Essa é precisamente a atitude da burguesia desde que, estando distantes suas jornadas românticas e superado seu estágio nacionalista, refugiou-se nessa divinização da história – como Tilgher denuncia em termos tão exatos. A desconfiança que se sente pela ideia precede a que se sente pelo homem. Também nesse gesto a burguesia não faz outra coisa senão renegar o ro-

---

* Do francês: douto, intelectual. (N. T.)

mantismo. O literato moderno busca no arsenal da nova psicologia as armas que possam lhe servir para demonstrar a impotência, a contradição e a miséria do homem. "Para que a desconfiança no homem seja completa, falta denegrir o herói." Para Berl, esse parece ser o verdadeiro objetivo da biografia romanceada.

A literatura conformista da França contemporânea sente-se superior e estranha a essa ideologia. Mas nem por isso está menos saturada de ideias e menos regida por impulsos que a conduzam a acatar totalmente o espírito reacionário e decadente da burguesia – por ela traduzido e com o qual é complacente. Berl nota de forma sagaz que "não há nada tão *poincarista* como os livros do sr. Giraudoux, inspirado pelo *Cartório Berrichon**, repletos de alusões culturais como um discurso do sr. Léon Bérard e murmurantes de gratidão ao Deus histórico e social que permite tais ócios virgilianos"... Os personagens de Giraudoux refletem o mesmo sentimento. Églantine, por exemplo, "tende por inclinação natural aos senhores ricos e nobres: possui essa afeição preciosa pelo velho, a qual Frosine já louvava em Marianne". Com idêntico rigor, Cocteau obedece também ao gosto do público burguês. Pouco importa seu amor por Picasso ou a Apollinaire. Mesmo quando parece se empenhar na mais insólita aventura, Cocteau não faz mais do que "preparar suas finas charadas para a duquesa de Guermantes**". Berl faz com que desvaneça a ilusão de Albert Thibaudet sobre uma literatura antagônica e antitética à política devido à juventude de seus líderes. Diz Berl: "Os jovens cantam como os velhos assobiam. O sr. Maurois escreve como o sr. Poincaré governa – com o sentimento e o cuidado do menor risco. O sr. Morand compõe como o sr. Philippe Berthelot administra".

Porém, seria nova ao menos a técnica do romance francês de hoje? Berl discorda. Os autores não abandonaram, na verdade, as receitas do romance oitocentista.

> O romance não consegue adaptar seus métodos aos resultados da psicologia moderna. A maior parte dos autores conserva ou finge conservar uma fé na confecção de seus personagens que seria inadmissível depois de Freud. Eles não querem admitir que o relato que um personagem faz de seu passado revela mais seu estado presente do que o passado de que falam. Continuam representando a vida de uma pessoa como o desenvolvimento de algo solitário e determinado antecipadamente em um tempo vazio. Não seguem as lições do *behaviorismo****, que deveriam pro-

---

* Referência ao caráter provinciano e nacionalista do escritor. (N. T.)
** Personagem de Marcel Proust na obra *Em busca do tempo perdido*. (N. E. P.)
*** Também chamada "comportamentalismo", escola psicológica que reduz sua análise ao estudo das reações externas do ser humano diante de estímulos, segundo um suposto objetivismo pragmático de teor um tanto positivista. (N. T.)

duzir, ao contrário, uma literatura muito mais precisa do que a nossa, e nem sequer as lições da psicanálise, que deveriam convencer definitivamente os autores de que um personagem está impedido, devido às leis da repressão, de adquirir consciência clara de si. Quando muito, têm em conta as descobertas de Bergson sobre o funcionamento da memória.

E ainda se poderia acrescentar que esse bergsonismo é ditado quiçá por razões patrióticas de acatamento à autoridade de um Bergson acadêmico e conservador. Pois as reservas que a ordem e a clareza francesas têm em relação a Freud e à psicanálise dependerão sempre, e não em pequena parcela, de certa escassa disposição patriótica para aderir às fórmulas de um *boche*, ainda que partam das experiências de Charcot.

O melhor do trabalho de Emmanuel Berl é essa advertência. Já quando passa a reivindicar a autonomia do intelectual diante das fórmulas e do pensamento sobre a Revolução, cai na mais incondicional servidão ao mito da Inteligência pura – justamente diante das fórmulas e do pensamento reacionários. Todos os preconceitos da crítica pequeno-burguesa e de seu gosto pela utopia ou sua clausura no ceticismo aparecem neste conceito:

> A causa da Inteligência e a da Revolução somente se confundem na medida em que a Revolução é um não conformismo. Mas é claro que a Revolução não pode se reduzir a isso. A forma de negar é também uma forma de combater e construir. Exige um programa por realizar e um grupo que o realize. Sendo assim, o não conformismo não saberia aceitar um programa e uma ordem dados pelo único motivo de que se opõe à ordem estabelecida.

Berl não quer que o intelectual seja um homem de partido. Tem, assim como Julien Benda, a idolatria do *clerc*. E nisso levam vantagem sobre ele esses surrealistas contra os quais não economizam críticas e ironias. E não apenas os jovens surrealistas, mas também o velho Bernard Shaw, que, embora fabiano* e heterodoxo, declarou na mais solene ocasião de sua vida: "Karl Marx fez de mim um homem".

Berl pensa que o primeiro valor da inteligência, nesta época de transição e crise, deve ser a lucidez. Contudo, o que na verdade é dissimulado por suas preocupações é a tendência intelectual de se esquivar da luta de classes, a pre-

---

* A Fabian Society, doutrina socialista reformista inglesa do fim do século XIX, reunia um grupo de jovens intelectuais de diferentes linhas socialistas com a utopia de reconstruir a sociedade sem o uso da violência. O termo "fabiano" é usado aqui no sentido de "indivíduo inofensivo". (N. T.)

tensão de se manter *au-dessus de la mêlée**. Todos os intelectuais que reconhecem como seu o estado de consciência de Emmanuel Berl aderem abstratamente à Revolução, mas se detêm diante da Revolução concreta. Repudiam a burguesia, mas não se decidem a marchar ao lado do proletariado. No fundo dessa atitude, agita-se um desesperado egocentrismo. Os intelectuais desejariam substituir o marxismo – por demais técnico para uns e por demais materialista para outros – por uma teoria própria. Um literato mais ou menos ausente da história e mais ou menos estranho à Revolução em ato imagina-se suficientemente inspirado para fornecer às massas uma nova concepção de sociedade e política. Como as massas não lhe dão de imediato grande crédito – preferindo continuar com o método marxista-leninista, sem esperar pelo milagroso descobrimento –, o literato acaba por se desgostar do socialismo e do proletariado, uma doutrina e uma classe que ele mal conhece e das quais só se aproxima com todos os seus preconceitos de universidade, de restaurante ou de cafés. Como escreve Berl:

> O drama do intelectual contemporâneo é que gostaria de ser revolucionário, mas não consegue. Sente a necessidade de chacoalhar o mundo moderno, emaranhado nas redes dos nacionalismos e das classes, sente a impossibilidade moral de aceitar o destino dos trabalhadores da Europa...

(um destino mais inaceitável talvez que o de qualquer outro grupo humano em qualquer período da história)

> ...porque, se a civilização capitalista não os condena necessariamente à miséria integral em que Marx os via lançados, por outro lado não lhes pode oferecer nenhuma justificativa para sua existência, no tocante a um princípio ou a uma finalidade qualquer.

Os preconceitos de universidade, de restaurante e de cafés exigem que se flerte com os evangelhos do espiritualismo; impõem o gosto pelos mágicos e pelo obscuro; restituem um sentimento misterioso e sobrenatural ao espírito. E é lógico que esses sentimentos venham a estorvar a aceitação do marxismo. Mas é um absurdo enxergar neles outra coisa além de um humor reacionário, do qual não se deve esperar nenhuma cooperação ao esclarecimento dos problemas da Inteligência e da Revolução.

Cumprido o experimento do dadaísmo e do surrealismo, um grupo de grandes artistas – de cuja absoluta modernidade estética ninguém duvida –

---

* Expressão francesa: "acima da confusão". (N. E. P.)

percebeu que, no plano social e político, o marxismo representa incontestavelmente a Revolução. André Breton entende que é vão levantar-se contra as leis do materialismo histórico e declara ser falsa "toda tentativa de explicação social distinta da de Marx". Na verdade, o surrealismo – acusado por Berl de ter se refugiado em um clube da desesperança – acabou por demonstrar uma compreensão muito mais exata e uma noção muito mais clara da missão do Espírito. Quem, no entanto, não saiu da etapa da desesperança é antes o próprio Emmanuel Berl, negativista, cético e niilista, confortado apenas pela impressão de que para a Inteligência "ainda não soou a hora de um suicídio talvez inelutável". E não seria significativo que um homem da qualidade de Pierre Morhange, após o experimento de *Philosophies* [Filosofias] e de *L'Esprit* [O espírito]*, tenha se envolvido com a equipe fundadora da *Revue Marxiste* [Revista Marxista]? Morhange, não menos do que Berl, reivindicava intransigentemente os direitos do Espírito. Porém, em sua severa análise, em sua honrada indagação acerca dos ingredientes de todas as teorias filosóficas que se atribuem a representação do Espírito, deve ter comprovado que na verdade elas somente tendiam à sabotagem intelectual da Revolução.

Certamente Berl teme que, ao aceitar o marxismo, o intelectual renuncie a este supremo valor: a lucidez – cuidadosamente defendida em seu processo contra a literatura. Nesse ponto, bem como em todos, evidencia-se seu extremo acatamento dos postulados anárquicos e antidogmáticos do "livre pensamento". Sem dúvida, Massis tem razão contra esses heréticos sistemáticos quando afirma que só há possibilidade de progresso e de liberdade dentro do dogma. Mas a asserção é falsa no que se refere ao dogma de Massis, que há muito tempo deixou de ser suscetível de desenvolvimento, petrificando-se em fórmulas eternas e tornando-se estranho ao devir social em marcha. A heresia individual é infecunda. Em geral, a sorte da heresia depende de seus elementos ou de suas possibilidades de se tornar dogma, de se incorporar num dogma. O dogma é entendido aqui como a doutrina de uma transformação histórica e, assim, enquanto a transformação se opera, isto é, enquanto ele não se torna um arquivo ou um código de uma ideologia do passado, nada garante como o dogma a liberdade criadora, a função germinal do pensamento. Em sua especulação, o intelectual precisa se apoiar em uma crença, em um princípio que faça dele um fator da história e do progresso. É nesse instante que sua potência

---

* Referência a publicações de cunho místico e abstrato, influenciadas pelos movimentos surrealista e dadaísta, de que Morhange participou ao lado de Henri Lefebvre. (N. T.)

de criação pode trabalhar com a máxima liberdade permitida por seu tempo. Shaw tem essa intuição quando diz: "Karl Marx fez de mim um homem, o socialismo fez de mim um homem". O dogma não impediu que Dante, em sua época, fosse um dos maiores poetas de todos os tempos; o dogma, se assim se prefere chamá-lo, ampliando a acepção do termo, não impediu que Lenin fosse um dos maiores revolucionários e um dos maiores estadistas. Um dogmático como Marx ou como Engels influi nos acontecimentos e nas ideias mais do que qualquer grande herético ou qualquer grande niilista. Somente esse fato deveria anular toda a apreensão e todo o temor em relação à limitação do dogmático. A posição marxista, para o intelectual contemporâneo, não é utopista, mas sim a única posição que oferece uma via de liberdade e avanço. O dogma tem a utilidade de um roteiro, de uma carta geográfica: é a única garantia de não se repetir duas vezes o mesmo percurso com a ilusão de estar avançando e de não ficar preso por falta de informação em nenhum caminho sem saída. O livre-pensador, em geral, resolutamente se condena à mais estreita das servidões: sua especulação rodopia a uma velocidade louca, mas inútil, em torno de um ponto fixo. O dogma não é um itinerário, mas uma bússola na viagem. Para pensar com liberdade, a primeira condição é abandonar a preocupação com a liberdade absoluta. O pensamento tem uma necessidade estrita de rumo e de objeto. Pensar corretamente é, em grande medida, uma questão de direção ou de órbita. O sorelismo, enquanto retorno ao sentimento original da luta de classes, ou enquanto protesto contra o aburguesamento parlamentar e pacifista do socialismo, é o tipo de heresia que se incorpora ao dogma. E reconhecemos em Sorel um intelectual que, alijado da disciplina de partido mas fiel a uma disciplina superior de classe e método, serve à ideia revolucionária. Sorel obtve uma continuação original do marxismo, pois começou por aceitar todas as suas premissas, e não por repudiá-las *a priori* e em bloco, como Henri de Man em sua vaidosa aventura. Lenin prova na política prática – com o testemunho irrecusável de uma revolução – que o marxismo é o único meio de prosseguir e superar Marx.

XVI

"A CIÊNCIA DA REVOLUÇÃO"

A ciência da revolução, de Max Eastman, quase se resume à alegação de que Marx, em seu pensamento, nunca conseguiu se emancipar de Hegel. Se esse hegelianismo incurável houvesse persistido somente em Marx e Engels, preocuparia sem dúvida muito pouco o autor de *A ciência da revolução*. Mas, como o encontra subsistente na teorização marxista de seus continuadores e, sobretudo, dogmaticamente professado pelos ideólogos da Revolução Russa, Max Eastman considera urgente e essencial denunciá-lo e combatê-lo. Há que se entender suas advertências a Marx como advertências ao marxismo.

Pelo que *A ciência da revolução* demonstra, antes da impossibilidade de Marx se emancipar de Hegel está a incapacidade de Max Eastman se emancipar de William James, pois se mostra particularmente fiel a ele em seu anti-hegelianismo. William James, depois de reconhecer Hegel como um dos poucos pensadores que propõem uma solução de conjunto aos problemas dialéticos, apressa-se a acrescentar: "Escrevia de maneira tão abominável que jamais o compreendi"*. Max Eastman não fez mais esforços para compreender Hegel. Em sua ofensiva contra o método dialético, atuam todas as suas resistências de estadunidense – propenso a uma praticidade flexível e individualista, permeada por ideias pragmáticas – contra o panlogismo germânico, contra o sistema de uma concepção unitária e dialética. Aparentemente, o "norte-americanismo" da tese de Max Eastman está em sua crença de que a Revolução não necessita de uma filosofia, mas somente de uma ciência, de uma técnica; porém, no fundo, está verdadeiramente em sua tendência anglo-saxã rechaçar, em nome do puro "bom sentido", toda construção ideológica complexa que choque sua educação pragmática.

Max Eastman ao censurar Marx por não se ter libertado de Hegel, censura-o em geral por não ter se libertado de toda metafísica, de toda filosofia. Não se dá conta de que, se Marx houvesse se proposto e realizado – unicamente com a prolixidade de um técnico alemão – o esclarecimento científico dos pro-

---

* William James, *Some Problems of Philosophy: a Beginning of an Introduction to Philosophy* (Nova York, Longmans, Green, and co., 1911). (N. T.)

blemas da Revolução, tais como se apresentavam empiricamente em seu tempo, não haveria alcançado suas mais eficazes e valiosas conclusões científicas nem muito menos elevado o socialismo ao grau de disciplina ideológica e organização política que o converteram na força construtora de uma nova ordem social. Marx pôde ser um técnico da Revolução, assim como Lenin, precisamente porque não se deteve na elaboração de umas quantas receitas de efeito estritamente verificável. Se houvesse recusado ou temido confrontar as dificuldades da criação de um "sistema", para não desgostar mais tarde o pluralismo irredutível de Max Eastman, sua obra teórica não superaria em transcendência histórica à de Proudhon e Kropotkin.

Max Eastman tampouco percebe que, sem a teoria do materialismo histórico, o socialismo não haveria abandonado o ponto morto do materialismo filosófico e, no envelhecimento inevitável deste – por sua incompreensão da necessidade de fixar as leis da evolução e do movimento –, teria se contagiado mais facilmente por toda a linhagem de "idealismos" reacionários. Para Max Eastman, o hegelianismo é um demônio a ser expelido do corpo do marxismo, exorcizando-o em nome da ciência. Em quais razões sua tese se apoia para afirmar que a obra de Marx alenta até o fim o hegelianismo mais metafísico e germânico? De fato, Max Eastman não tem mais provas dessa convicção do que aquelas que antigamente um crente tinha da presença do demônio no corpo de um indivíduo que devia ser exorcizado. Eis aqui seu diagnóstico sobre o caso Marx:

> Ao declarar alegremente que não há tal Ideal, que não existe Empíreo* algum no centro do universo, que a realidade última é não o espírito, mas a matéria, ele pôs de lado toda emoção sentimental e, numa disposição que parecia ser completamente realista, pôs-se a escrever a ciência da revolução do proletariado. No entanto, apesar da profunda transformação emocional experimentada por ele, seus escritos seguem tendo um caráter metafísico e essencialmente animista. Marx não havia examinado este mundo material do mesmo modo que um artesão examina seus materiais, a fim de entender como tirar o melhor proveito deles. Examinou o mundo material do mesmo modo que um sacerdote examina o mundo ideal, com a esperança de encontrar nele suas próprias aspirações criadoras e, em caso contrário, para ver de que modo podia transplantá-las nele. Sob sua forma intelectual, o marxismo não representava a passagem do socialismo utópico para o socialismo científico; não representava a substituição do nada prático evangelho de um mundo melhor por um plano prático apoiado num estudo da sociedade atual que indicasse os meios de substituí-la por uma sociedade melhor. O marxismo consti-

---

* Com origem na mitologia grega, é o nome da morada dos deuses. (N. E. B.)

tuía a passagem do socialismo utópico a uma religião socialista, um esquema destinado a convencer o crente de que o próprio universo engendra automaticamente uma sociedade melhor e que ele, o crente, não tem mais nada a fazer do que seguir o movimento geral de tal universo.

Não são suficientes para Max Eastman, como garantia do sentido totalmente novo e revolucionário que tem em Marx o emprego da dialética, as proposições que ele mesmo copia das Teses sobre Feuerbach* em *A ciência da revolução*. Não se lembra, em nenhum momento, desta taxativa afirmação de Marx:

> O método dialético não apenas difere do de Hegel em seu fundamento, mas principalmente lhe é totalmente contrário. Para Hegel, o processo do pensamento, que sob o nome de ideia ele transforma em um sujeito independente, é o demiurgo (criador) da realidade, não sendo esta senão sua manifestação exterior. Para mim, ao contrário, a ideia não é outra coisa do que o mundo material traduzido e transformado pelo cérebro humano.

Sem dúvida, Max Eastman tem a pretensão de que sua crítica não seja vista como concernente à exposição teórica do materialismo histórico, mas a um hegelianismo espiritual e intelectual – a certa conformação mental de professor de metafísica – de que, em sua opinião, Marx não soube nunca se desprender, apesar do materialismo histórico, e cujos sinais devem ser buscados no tom dominante de sua especulação e prédica. E aqui chegamos a seu erro fundamental: seu repúdio à filosofia em si, sua mística convicção de que tudo, absolutamente tudo, é redutível à ciência e de que a revolução socialista não precisa de filósofos, mas de técnicos. Emmanuel Berl zomba cabalmente dessa tendência, ainda que sem distingui-la – como é de praxe – das expressões autênticas do pensamento revolucionário. Escreve Berl:

> A própria agitação revolucionária acaba por ser representada como uma técnica especial que poderia ser ensinada numa Escola Central**. Estudo do marxismo superior, história das revoluções, participação mais ou menos real nos diversos movimentos que podem ser produzidos em tal ou qual ponto, conclusões obtidas desses exemplos dos quais deve ser extraída uma fórmula abstrata que pode ser aplicada automaticamente em todo lugar onde apareça uma possibilidade revolucionária. E, ao lado do comissariado da Borracha, o comissariado da Propaganda, ambos politécnicos.

---
* Karl Marx, "*Ad* Feuerbach", em Karl Marx e Friedrich Engels, *A ideologia alemã* (São Paulo, Boitempo, 2007), p. 533. (N. E. B.)
** Referência a centro de ensino técnico ou superior. (N. T.)

O cientificismo de Max Eastman não é tampouco rigorosamente original. Nos tempos em que os positivistas eram ainda santificados, Enrico Ferri, dando ao termo "socialismo científico" uma acepção estrita e literal, pensou também que era possível algo assim como uma ciência da Revolução. Por esse motivo, Sorel se divertiu muito às custas do sábio italiano, cujos aportes à especulação socialista não foram nunca levados a sério pelos chefes do socialismo alemão. Hoje em dia os tempos são menos favoráveis do que antes para – não mais do ponto de vista da escola positivista, mas daquele da praticidade ianque – renovar-se tal tentativa. Max Eastman, além disso, não esboça nenhum dos princípios de uma ciência da revolução. A esse respeito, a intenção de seu livro, que em seu caráter negativo coincide com o de Henri de Man, termina no título.

OUTROS ESCRITOS

NOTA

Os quatro primeiros ensaios aqui reunidos ("A crise da democracia", "Fatos e ideias da Revolução Russa", "A crise do socialismo" e "A mensagem do Oriente") tratam de aspectos geopolíticos internacionais do início do século XX segundo uma análise dialética materialista. Fazem parte da coletânea *La escena contemporánea* [A cena contemporânea], publicada em 1925 (Lima, Editorial Minerva).

Já o artigo "As reivindicações feministas" veio a público pela primeira vez em 1924, na revista *Mundial* (Lima), e consta também no tomo 14, *Temas de educación*, das Obras Completas de J. C. Mariátegui (Lima, Biblioteca Amauta, 1976).

O último texto aqui selecionado – "Programa do Partido Socialista Peruano" – data de 1928, tendo sido aprovado pelo Comitê Central do Partido em 1929 e depois também publicado no livro *La organización del proletariado* (Lima, Comisión Política del Comité Central del Partido Comunista Peruano, 1967).

A CRISE DA DEMOCRACIA

Wilson

Todos os setores da política e do pensamento concordam em reconhecer em Woodrow Wilson uma mentalidade elevada, uma psicologia austera e uma orientação generosa. Porém, como é natural, têm opiniões divergentes sobre a transcendência de sua ideologia e sobre sua posição na história. Os homens da direita, que são talvez os mais distantes da doutrina de Wilson, classificam-no como um grande iludido, um grande utopista. Os homens da esquerda consideram-no o último caudilho do liberalismo e da democracia. Os homens do centro exaltam-no como o apóstolo de uma ideologia clarividente que, apesar de até hoje ter sido contrariada por egoísmos nacionais e paixões bélicas, conquistará afinal a consciência de toda a humanidade.

Essas diferentes opiniões e atitudes apontam Wilson como um líder centrista e reformista. Wilson não foi, evidentemente, um político do tipo de Lloyd George, Nitti ou Caillaux. Mais do que perfil de político, ele teve perfil de ideólogo, mestre e predicador. Seu idealismo, sobretudo, mostrou uma base e uma orientação éticas. Mas essas são modalidades de caráter e educação. Wilson se diferenciou dos outros líderes da democracia por seu temperamento religioso e universitário. Por sua filiação, ocupou a mesma zona política. Foi um representante genuíno da mentalidade democrática, pacifista e evolucionista. Tentou conciliar a velha ordem com a ordem nascente, o internacionalismo com o nacionalismo, o passado com o futuro.

Wilson foi o verdadeiro generalíssimo da vitória aliada. Os mais profundos críticos da Guerra Mundial acham que a vitória foi uma obra de estratégia política, e não uma obra de estratégia militar. Os fatores psicológicos e políticos tiveram na guerra mais influência e mais importância do que os fatores militares. Adriano Tilgher escreve que a guerra foi ganha "por aqueles governos que souberam conduzi-la com mentalidade adequada, dando-lhe fins capazes de se converter em mitos, em estados de ânimo, paixões e sentimentos populares" e que "ninguém mais do que Wilson, com sua prédica quáquer-democrática*, contribuiu para reforçar nos povos da Entente a persuasão da justiça de sua causa e o propósito de continuar a guerra até a vitória final". Wilson realmente fez da guerra contra a Alemanha uma *guerra santa*. Antes de Wilson, os estadistas da Entente haviam batizado a causa aliada como a causa da liberdade e do direito. Tardieu, no livro *La paix* [A paz]**, cita algumas declarações de Lloyd George e Briand que continham os germes do programa wilsoniano. Contudo, na linguagem dos políticos da Entente havia uma entonação convencional e diplomática. Já a linguagem de Wilson, pelo contrário, tinha todo o fervor religioso e o timbre profético necessários para emocionar a humanidade. Os Catorze Pontos*** ofereceram aos alemães uma paz justa, equitativa e generosa, uma paz sem anexações nem indenizações, uma paz que garantiria a todos os povos o mesmo direito à vida e à felicidade. Em suas proclamações e discursos, Wilson dizia que os aliados não combatiam contra o povo alemão, mas contra a casta aristocrática e militar que o governava.

E essa propaganda demagógica que ressoava contra as aristocracias, que anunciava o governo das massas e proclamava que "a vida brota da terra", por um lado, fortificou nos países aliados a adesão das massas à guerra e, por outro, debilitou na Alemanha e na Áustria a vontade de resistir e lutar. Os Catorze Pontos prepararam o colapso da frente russo-alemã de forma mais eficiente do que os tanques, canhões e soldados de Foch e Díaz, de Haig e Pershing. Assim demonstram as memórias de Ludendorff e Erzberger, entre outros documentos da derrota alemã. O programa wilsoniano estimulou a disposição revolu-

---

* Referência aos quáquers, membros de seita religiosa que dispensa a intervenção dos padres, por entender que basta aos homens a luz interior que lhes foi dada pelo seu deus. (N. T.)

** André Tardieu, *La paix* (Paris, Payot, 1921). (N. T.)

*** Os Catorze Pontos são proposições criadas pelo presidente norte-americano Woodrow Wilson em seu discurso ao Congresso dos Estados Unidos da América em 8 de janeiro de 1918 para a reconstrução europeia após a Primeira Guerra Mundial. São elas: 1. Exigência da eliminação da diplomacia secreta em favor de acordos públicos; 2. Liberdade nos mares; 3. Abolição das barreiras econômicas entre os países; 4. Redução dos armamentos nacionais; 5. Redefinição da política colonialista, levando em consideração o interesse dos povos colonizados; 6. Retirada dos exércitos de ocupação da Rússia; 7. Restauração da independência da Bélgica; 8. Restituição da Alsácia e Lorena à França; 9. Reformulação das fronteiras italianas; 10. Reconhecimento do direito ao desenvolvimento autônomo dos povos da Áustria-Hungria; 11. Restauração de Romênia, Sérvia e Montenegro e direito de acesso ao mar para a Sérvia; 12. Reconhecimento do direito ao desenvolvimento autônomo do povo da Turquia e abertura permanente dos estreitos que ligam o Mar Negro ao Mediterrâneo; 13. Independência da Polônia; 14. Criação da Liga das Nações. (Fonte: DHnet/Centro de Direitos Humanos e Memória Popular.) (N. E. B.)

cionária que fermentava na Áustria e na Alemanha; despertou antigos ideais de independência na Boêmia e na Hungria; criou, em suma, o estado de ânimo que engendrou a capitulação.

Mas Wilson ganhou a guerra e perdeu a paz. Foi o vencedor da guerra, mas foi o vencido da paz. Seus Catorze Pontos minaram a frente austro-alemã e deram a vitória aos Aliados; porém, não conseguiram inspirar e dirigir o tratado de paz. A Alemanha se rendeu aos Aliados baseada no programa de Wilson; mas os Aliados, depois de desarmá-la, impuseram uma paz diferente daquela que – pela boca de Wilson – haviam prometido solenemente. Por isso, Keynes e Nitti argumentaram que o Tratado de Versalhes era um tratado desonesto.

Por que Wilson aceitou e assinou esse tratado que violava sua palavra? Os livros de Keynes, Lansing, Tardieu e outros historiadores da Conferência de Versalhes explicam de diversas formas tal atitude. Keynes diz que o pensamento e o caráter de Wilson "eram mais teológicos do que filosóficos, com toda a força e fragilidade que implica essa ordem de ideias e sentimentos". Ele alega que Wilson não pôde lutar contra Lloyd George e Clemenceau – ágeis, flexíveis e astutos. Argumenta que lhe faltava um plano, tanto para a Liga das Nações como para a execução de seus Catorze Pontos. "Ele podia pregar um sermão a propósito de todos os seus princípios ou dirigir uma magnífica oração ao Todo-Poderoso pela sua execução, mas não podia adaptar sua aplicação concreta ao estado de coisas europeu. Não só não podia fazer qualquer proposição concreta, como também, em muitos aspectos, encontrava-se mal informado sobre a situação da Europa." Atuava orgulhosamente isolado, quase sem consultar os técnicos de sua comitiva, sem conceder aos seus lugares-tenentes, nem mesmo ao coronel House, influência ou real colaboração em sua obra. Portanto, os trabalhos da Conferência de Versalhes tiveram como base um plano francês ou inglês, aparentemente ajustados ao programa wilsoniano, mas na prática direcionados para que prevalecessem os interesses da França e da Inglaterra. Wilson, finalmente, não se sentia respaldado por um povo que se solidarizava com sua ideologia. Todas essas circunstâncias conduziram no a uma série de transações. Seu único esforço consistia em salvar a ideia da Liga das Nações. Ele acreditava que a criação da Liga das Nações automaticamente garantiria a correção do tratado e de seus defeitos.

Os anos que se passaram desde a assinatura da paz foram adversos à ilusão de Wilson. A França não fez apenas um uso prudente do Tratado de Versalhes, mas um uso excessivo. Poincaré e sua maioria parlamentar não o empregaram contra a casta aristocrática e militar alemã, mas contra o povo alemão. E, mais ainda, exasperaram a tal ponto o sofrimento da Alemanha que alimentaram uma atmosfera reacionária e jingoísta*, propícia a uma restauração da monarquia ou a uma ditadura militar. A Liga das Nações, impotente e anêmica, não conseguiu se desenvolver. A democracia, atacada simultaneamente pela revolução e pela reação, entrou num período de crise aguda. A burguesia, em alguns países, renunciou à defesa legal de seu domínio, renegou sua fé democrática e defrontou sua ditadura com a teoria da ditadura do proletariado. E, no melhor dos casos, o fascismo administrou uma dose de um litro de óleo de rícino a muitos apoiadores da ideologia wilsoniana. Renasceu ferozmente na humanidade o culto do herói e da violência. O programa wilsoniano aparece na história desses tempos como a última manifestação vital do pensamento democrático: Wilson não foi, de maneira nenhuma, o criador de uma nova ideologia, mas um frustrado renovador de uma velha ideologia.

A Liga das Nações

Wilson foi o descobridor oficial da ideia da Liga das Nações. Porém, Wilson a extraiu do ideário do liberalismo e da democracia. O pensamento liberal e democrático sempre conteve os germes de uma aspiração pacifista e internacionalista. A civilização burguesa internacionalizou a vida da humanidade. O desenvolvimento do capitalismo exigiu a circulação internacional das mercadorias. O capital se expandiu, conectado e associado para além das fronteiras. E, por isso, durante algum tempo foi livre-cambista e pacifista. Consequentemente, o programa de Wilson não foi senão um retorno do pensamento burguês à sua inclinação internacionalista.

Contudo, o programa wilsoniano encontrava fatalmente uma resistência invencível dos interesses e aspirações nacionalistas das potências vitoriosas. E, assim, essas potências o sabotaram e frustraram na conferência de paz. Wilson, obrigado a condescender diante da habilidade e agilidade dos estadistas aliados, pensou que a fundação da Liga das Nações compensaria o sacrifício de qualquer um de seus Catorze Pontos. E essa sua ideia obstinada foi descoberta e explorada por políticos perspicazes da Entente.

O projeto de Wilson resultou sagazmente distorcido, mutilado e esterilizado. Nasceu em Versalhes uma Liga das Nações enfraquecida e limitada, na qual não tinham assento os povos vencidos – Alemanha, Áustria, Bulgária etc. – e

---

* Termo surgido na Inglaterra, no fim do século XIX, para designar posições de extremo nacionalismo e racismo favoráveis ao expansionismo militar imperialista. (N. T.)

na qual faltava também a Rússia, um povo com 130 milhões de habitantes, cuja produção e consumo são indispensáveis ao comércio e à vida do resto da Europa.

Posteriormente, sendo Wilson substituído por Harding, os Estados Unidos abandonaram o Pacto de Versalhes. A Liga das Nações, sem a intervenção dos Estados Unidos, acabou reduzida às proporções modestas de uma liga das potências aliadas e de sua clientela de pequenas ou desarmadas nações europeias, asiáticas e americanas. E, como a coesão da própria Entente se encontrava minada por uma série de interesses conflitantes, a Liga não pôde sequer, em seus limites reduzidos, ser uma aliança ou uma associação solidária e harmoniosa.

Por todas essas razões, a Liga das Nações teve uma vida anêmica e raquítica. Os problemas econômicos e políticos da paz não foram discutidos em seu seio, mas em conferências e reuniões especiais. A Liga careceu de autoridade, capacidade e jurisdição para enfrentá-los. Os governos da Entente somente lhe permitiram tratar de assuntos de menor importância, fazendo dela algo semelhante a um tribunal de paz da justiça internacional. Algumas questões maiores – a redução dos armamentos, a regulamentação do trabalho etc. – foram entregues à sua opinião e ao seu voto. Mas a função da Liga nesses domínios foi circunscrita à organização de materiais de estudo ou à emissão de recomendações – que, apesar de sua prudência e ponderação, quase nenhum governo implementou ou ouviu. Por exemplo, a Organização Internacional do Trabalho – um órgão dependente da Liga – sancionou certos direitos trabalhistas, como a jornada de oito horas, entre outros; mas, logo depois, o capitalismo empreendeu, na Alemanha, na França e em outras nações, uma vigorosa campanha, ostensivamente favorecida pelo Estado, contra a jornada de oito horas. E a questão da redução dos armamentos, em cujo debate a Liga das Nações não avançou quase nada, foi, por sua vez, abordada em Washington, em uma conferência alheia e indiferente à sua existência.

Por ocasião do conflito ítalo-grego, a Liga das Nações sofreu uma nova cisão. Mussolini se rebelou em alto e bom som contra sua autoridade. E a Liga não pôde reprimir ou moderar esse gesto ácido da política bélica e imperialista do líder dos Camisas Negras*.

No entanto, os apoiadores da democracia não se desesperaram para que a Liga das Nações adquirisse a autoridade e a capacidade que lhe faltavam. Atualmente, funcionam por quase todo o mundo agrupamentos de divulgação das

---

* Milícia voluntária fascista. (N. E. B.)

finalidades da Liga – encarregados de obter para ela a adesão e o respeito real de todos os povos. Nitti defende que ela seja reorganizada sobre as seguintes bases: a adesão dos Estados Unidos e a incorporação dos países vencidos. O próprio Keynes, que tem perante a Liga das Nações uma atitude agudamente cética e desconfiada, admite a possibilidade de que ela venha a se transformar num poderoso instrumento de paz. Ramsay MacDonald, Herriot, Painlevé e Boncour colocam-na sob sua proteção e seu auspício. Os corifeus da democracia dizem que um organismo como a Liga não pode funcionar de forma eficiente senão após um longo período de experiência e mediante um lento processo de desenvolvimento.

Mas as razões substanciais das atuais impotência e ineficácia da Liga das Nações não são sua juventude nem sua insipiência. Elas procedem da causa geral da decadência e do desgaste do regime individualista. A posição histórica da Liga das Nações é, precisa e exatamente, a mesma posição histórica da democracia e do liberalismo. Os políticos da democracia trabalham por um acordo, por um compromisso entre a ideia conservadora e a ideia revolucionária. E a Liga, congruentemente com essa orientação, tende a conciliar o nacionalismo do Estado burguês com o internacionalismo da nova humanidade. O conflito entre nacionalismo e internacionalismo é a raiz da decadência do regime individualista. A política da burguesia é nacionalista; sua economia é internacionalista. A tragédia da Europa consiste justamente em estarem renascendo paixões e estados de ânimo nacionalistas e guerreiros, nos quais encalham todos os projetos de assistência e cooperação internacional encaminhados para a reconstrução europeia.

Ainda que adquirisse a adesão de todos os povos da civilização ocidental, a Liga das Nações não cumpriria o papel que seus inventores e preconizadores lhe designaram. Dentro dela se reproduziriam os conflitos e as rivalidades inerentes à estrutura nacionalista dos Estados. A Liga das Nações reuniria os delegados dos povos; mas não reuniria os próprios povos. Não eliminaria os contrastes e antagonismos que os separam e os tornam inimigos. Subsistiriam dentro da Liga as alianças e os pactos que agrupam as nações em blocos rivais.

A extrema esquerda enxerga na Liga das Nações uma associação de Estados burgueses, uma organização internacional da classe dominante. Mas os políticos da democracia conseguiram atrair os líderes do proletariado social-democrata à Liga das Nações. Albert Thomas, secretário da Organização Internacional do Trabalho, procede das fileiras do socialismo francês. É que a divisão do campo proletário em maximalismo e minimalismo tem, perante a Liga das

Nações, as mesmas expressões características que tem em relação às outras formas e instituições da democracia.

A ascensão do Labour Party ao governo da Inglaterra injetou um pouco de otimismo e de vigor na democracia. Os adeptos da ideologia democrática, centrista e evolucionista previram a bancarrota da reação e das direitas. Constataram com entusiasmo a decomposição do Bloco Nacional francês, a crise do fascismo italiano, a incapacidade do diretório espanhol e o desvanecimento dos planos *putschitas** dos pangermanistas alemães.

Esses fatos podem indicar, efetivamente, o fracasso das direitas – o fracasso da reação. E podem anunciar um novo retorno ao sistema democrático e à práxis evolucionista. Porém, outros fatos mais profundos, extensos e graves revelam, já há tempos, que a crise mundial é uma crise da democracia – de seus métodos e suas instituições. E que, através de ponderações e movimentos contraditórios, a organização da sociedade se adapta lentamente a um novo ideal humano.

Lloyd George

Lenin é o político da revolução; Mussolini é o político da reação; Lloyd George é o político do compromisso, da transição, da reforma. Eclético, equilibrista e mediador – igualmente distante tanto da esquerda como da direita –, Lloyd George não é um apoiador da nova ordem ou da velha ordem. Desprovido de qualquer adesão ao passado e de toda impaciência pelo porvir, Lloyd George não deseja ser senão um artesão, um construtor do presente. Lloyd George é uma personagem sem filiação dogmática, sectária ou rígida. Não é individualista nem coletivista; não é internacionalista nem nacionalista. Capitaneia o liberalismo britânico. Mas essa sua etiqueta de liberal corresponde mais a uma razão de classificação eleitoral do que a uma razão de diferenciação programática. Liberalismo e conservadorismo são hoje duas escolas políticas superadas e deformadas. Atualmente não assistimos a um conflito dialético entre o conceito liberal e o conceito conservador, mas a um contraste real, a um choque histórico entre a tendência de manter a organização capitalista da sociedade e a tendência de substituí-la por uma organização socialista e proletária.

Lloyd George não é um teórico nem um sacerdote de nenhum dogma econômico ou político; é um conciliador quase agnóstico. Faltam-lhe pontos de

---
* Insurrecionais. (N. T.)

vista rígidos. Seus pontos de vista são provisórios, mutáveis, precários e móveis. Lloyd George se apresenta em constante retificação, em permanente revisão de ideias. Está, portanto, inabilitado para abjurar. A abjuração supõe o deslocamento de uma posição extremista a uma posição antagônica, também extremista. E Lloyd George ocupa invariavelmente uma posição centrista, conciliadora, intermediária. Seus movimentos de translação não são, por conseguinte, radicais e violentos, mas graduais e mínimos. Lloyd George é estruturalmente um político de possibilidades. Pensa que a linha reta é – na política como na geometria – uma linha teórica e imaginativa. A superfície da realidade política é acidentada, como a superfície da Terra. Sobre ela não se podem traçar linhas retas, mas sim linhas geodésicas. Por isso, Lloyd George não busca na política a rota mais ideal, mas a rota mais geodésica.

Para esse político prudente, astuto e perspicaz, o hoje é uma transação entre o ontem e o amanhã. Lloyd George não se preocupa com o que foi ou com o que será – mas com o que é.

Nem douto nem erudito, Lloyd George é antes um tipo refratário à erudição e ao pedantismo. Essa condição e sua falta de fé em qualquer doutrina o preservam da rigidez ideológica e dos principismos sistemáticos. Antípoda de um catedrático, Lloyd George é um político de fina sensibilidade, dotado de órgãos ágeis para a percepção original, objetiva e cristalina dos fatos. Não é um comentarista ou um espectador, mas um protagonista, um ator consciente da história. Sua retina política é sensível à impressão veloz e estereoscópica do panorama circundante. Sua falta de apreensões e de escrúpulos dogmáticos lhe permite utilizar os procedimentos e instrumentos mais adaptados às tentativas que faz. Lloyd George assimila e absorve instantaneamente as sugestões e ideias úteis à sua orientação espiritual. É prudente, sagaz e flexivelmente oportunista. Nunca se obstina. Trata de modificar a realidade contingente, de acordo com suas previsões – mas, quando encontra excessiva resistência nessa realidade, contenta-se em exercer sobre ela uma influência mínima. Não se obceca por uma ofensiva imatura. Reserva sua insistência e tenacidade para o momento propício, para a conjuntura oportuna. E está sempre pronto à conciliação e ao compromisso. Sua tática de governante consiste não em reagir bruscamente contra as opiniões e paixões populares, mas em adaptar-se a elas para canalizá-las e controlá-las com habilidade.

A colaboração de Lloyd George na Paz de Versalhes, por exemplo, está impregnada de seu oportunismo e *possibilismo*. Lloyd George compreendeu que a Alemanha não podia pagar uma indenização excessiva. Mas a atmosfera delirante, frenética e histérica da vitória o obrigou a aderir, provisoriamente, à tese contrária. O contribuinte inglês, desejoso de que as despesas de guerra não pesassem sobre seus rendimentos e mal informado sobre a capacidade econômica da Alemanha, queria que esta pagasse o custo integral da guerra. As eleições foram realizadas sob a influência desse estado de ânimo – convocadas às pressas por Lloyd George imediatamente após o armistício. E, para não correr o risco de uma derrota, Lloyd George, em seu programa eleitoral, teve de recorrer a essa aspiração do eleitor inglês. Teve de tornar seu o programa de paz de Lord Northcliffe e do *Times* – ríspidos adversários de sua política.

Do mesmo modo, Lloyd George se opôs a que o Tratado mutilasse e desmembrasse a Alemanha – engrandecendo assim territorialmente a França. Percebia o perigo de desorganizar e desarticular a economia da Alemanha. Combateu, por conseguinte, a ocupação militar da margem esquerda do Reno. Resistiu a todas as conspirações francesas contra a unidade alemã. Contudo, acabou tolerando que se privilegiassem do Tratado. Acima de tudo, ele quis salvar a Entente e a paz. Pensou que não era a oportunidade de frustrar as intenções francesas. Que, à medida que os espíritos se iluminassem e o delírio da vitória se extinguisse, abrir-se-ia caminho automaticamente para a retificação paulatina do Tratado. Que suas consequências, carregadas de ameaças para o porvir europeu, induziriam todos os vencedores a aplicá-lo com cautela e clemência. Keynes, em suas *Novas considerações sobre as consequências econômicas da paz*, comenta assim essa medida:

> Lloyd George assumiu a responsabilidade por um tratado insensato e em parte inexequível, que constituía um perigo para a própria vida da Europa. Pode-se alegar, uma vez admitidos todos os seus defeitos, que as paixões ignorantes do público desempenham no mundo um papel, o qual deve ter em conta quem conduz uma democracia. Pode-se dizer que a Paz de Versalhes constituía a melhor regulamentação provisória permitida pelas reivindicações populares e pelo caráter dos chefes de Estado. Pode-se afirmar que, para defender a vida da Europa, dedicou por dois anos sua habilidade e força para evitar e moderar o perigo.

Depois da paz, de 1920 a 1922, Lloyd George fez sucessivas concessões formais, protocolares, ao ponto de vista francês: aceitou o dogma da intangibilidade, da infalibilidade do Tratado. Mas trabalhou com perseverança a fim de atrair a França para uma política tacitamente revisionista e conseguir o esquecimento das estipulações mais duras – o abandono das cláusulas mais negligentes.

Diante da Revolução Russa, Lloyd George teve uma postura elástica. Algumas vezes, levantou-se dramaticamente contra ela; em outras, flertou com ela às escondidas. A princípio, subscreveu a política de bloqueio e intervenção militar da Entente. Depois, convencido da consolidação das instituições russas, preconizou seu reconhecimento. Posteriormente, com verbo inflamado e enfático, denunciou os bolcheviques como inimigos da civilização.

Lloyd George tem, no setor burguês, uma visão mais europeia do que britânica – ou britânica e por isso europeia – sobre a guerra social, a luta de classes. Sua política se inspira nos interesses gerais do capitalismo ocidental. E recomenda a melhoria do teor de vida dos trabalhadores europeus em detrimento das populações coloniais da Ásia, África etc. A revolução social é um fenômeno da civilização capitalista – da civilização europeia. O regime capitalista – na opinião de Lloyd George – deve adormecê-la, distribuindo entre os trabalhadores da Europa uma parcela dos lucros obtidos dos demais trabalhadores do mundo. Há que se extrair dos braços asiáticos, africanos, australianos ou americanos os xelins necessários para aumentar o conforto e o bem-estar do trabalhador europeu, enfraquecendo assim seu desejo por justiça social. Há que se organizar a exploração das nações coloniais, para que abasteçam de matérias-primas as nações capitalistas e absorvam integralmente sua produção industrial. Além disso, para Lloyd George não são repugnantes nenhum sacrifício da ideia conservadora e nenhuma negociação com a ideia revolucionária. Enquanto os reacionários querem reprimir pela força a revolução, os reformistas querem fazer pactos e negociar com ela. Eles acreditam que não podem asfixiá-la ou esmagá-la, mas antes domesticá-la.

Entre a extrema direita e a extrema esquerda, entre o fascismo e o bolchevismo, existe ainda uma zona intermediária heterogênea – psicológica e organicamente democrática e evolucionista – que almeja um acordo, uma negociação entre a ideia conservadora e a ideia revolucionária. Lloyd George é um dos líderes substanciais dessa zona temperada da política. Alguns lhe atribuem um íntimo sentimento demagógico e o definem como um político nostálgico de uma posição revolucionária. Mas esse julgamento é feito com base em dados superficiais da personalidade de Lloyd George. Lloyd George não tem aptidões espirituais para ser um caudilho revolucionário nem um caudilho reacionário. Faltam-lhe o fanatismo, o dogmatismo – falta-lhe paixão. Lloyd George é um relativista da política. E, como todo relativista, tem perante a vida uma atitude um pouco risonha, um pouco cínica, um pouco irônica e um pouco humorística.

O sentido histórico das eleições inglesas de 1924

Séria e objetivamente consideradas, as eleições inglesas de 1924 são um fato histórico muito mais transcendente, muito mais grave do que apenas uma vitória dos velhos *tories**. Significam a liquidação talvez definitiva do secular sistema político dos *whigs*** e dos *tories*. Esse sistema bipartidário funcionou de modo mais ou menos compassado até a guerra mundial. O pós-guerra acelerou o reforço do partido trabalhista e produziu temporariamente um sistema tripartidário. Nas eleições de 1923, nenhum dos três partidos conseguiu a maioria parlamentar. Os trabalhistas chegaram assim ao poder, o qual exerceram controlados não por uma, mas por duas oposições. Seu governo foi um episódio transitório dependente de outro episódio transitório: o sistema tripartidário.

Com as novas eleições, não é só o governo que muda na Inglaterra. O que muda, sobretudo, na íntegra, são o argumento e o jogo da política britânica. Esse argumento e esse jogo já não são uma doce beligerância e um diálogo cortês entre conservadores e liberais. São agora um conflito dramático e uma polêmica acirrada entre a burguesia e o proletariado. Até a guerra, a burguesia britânica dominava integralmente a política nacional, desdobrada em dois grupos, em duas facções. Até a guerra, deu-se ao luxo de ter dois espíritos, duas mentalidades e dois corpos. Agora esse luxo, pela primeira vez em sua vida, torna-se inexequível. Esses terríveis tempos de carestia restringem a economia, a poupança e a cooperação.

Os que atualmente têm o direito de sorrir são, portanto, os críticos marxistas. As eleições inglesas confirmam as assertivas da luta de classes e do materialismo histórico. Hoje, já não estão cara a cara dois partidos, como antes, mas duas classes.

O vencido não é o socialismo, mas o liberalismo. Os liberais e os conservadores precisaram se entender e unir para vencer os trabalhistas. Mas as consequências desse pacto foram pagas pelos liberais. À custa dos liberais, os conservadores conquistaram uma maioria parlamentar que lhes permite dominar o governo sozinhos. Os trabalhistas perderam mandatos de deputados, cuja disputa dessa vez não foi contra conservadores e liberais separadamente, mas

---

* Membros do Tory, partido político inglês, surgido no fim do século XVIII, que defendia, segundo a tradição feudal, os interesses da aristocracia fundiária e do alto clero. No século XIX, com base nesse partido, foi criado o Partido Conservador. (N. T.)
** O Whig Party era o partido que reunia as tendências liberais inglesas – em oposição ao extremo conservadorismo dos *tories*. (N. T.)

mancomunados. O conchavo entre conservadores e liberais reduziu seu poder parlamentar; mas não seu poder eleitoral. Enquanto isso, os liberais viram decair, juntamente com seu número de deputados, seu número de eleitores. Sua clássica potência parlamentar restou praticamente nula. O antigo Partido Liberal deixou de ser um partido de governo. Privado até de seu líder, Asquith, é atualmente um exíguo e decapitado grupelho parlamentar.

Essa é, evidentemente, a sina do liberalismo em nossos tempos. Onde o capitalismo assume a ofensiva contra a revolução, os liberais são absorvidos pelos conservadores. Os liberais britânicos capitularam hoje frente aos *tories*, como os liberais italianos capitularam ontem frente aos fascistas. A era fascista também se inaugurou com o consenso da maioria da classe burguesa da Itália. Por todas as partes, a burguesia deserta do liberalismo.

A crise contemporânea é uma crise do Estado liberal democrático. A Reforma Protestante e o liberalismo foram o motor espiritual e político da sociedade capitalista. Rompendo com o regime feudal, abriram caminho para a economia capitalista, suas instituições e suas máquinas. Para prosperar, o capitalismo necessitava que os homens tivessem liberdade de consciência e liberdade individual. Os vínculos feudais estorvavam seu crescimento. A burguesia abraçou, por conseguinte, a doutrina liberal. Armada por essa doutrina, abateu o feudalismo e fundou a democracia. Mas a ideia liberal é essencialmente uma ideia crítica, uma ideia revolucionária. O liberalismo puro tem sempre alguma nova liberdade a conquistar e alguma nova revolução a propor. Por isso, a burguesia, após tê-lo usado contra o feudalismo e suas tentativas de restauração, passou a considerá-lo excessivo, perigoso e incômodo. Porém, o liberalismo não pode ser impunemente abandonado. Renegando a ideia liberal, a sociedade capitalista renega suas próprias origens. Como na Itália, a reação conduz a uma restauração anacrônica de métodos medievais. O poder político, com a democracia anulada, é dirigido por *condottieri* e ditadores de estilo medieval. Constitui-se, em suma, um novo feudalismo. A autoridade prepotente e caprichosa dos *condottieri* – que por vezes se sentem como guerreiros das Cruzadas e, em muitos casos, são pessoas de mentalidade rústica, aventureira e militar – frequentemente não coincide com os interesses da economia capitalista. Uma parte da burguesia, como acontece atualmente na Itália, volta os olhos com nostalgia à liberdade e à democracia.

A Inglaterra é a sede principal da civilização capitalista. Todos os elementos dessa ordem social encontraram nela o clima mais conveniente para seu crescimento. Na história da Inglaterra se ajustam e combinam – mais que na história de qualquer outro povo – três fenômenos solidários e consanguíneos: capitalismo, protestantismo e liberalismo. A Inglaterra é o único país onde a democracia burguesa chegou à plenitude e onde a ideia liberal e suas consequências econômicas e administrativas atingiram pleno desenvolvimento. E ainda mais. Enquanto o liberalismo serviu de combustível ao progresso capitalista, os ingleses eram quase unanimemente liberais. Pouco a pouco, a própria luta entre conservadores e liberais perdeu seu antigo sentido. A dialética da história havia tornado os conservadores algo liberais e os liberais algo conservadores. Ambas as facções continuavam a colidir e discutir – entre outras coisas, porque a política não é concebível de outro modo. A política, como diz Mussolini, não é um monólogo. O governo e a oposição são duas forças e dois termos identicamente necessários. Acima de tudo, o Partido Liberal alojava em suas fileiras elementos da classe média e da classe proletária, os quais são espontaneamente a antítese dos elementos da classe capitalista – reunidos no Partido Conservador. Embora o Partido Liberal tenha conservado esse conteúdo social, ele manteve sua personalidade histórica. Uma vez que os trabalhadores se tornaram independentes, uma vez que o Labour Party atingiu a maioridade, concluiu-se o papel histórico do Partido Liberal. O espírito crítico e revolucionário do liberalismo migrou do Partido Liberal ao partido operário. A facção de Asquith e Lloyd George, primeiro cindida e logo soldada, deixou de ser o frasco ou invólucro da essência inquieta e volátil do liberalismo. O liberalismo, como força crítica, ou ideal renovador, deslocou-se gradualmente de um organismo envelhecido a um organismo jovem e ágil. Ramsay MacDonald, Sidney Webb e Philip Snowden, três homens substantivos do ministério trabalhista derrotado na votação, procedem espiritual e ideologicamente da matriz liberal. São os novos depositários da potencialidade revolucionária do liberalismo. Na prática, os liberais e os conservadores não se diferenciam em nada. A palavra liberal, em sua acepção e uso burgueses, é uma palavra vazia. A função da burguesia já não é liberal, mas conservadora. E, justamente por essa razão, os liberais ingleses não sentiram nenhuma repugnância em fazer conchavos com os conservadores. Liberais e conservadores não se uniformizam e confundem por acaso, mas o fazem porque entre uns e outros desapareceram os antigos motivos de oposição e contraste.

O velho liberalismo cumpriu sua trajetória histórica. Sua crise se manifesta com tanta evidência e intensidade na Inglaterra justamente porque na Inglaterra o liberalismo chegou ao seu estágio mais avançado de plenitude. Apesar dessa crise e de seu governo conservador, a Inglaterra ainda é a nação mais liberal do mundo. A Inglaterra ainda é o país do livre-comércio. E, finalmente, a Inglaterra é o país onde as correntes subversivas prosperam menos do que em qualquer outra parte – e, por isso, é onde são menos perseguidas. Os mais fervorosos oradores comunistas ululam contra a burguesia na Trafalgar Square e no Hyde Park – nas entranhas de Londres. A reação, em uma nação com esse grau de democracia, não pode se expor como a reação italiana nem pregar o retorno ao feudalismo com porrete e camisa negra. No caso britânico, a reação é como é não tanto pelo progresso obtido, que ela anula, mas pelo progresso nascente, que ela frustra ou retarda.

Em suma, o experimento trabalhista não foi inútil nem estéril. Talvez o seja no ponto de vista dos broncos que acreditam que uma era socialista pode ser inaugurada por meio de um decreto. Mas não para os homens de pensamento. O fugaz governo de MacDonald serviu para obrigar os liberais e conservadores a se coligarem – e consequentemente para liquidar a força confusa dos liberais. Ao mesmo tempo, os trabalhadores ingleses se curaram um pouco de suas ilusões democráticas e parlamentares. Constataram que o poder governamental não é suficiente para governar o país. A imprensa é, por exemplo, outro dos poderes de que se deve dispor. E, como observado há alguns anos por Caillaux, a impressora rotativa é uma indústria reservada aos grandes capitais. Os trabalhistas estiveram no governo por vários meses; mas não governaram. Sua posição parlamentar não lhes permitiu atuar, a não ser em alguns assuntos preliminares relativos à política de reconstrução europeia – que eram compartilhados ou endossados pelos liberais.

Os resultados administrativos do experimento foram escassos; mas os resultados políticos foram bastante vastos. A dissolução do Partido Liberal prevê categoricamente o destino dos partidos intermediários, dos grupos centristas. O duelo – o conflito entre a ideia conservadora e a ideia revolucionária – ignora e rejeita uma terceira via. A política, como tudo mais, tem unicamente dois polos. E também as forças que estão fazendo a história contemporânea são apenas duas.

Nitti

Nitti, Keynes e Caillaux ocupam o primeiro lugar entre os pioneiros e os teóricos da política de "reconstrução europeia". Esses estadistas pregam uma política de assistência e cooperação entre as nações, e a solidariedade entre as classes. Patrocinam um programa de paz internacional e paz social. Contra esse programa se insurgem as direitas, que na ordem internacional têm uma orientação imperialista e dominadora, e na ordem doméstica, uma orientação reacionária e antissocialista. A aversão das extremas direitas à política batizada com o nome de "política de reconstrução europeia" é uma aversão histérica, delirante e fanática. Seus clubes e sociedades maçônicas condenaram à morte Walther Rathenau, que trouxe uma contribuição original, rica e inteligente ao estudo dos problemas da paz. A figura de Nitti é uma grande figura europeia. Nitti não se inspira em uma visão local, mas em uma visão europeia da política. A crise italiana é analisada pelo pensamento e pela investigação de Nitti somente como um setor ou uma seção da crise mundial. Um dia Nitti escreve para o *Berliner Tageblatt* de Berlim, outro para a *United Press* de Nova York. Polemiza com homens de Paris, Varsóvia e Londres.

Nitti é um italiano meridional. No entanto, seu temperamento não é tropical, frondoso, excessivo – como costumam ser os temperamentos meridionais. A dialética de Nitti é sóbria, concisa e precisa. Talvez por isso ele não comova muito o espírito italiano, apaixonado por uma linguagem retórica, teatral e ardente. Nitti, tal como Lloyd George, é um relativista da política. Não é acessível ao sectarismo da direita nem ao sectarismo da esquerda. É um político frio, cerebral e bem-humorado, que matiza seus discursos com passagens graciosas e irônicas. Às vezes – quando governa, por exemplo –, é um político que *fa dello spirito**, como dizem os italianos. Pertence a essa categoria de políticos de nossa época que nasceram sem fé tanto na ideologia burguesa como na ideologia socialista – e a quem, portanto, não é repugnante nenhum acordo entre a ideia nacionalista e a ideia internacionalista, entre a ideia individualista e a ideia coletivista. Os conservadores puros, os conservadores rígidos, vituperam esses estadistas ecléticos, permeáveis e maleáveis. Execram sua herética falta de fé na infalibilidade e eternidade da sociedade burguesa. Declaram-nos imorais, cínicos, derrotistas e renegados. Mas esse último adjetivo, por exemplo, é clamorosamente injusto. Essa geração de políticos relativistas não renegou nada, pela simples razão de que nunca acreditou em nada ortodoxamente. É uma geração estruturalmente adogmática e heterodoxa. Ela vive equidistante das tradições do passado e das utopias do futuro. Não é futurista nem passadista, mas sim contemporaneísta, atualista. Diante das velhas instituições e das instituições vindouras tem uma atitude agnóstica e pragmática. Contudo, em seu âmago, essa geração também tem uma fé, uma crença. A fé, a crença na Civilização Ocidental. A raíz de seu evolucionismo é essa devoção íntima. É refratária à reação porque teme que a reação excite, estimule e inflame o ímpeto destrutivo da revolução. Ela pensa que o melhor modo de combater a revolução

---

* Em italiano no original: "faz com espírito". (N. T.)

violenta é fazer, ou prometer, a revolução pacífica. Para essa geração política, não se trata de conservar a velha ordem nem de criar a nova ordem: trata-se de salvar a Civilização, essa Civilização Ocidental, essa *Abendlaendische Kultur** que, segundo Oswald Spengler, atingiu sua plenitude e, portanto, sua decadência. Górki, com precisão, classificou Nitti e Nansen como dois grandes espíritos da Civilização europeia. De fato, em Nitti se percebe, em meio a seus ceticismos e relativismos, uma adesão absoluta: a sua adesão à Cultura e ao Progresso europeus. Antes de italiano, sente-se europeu, sente-se ocidental, sente-se branco. Quer, por isso, a solidariedade das nações europeias, das nações ocidentais. Não lhe inquieta o destino da Humanidade com maiúscula: inquieta-lhe o destino da humanidade ocidental, da humanidade branca. Não aceita o imperialismo de uma nação europeia sobre outra; mas sim o imperialismo do mundo ocidental sobre o mundo cafre**, hindu, árabe ou de pele vermelha.

Como todos os políticos da reconstrução, Nitti defende que não é possível uma potência europeia extorquir ou atacar a outra sem que haja dano para toda a economia europeia – para toda a vitalidade europeia. Os problemas da paz revelaram a solidariedade e a unidade do organismo econômico da Europa. E a impossibilidade da restauração dos vencedores à custa da destruição dos vencidos. Pela primeira vez na história do mundo, está vedada aos vencedores a voluptuosidade da vingança. A reconstrução europeia não pode ser senão uma obra comum e de parceria entre todas as grandes nações do Ocidente. Em seu livro *L'Europa senza pace* [A Europa sem paz]***, Nitti recomenda as seguintes soluções: reforma da Liga das Nações, tendo como base a participação dos vencidos; revisão dos tratados de paz; abolição da comissão de reparações; garantias militares à França; perdão recíproco das dívidas entre aliados, ao menos em uma proporção de 80%; redução da indenização alemã a 40 bilhões de francos-ouro; reconhecimento perante a Alemanha do cancelamento de 20 bilhões, devido ao montante de seus pagamentos efetuados em ouro, mercadorias, navios etc. Porém, as páginas críticas, polêmicas e destrutivas de Nitti são mais sólidas e brilhantes do que suas páginas construtivas. Nitti fez com mais vigor a descrição da crise europeia do que a teorização de sua cura. Sua exposição do caos e da ruína europeus é impressionantemente exata e objetiva; seu programa de reconstrução, entretanto, é hipotético e subjetivo.

---

* Cultura do Ocidente. (N. T.)
** Relativo à Cafraria: antigo nome dado a parte da África habitada por não muçulmanos. (N. T.)
*** Francesco Saverio Nitti, *L'Europa senza pace* (Florença, R. Bemporad & Figlio, 1921). (N. E. B.)

Coube a Nitti o governo italiano em uma época agitada e tensa de tempestade revolucionária e ofensiva socialista. As forças proletárias da Itália estavam em seu apogeu. Ingressaram na Câmara 150 deputados socialistas, com o cravo vermelho na lapela e as estrofes d'*A Internacional* nos lábios. A Confederação Geral do Trabalho, que representa mais de 2 milhões de trabalhadores sindicalizados, atraiu para suas fileiras os sindicatos dos funcionários e empregados do Estado. A Itália parecia madura para a revolução. A política de Nitti, sob a influência desse ambiente revolucionário, teve necessariamente uma entonação e um gesto demagógicos. O Estado abandonou algumas de suas posições doutrinárias diante da pressão da ofensiva revolucionária. Nitti astutamente dirigiu essa manobra. As direitas, atiçadas e dramáticas, acusaram-no de fraqueza e derrotismo. Denunciaram-no como um sabotador, um depreciador da autoridade do Estado. Ele foi convidado à repressão inflexível da agitação proletária. Mas essas aflições, essas apreensões e esses gritos das direitas não comoveram Nitti. Vigilante e hábil, compreendeu que opor à revolução um dique de granito seria talvez provocar uma insurreição violenta. E que seria melhor então abrir todas as válvulas do Estado ao escape e à ventilação dos gases explosivos, acumulados por causa das dores da guerra e dos dissabores da paz. Fiel a esse conceito, negou-se a punir as greves dos ferroviários e dos telegrafistas do Estado, bem como a usar rigidamente as armas da lei, dos tribunais e da polícia. Em meio ao escândalo e à consternação das direitas, o líder anarquista Errico Malatesta retornou à Itália anistiado. E os delegados do Partido Socialista e dos sindicatos, com passaportes regulares do governo, marcharam para Moscou a fim de assistir ao congresso da Terceira Internacional. Nitti e a monarquia flertavam com o socialismo. O diretor do *La Nazione*, de Florença, dizia-me na época: "*Nitti lascia andare*"*. Agora se percebe que, historicamente, Nitti salvou então a burguesia italiana dos assaltos da revolução. Sua política negociadora, elástica e demagógica foi ditada e imposta pelas circunstâncias históricas.

Contudo, na política como na guerra, a popularidade não corteja os generalíssimos das grandes retiradas, mas os generalíssimos das grandes batalhas. Quando a ofensiva revolucionária começou a se esgotar, e a reação, a contra-atacar, Nitti foi retirado do governo por Giolitti. Com Giolitti a onda revolucionária atingiu a plenitude no episódio da ocupação das indústrias metalúrgicas. E entraram em ação Mussolini, os Camisas Negras e o fascismo. As esquerdas, entretanto, voltaram ainda à ofensiva. As eleições de 1921, apesar das guerri-

---

* Em italiano no original: "Nitti permite movimentações". (N. T.)

lhas fascistas, reabriram o Parlamento a 136 socialistas. Nitti, contra cuja candidatura foi organizada uma grande cruzada das direitas, também retornou à Câmara. Vários jornais caíram na órbita nittiana. Apareceram em Roma *Il Paese* e *Il Mondo*. Os socialistas, divorciados dos comunistas, estiveram próximos da colaboração ministerial. Anunciou-se a iminência de uma coalizão social-democrática liderada por De Nicola ou Nitti. Mas os socialistas, divididos e vacilantes, detiveram-se no limiar do governo. A reação resolutamente investiu rumo à conquista do poder. Os fascistas marcharam sobre Roma e varreram de um sopro o raquítico, pávido e medroso ministério de Facta. E a ditadura de Mussolini dispersou os grupos democratas e liberais.

Em seguida, de modo oportunista, a burguesia italiana se uniformizou com a camisa negra. Mas, sendo um oportunista menos flexível do que Lloyd George, Nitti não se curvou às atuais paixões da multidão. Retirou-se para sua vida de estudioso, pesquisador e catedrático.

O momento não é favorável aos homens de sua espécie. Nitti não fala uma linguagem passional, mas uma linguagem intelectual. Não é um líder eloquente e agitador. É um homem de ciência, universidade e academia. E, nesta época de neorromantismo, as multidões não querem estadistas, mas caudilhos – não querem pensadores sagazes, mas sim capitães bizarros, míticos e taumatúrgicos.

O programa de reconstrução europeia proposto por Nitti é tipicamente o programa de um economista. Nitti, saturado pelo pensamento de seu século, tende à interpretação econômica – positivista – da história. Alguns de seus críticos incomodam-se precisamente com sua sistemática inclinação a considerar o aspecto econômico dos fenômenos históricos de modo exclusivo, negligenciando seu aspecto moral e psicológico. Nitti crê, com razão, que a solução dos problemas econômicos da paz resolveria a crise. E exercita toda sua influência de estadista e líder para conduzir a Europa a essa solução. Porém, a dificuldade existente para que a Europa aceite um programa de cooperação e assistência internacionais revela provavelmente que as raízes da crise são mais profundas e invisíveis. O obscurecimento do bom-senso ocidental não é uma causa da crise, mas um de seus sintomas, de seus efeitos, de suas expressões.

Amendola e a batalha liberal na Itália

A personalidade de Giovanni Amendola nos interessa não apenas pela notoriedade mundial que esse líder do Aventino* deve aos porretes fascistas, mas,

---

* Região no entorno de Roma. (N. T.)

sobretudo, por sua original relevância no mundo do liberalismo italiano. Para Amendola, a democracia não é uma fórmula retórica, como para a maioria dos políticos *transformistas* da Terceira Itália*. Para Amendola, a democracia é uma ideia dinâmica que, ao ser contrastada e perseguida ferozmente pelo fascismo, readquire um pouco de sua primitiva beligerância e decaída combatividade. Amendola pertence ao reduzido setor de demoliberais italianos que não renegaram seu liberalismo ante o *fascio littorio***, quando Mussolini e seus Camisas Negras conquistaram a Cidade Eterna. Enquanto Giolitti, Orlando e todos os políticos do *transformismo* – que agora se insurgem em defesa da liberdade de forma parlamentar e tardia – envolviam-se na comitiva do fascismo, esquecendo da acirrada acusação fascista contra a velha política e seus decrépitos espécimes, Amendola preferiu se obstinar à intransigente afirmação de seus princípios democráticos.

Sua história política corresponde por completo ao pós-guerra. Amendola não se formou politicamente na clientela de Giolitti ou de qualquer outro líder clássico da democracia pré-bélica. Procede de um núcleo e de uma casa de intelectuais que deram à Itália várias de suas figuras contemporâneas. Escreve Girolamo Lazzeri, no prefácio de um livro de Amendola, *La democrazia dopo il 6 aprile 1924* [A democracia após 6 de abril de 1924]***:

> Em 1904, mal tendo cumprido vinte anos, ele participava do movimento renovador do florentino Leonardo; em seguida, quatro anos depois, era do grupo da *Voce* [Voz]****, no qual, por ter um equilíbrio mais sólido, despontava diante dos outros amigos – muitos dos quais estavam destinados a cair em cheio no erro do fascismo ou a viver a suas margens em uma situação de cumplicidade moral. A posição de Amendola no grupo da *Voce* era no fundo a posição de um solitário: entre a inquietude e as contradições de Papini, a superficial divulgação de Prezzolini e o impressionismo lírico de Soffici, atitudes meramente literárias, Amendola por si mesmo mostra-se quase à parte – devido à seriedade e à solidez de sua indagação filosófica, bem como à constante preocupação com a realidade vista através de límpidas pupilas, não de um literato, mas de um homem. Assim, enquanto a raiva de renovação – à qual tendia o movimento da *Voce* – era entre seus amigos uma desenfreada in-

---

* "Terceira Itália" [*Terza Italia*] é a denominação das regiões centrais da Itália, situadas entre o norte rico e o sul pobre, caracterizadas por médias propriedades e pelo desenvolvimento de pequenas e médias empresas. (N. T.)

** Arma formada por feixe de varas – símbolo do poder romano, usada depois pelos fascistas. (N. T.)

*** Giovanni Amendola, *La democrazia dopo il 6 aprile 1924* (Milão, Corbaccio, 1924). (N. T.)

**** Revista literária italiana dirigida por Giuseppe Prezzolini, jornalista influenciado por Croce. (N. T.)

quietude literária, para Amendola era um problema sentido espiritualmente, tanto na linha filosófica como na linha histórica. Sua obra como filósofo e, particularmente, os delineamentos de seu sistema ético, resultados da série de estudos publicados em 1911 em *Anima* – a revista que dirigiu com Papini –, aí estão para comprová-lo, oferecendo ao crítico a chave de toda a personalidade do futuro homem político.

Amendola, após uma destacada atividade como jornalista político, que oficialmente o incorporou às fileiras da democracia, entrou no parlamento em 1919. Começou então a carreira de político, que em duas ocasiões os porretes fascistas quiseram interromper tragicamente. O parlamento ao qual coube a Amendola tomar parte foi a tempestuosa assembleia a que as eleições italianas enviaram 156 deputados socialistas e 101 deputados populares*. Amendola ocupou desde o primeiro momento um posto de combate no grupo nittiano, ou seja, no setor reformista e radical da burguesia italiana. Dessa maneira, foi um dos colaboradores dessa política de compromissos e transações comandada por Nitti para deter a revolução – a qual depois viria a parecer demagógica e derrotista para a própria burguesia salva desse destino.

Na evolução da burguesia rumo ao fascismo, o que começou com o governo de Giolitti, Amendola se manteve hostil ao *fascio littorio*. Teve, contudo, de fazer parte do infeliz ministério de Facta, como ministro das Colônias – último esforço governamental dos grupos constitucionais. Não se pode, entretanto, culpá-lo por isso. Amendola previa a conquista inelutável e inexorável do poder pelos fascistas, se aqueles que apoiavam a democracia não concertassem e concentrassem suas forças no parlamento e no governo. O fracasso dessa derradeira tentativa não lhe pode ser atribuído.

Na atual batalha liberal, Amendola tem um papel primordial. É o líder da oposição do Aventino. Da multicolorida oposição do Aventino – como a chama Mussolini, em sua linguagem polêmica. O episódio do Aventino está liquidado. A secessão parlamentar se revelou impotente para derrubar a ditadura fascista. E não ocorre aos parlamentares do bloco Aventino, de acordo com seus hábitos, pensar que se possa combater um governo a não ser pela via parlamentar. O experimento lhes parece, portanto, terminado. O caminho revolucionário não é de seu agrado. Também não é do agrado de Amendola. Mas, entre a gente do Aventino, Amendola tem ao menos o mérito de uma consistência ideológica e uma arrogância pessoal – muito raros na fauna liberal esvaziada. Amendola foi um dos *condottieri* da batalha do Aventino. Até o último momento, resistiu energicamente a voltar ao parlamento.

---

* Referência ao Partido Socialista (PSI) e ao Partido Popular (PPI). (N. T.)

O que distingue Amendola do resto dos liberais democratas de todos os estratos é, como mostrado por todos esses episódios de sua carreira política, a veemência e a beligerância que a velha ideia liberal tem em sua teoria e prática. O líder do Aventino realmente acredita na democracia, com a teimosia inabalável dos pequeno-burgueses, alimentada pela filosofia de dois séculos de apogeu da civilização ocidental. E, assim como Wilson falava em uma nova liberdade, esse discípulo e lugar-tenente de Nitti fala em uma nova democracia.

Sua ilusão reside justamente nesse conceito. A nova democracia de Amendola é tão quimérica como a nova liberdade de Wilson. Em sua forma e essência, ela é sempre – apesar de qualquer aparência superficial – a mesma democracia capitalista e burguesa que se ouve ranger envelhecida em nossa época. Amendola diz preferir o futuro ao passado. Mas se recusa a imaginar que o futuro da humanidade e da Itália não seja democrático. O pensamento de Amendola é a expressão da recalcitrante mentalidade de uma pequena burguesia surda a todas as notificações da história.

Contudo, a fracassada experiência do Aventino poderia ter sido uma lição mais eficaz para esse rígido e honesto liberal. Conforme demonstrou tal experimento, o método democrático nada pode contra o método reacionário. Mussolini se diverte com as manobras parlamentares. Para os deputados por demais enfastiados, como Matteotti ou Amendola, os Camisas Negras têm armas bem contundentes. Amendola, que foi agredido e espancado duas vezes, aprendeu isso de maneira pessoal e eficiente.

Instintivamente, Amendola sentiu muitas dessas coisas. O abandono do Parlamento pela oposição foi um gesto de entonação e potencialidade revolucionárias. Constituía a declaração de que contra Mussolini já não era possível lutar por meios parlamentares e legais. O Aventino representava a via da insurreição. Mas os deputados do Aventino não tinham nada de revolucionário. Seu objetivo era apenas a normalização. Sua atitude secessionista alimentava-se da esperança de que – com a simples manobra de abandono do Parlamento – bastava uma minoria para obrigar Mussolini à rendição. Uma vez que essa esperança desapareceu, não restou outro remédio a essas pessoas a não ser a decisão de regressar melancolicamente à Câmara.

Não há outro caminho para os partidários da reforma e do compromisso. Custa um pouco de esforço para Amendola entender isso, porque nele se chocam a psicologia de homem de combate e o ideário de defensor do Parlamento. A impotência com que seu partido se debate na Itália é a mesma impotência com que se debate, por todo o mundo, a velha democracia. Segundo Amendola, de fato, a democracia mostra um punho fechado e enérgico. Mas nem por isso é menos impotente.

John Maynard Keynes

Keynes não é líder, não é político, não é sequer deputado. É apenas diretor do *Manchester Guardian* e professor de economia na Universidade de Cambridge. No entanto, é uma figura de primeira ordem da política europeia. E, embora não tenha descoberto o declínio da civilização ocidental, a teoria da relatividade ou o enxerto de glândulas de macaco, é um homem tão ilustre e ressonante como Spengler, Einstein e Voronoff. Um livro de estrondoso êxito, *As consequências econômicas da paz**, propagou em 1919 o nome de Keynes pelo mundo.

Esse livro é a história íntima, explícita e nua da Conferência de Paz e suas cenas de bastidores. E é, ao mesmo tempo, uma sensacional acusação contra o Tratado de Versalhes e seus protagonistas. Keynes denuncia em sua obra as deformidades e os equívocos desse pacto, além de suas consequências para a situação europeia.

O pacto de Versalhes ainda é um tema atual. Os políticos e economistas da reconstrução europeia reclamam peremptoriamente sua revisão e retificação – quase seu cancelamento. A assinatura desse tratado é assim algo condicional e provisório. Os Estados Unidos lhe negaram seu apoio e assinatura. E, por vezes, a Inglaterra não dissimulou o desejo de abandoná-lo. Keynes declarou-o uma regulamentação temporária da rendição alemã.

Como foi incubado, como nasceu esse tratado disforme e anômalo? Keynes, inteligente testemunha de sua gestação, explica. A Paz de Versalhes foi elaborada por três homens: Wilson, Clemenceau e Lloyd George – ao lado desses três estadistas, Orlando teve um papel secundário, insignificante, intermitente e opaco, o que limitou sua intervenção a uma sentimental defesa dos direitos da Itália. Wilson ambicionava seriamente uma paz edificada sobre seus Catorze Pontos e alimentada por sua ideologia democrática. Mas Clemenceau lutava para obter uma paz vantajosa para a França, uma paz dura, áspera, inexorável. E Lloyd George era empurrado em sentido análogo pela opinião inglesa. Seus compromissos eleitorais o forçavam a tratar sem clemência a Alemanha. Os povos da Entente estavam muito perturbados pelo prazer e êxtase da vitória. Atravessavam um período de febre e tensão nacionalistas. Sua inteligência esta-

---

* John Maynard Keynes, *As consequências econômicas da paz* (São Paulo, Imesp, 2002). (N. T.)

va obscurecida pelo *páthos*. E, enquanto Clemenceau e Lloyd George representavam dois povos morbidamente possuídos pelo desejo de espoliar e oprimir a Alemanha, Wilson não representava um povo realmente ligado à sua doutrina ou solidamente cúmplice de seu beato e demagógico programa. Para a maioria do povo estadunidense, não era interessante senão a liquidação da guerra da maneira mais prática e menos onerosa possível. Tendia, portanto, ao abandono de tudo que o programa wilsoniano tinha de idealista. Em suma, o ambiente aliado era adverso a uma paz wilsoniana e altruísta. Era um ambiente guerreiro e truculento, cheio de ódio, rancores e gases asfixiantes. O próprio Wilson não podia se subtrair à influência e à sugestão da "atmosfera pantanosa de Paris". O estado de ânimo dos aliados era profundamente hostil ao programa de paz wilsoniano – sem anexações ou indenizações. Ademais, Wilson, como diplomata e político, era bastante inferior a Clemenceau e Lloyd George. A figura política de Wilson não ficou muito bem delineada no livro de Keynes. Keynes retrata a atitude de Wilson na Conferência de Paz como uma atitude mística, sacerdotal. Ao lado de Lloyd George e de Clemenceau – cautelosos, astutos e sagazes estrategistas da política –, Wilson era só um ingênuo professor universitário, um utópico e sagrado presbiteriano. Por fim, Wilson levou à Conferência de Paz princípios gerais, mas não ideias concretas para sua implementação. E Wilson não conhecia as questões europeias às quais estavam destinados seus princípios. Por isso foi fácil aos aliados *camuflar* e disfarçar com roupagem idealista a solução que lhes convinha. Clemenceau e Lloyd George, ágeis e permeáveis, trabalhavam assistidos por um exército de técnicos e especialistas. Wilson, rígido e hermético, quase não tinha contato com sua delegação. Ninguém de seu *entourage* exercia influência sobre seu pensamento. Algumas vezes, um texto inteligente – uma manobra gramatical – foi o suficiente para esconder em uma cláusula de aparência inócua uma intenção que a extrapolava. Wilson não pôde defender seu programa do torpedeamento sigiloso de seus colegas da conferência.

Por essa e outras razões, entre o programa wilsoniano e o Tratado de Versalhes existe uma contradição sensível. O programa wilsoniano garantia à Alemanha o respeito à sua integridade territorial, assegurava-lhe uma paz sem multas nem indenizações e proclamava enfaticamente o direito dos povos a dispor de si mesmos. E então. O Tratado separa da Alemanha a região do Sarre, habitada por 600 mil genuínos teutônicos. Atribui à Polônia e à Tchecoslováquia outras porções do território alemão. Autoriza a ocupação durante quinze anos da margem esquerda do Reno, onde moram 6 milhões de alemães. E fornece à

França um pretexto para invadir as províncias do Ruhr e nelas se instalar. O Tratado nega à Áustria, reduzida a um pequeno Estado, o direito de se associar ou incorporar à Alemanha. A Áustria não pode usar esse direito sem a permissão da Liga das Nações. E a Liga das Nações não pode lhe dar sua permissão a não ser por unanimidade dos votos. O Tratado obriga a Alemanha a reembolsar as pensões de guerra dos países aliados – além de reparar os danos causados às populações civis e reconstruir as cidades e os campos devastados. E despoja-a de todos os seus bens negociáveis, de suas colônias, da bacia carbonífera do Sarre, de sua marinha mercante e até mesmo da propriedade privada de seus súditos em território aliado. Impõe-lhe ainda a entrega anual de uma quantidade de carvão equivalente à diferença entre a produção atual das minas de carvão francesas e a produção anterior à guerra. E a obriga a conceder uma tarifa aduaneira mínima às mercadorias aliadas – sem qualquer direito de reciprocidade –, deixando-se assim invadir, sem qualquer compensação, pela produção dos aliados. Em síntese, o Tratado empobrece, mutila e desarma a Alemanha, exigindo simultaneamente uma enorme indenização de guerra.

Keynes demonstra que esse pacto é uma violação das condições de paz oferecidas pelos aliados à Alemanha para induzi-la a se render. A Alemanha capitulou com base nos Catorze Pontos de Wilson. As condições de paz não deviam, portanto, ter se afastado ou diferenciado desses Catorze Pontos. A Conferência de Versalhes deveria ter se limitado à aplicação, à formalização dessas condições de paz. No entanto, a Conferência de Versalhes impôs à Alemanha uma paz diferente, uma paz distinta daquela oferecida solenemente por Wilson. Keynes qualifica essa conduta como uma desonestidade monstruosa.

Além disso, esse tratado que arruína e mutila a Alemanha não é somente injusto e insensato. Como quase todos os atos insensatos e injustos, ele é perigoso e fatal para seus autores. A Europa tem a necessidade de solidariedade e cooperação internacionais para reorganizar sua produção e restaurar sua riqueza. E o Tratado a anarquiza e fraciona – a inflama e infecta de nacionalismo e jingoísmo. A crise europeia tem no Pacto de Versalhes um de seus maiores estímulos mórbidos. Keynes adverte para a extensão e profundidade dessa crise. E não acredita nos planos de reconstrução, "muito complexos, muito sentimentais e muito pessimistas". "O paciente – diz ele – não tem necessidade de drogas ou medicamentos. O que ele precisa é de um ambiente saudável e natural, no qual possa dar livre curso às suas forças de convalescença." Seu plano de reconstrução europeia se condensa, por isso, em duas proposições lacônicas: o cancelamento das dívidas entre os aliados e a redução da indenização alemã para 36 bilhões de marcos. Keynes defende que esse é também o máximo que a Alemanha pode pagar.

Sendo um pensamento de economista e financista, o pensamento de Keynes localiza a solução da crise europeia na regulamentação econômica da paz. Em seu primeiro livro, no entanto, escrevia que "a organização econômica, a qual a Europa Ocidental viveu durante a última metade de século, é essencialmente extraordinária, instável, complexa, incerta e temporária". A crise, por conseguinte, não se reduz à questão das reparações e das dívidas interaliadas. Os problemas econômicos da paz exacerbam e exasperam a crise; mas não a causam completamente. A raiz da crise está nessa organização econômica "instável, complexa etc.". Mas Keynes é um economista burguês, de ideologia evolucionista e psicologia britânica, que necessita inocular confiança e injetar otimismo no espírito da sociedade capitalista. E deve, portanto, garantir-lhe que uma solução sábia, sagaz e prudente dos problemas econômicos da paz removerá todos os obstáculos que atualmente obstruem o caminho do progresso, da felicidade e do bem-estar humanos.

O debate das dívidas interaliadas

Ninguém pode se espantar com o fato de que, seis anos após a assinatura do Pacto de Versalhes, as potências aliadas ainda não tenham conseguido entrar em acordo com a Alemanha quanto à execução desse tratado. E esse prazo tampouco foi suficiente para que as potências aliadas entrassem em acordo entre elas mesmas. Em nenhuma das potências vencedoras, as pessoas se entendem quanto ao melhor método de liquidar as consequências da guerra. Em primeiro lugar, o que as divide é a luta de classes. Em seguida, são subdivididas pela luta dos partidos. A classe dominante, ou seja, a classe burguesa, não tem um programa comum. Cada líder ou grupo aferra-se a seu próprio ponto de vista. O desacordo, em resumo, multiplica-se até o infinito.

Nitti chama isso de "a tragédia da Europa". Na retina do político italiano, os problemas políticos se entrelaçam com os problemas econômicos e, em última análise, a crise econômica, política e moral converte-se em uma crise da civilização europeia. Com visão menos panorâmica, Keynes quase só enxerga nessa crise "as consequências econômicas da paz". Por conseguinte, entre os dois mais ilustres e tenazes defensores de uma política de reconstrução, o acordo não é completo. A diferença de temperamento produz uma diferença de visão. Diante da crise, Keynes reage como economista; Nitti, além disso, reage como político. Ademais, a própria opinião desses homens não é rigorosamente a mesma já faz quatro ou cinco anos. As consequências econômicas da paz se modificaram ou complicaram definitivamente. Assim, o pensamento de quem pretende consertá-las – segundo uma coerência perfeita – teve de se modificar ou complicar. Não pôde deixar de se adaptar aos novos acontecimentos. E, por vezes – ao menos aparentemente –, esse pensamento teve de se contradizer.

A propósito das dívidas interaliadas, um dos problemas mais complicados da paz, Keynes foi acusado recentemente de uma contradição. Em seus estudos sobre esse problema, Keynes tinha chegado à conclusão de que as dívidas interaliadas deviam ser perdoadas. Mas, em um último artigo, ele virtualmente abandonou tal posição. Como cidadão britânico – como homem prático –, Keynes se encontra diante de um fato novo. A Inglaterra reconheceu sua dívida para com os Estados Unidos. E, ainda mais, começou a amortizá-la. A questão das dívidas interaliadas, portanto, acabou sendo colocada em outros termos. Keynes não mudou de opinião a respeito delas; mas mudou de opinião quanto à possibilidade de anulá-las.

Keynes aceita totalmente a tese do Tesouro francês de que as dívidas interaliadas não são dívidas comerciais, mas "políticas". E sua própria tese é bem mais radical. Na verdade, Keynes pensa que não se trata aqui de dívidas propriamente ditas:

> Cada qual dos aliados pôs no conflito mundial todas as suas energias. Como dizem os estadunidenses, a guerra foi *cem por cento*. Porém, sábia e justamente, cada um dos aliados não empregou suas forças da mesma maneira. O esforço da França, por exemplo, foi principalmente militar. Devido ao número de homens – proporcionalmente à população – que pôs em campo de batalha, e pelo fato de que parte de seu território foi ocupada pelo inimigo, após o primeiro ano de guerra a França não contava com forças econômicas suficientes para equipar seu exército e alimentar sua população de modo a continuar combatendo. O esforço militar inglês, embora importantíssimo, não foi tão grande como o francês; no entanto, o esforço naval britânico foi maior que o francês; e o financeiro também foi mais vasto, pois antes da intervenção dos Estados Unidos tivemos de empregar toda a nossa riqueza e força industrial para ajudar, equipar e alimentar os aliados. Já o esforço estadunidense foi essencialmente financeiro.

Keynes sustenta que cada qual das potências aliadas deu à causa comum tudo o que pôde. Uns entraram com mais homens do que mantimentos; outros entraram com mais dinheiro do que homens. Em síntese, o dinheiro não foi emprestado por um aliado a outro. Foi simplesmente mobilizado de uma frente financeira à outra – em um serviço de campanha comum. Por que então se falava oficialmente em créditos e empréstimos em vez de subsídios? Porque assim o exigia a necessidade de que os fundos fossem administrados com mesura. O Tesouro da Inglaterra ou dos Estados Unidos não tinha outro meio de controlar o Tesouro da França ou da Itália – de forma a evitar o esbanjamento do capital interaliado. "Se cada um dos funcionários aliados – observa Keynes –, mesmo aqueles dotados de menor senso de responsabilidade ou menor poder de imaginação, tivesse sabido que estava gastando dinheiro de outro país, os incentivos à economia teriam sido menores do que foram." E essa não é uma interpretação pessoal de Keynes sobre a conduta financeira da Inglaterra e dos Estados Unidos. Durante a guerra, Keynes foi um alto funcionário do Tesouro britânico. Consequentemente, esteve por dentro dos bastidores da política financeira de seu país.

Apesar disso, Keynes – que reafirma tão explícita e inequivocamente sua convicção de que as dívidas interaliadas não são de fato dívidas – já não insiste em propor que elas sejam perdoadas:

> Olhando para o passado, acredito que teria sido um ato de grande política e sabedoria por parte da Inglaterra se, no dia seguinte ao armistício, tivesse anunciado aos aliados que todas as suas dívidas estavam esquecidas a partir daquele dia. Mas, agora, tal linha de conduta não é mais viável. Os ingleses se comprometeram a pagar aos Estados Unidos meio milhão de dólares por dia durante sessenta anos.

Nenhuma solução para o problema pode prescindir desse fato. Enquanto a Inglaterra estiver pagando aos Estados Unidos, não renunciará a ser paga pela França e pela Itália. E não concordará, tampouco, que os Estados Unidos concedam a essas duas potências um tratamento melhor. O que fazer então? Keynes acredita que a base de um acordo poderia ser a seguinte: a aplicação de uma parte da soma total que a França e a Itália recebem da Alemanha, conforme o Plano Dawes, a serviço das dívidas interaliadas. Um terço, por exemplo.

Assim, o debate das dívidas interaliadas entra em uma nova fase. A França já formulou oficialmente a diferenciação entre suas dívidas comerciais e políticas. Isso quer dizer que o pagamento das dívidas comerciais será resolvido comercialmente, enquanto o pagamento das dívidas políticas será resolvido politicamente. O tema das dívidas interaliadas ocupa o lugar do tema das reparações. A França, durante o governo do Bloco Nacional, quase só se preocupou com o que a Alemanha devia a ela. Com o Plano Dawes tendo liquidado em Londres a esperança de que as reparações dariam para cobrir tudo, a França agora se vê obrigada a se preocupar com sua dívida em relação à Inglaterra e aos Estados Unidos. E seus aliados, de modo cortês, recordam-lhe de suas contas.

Nos governos da Inglaterra e dos Estados Unidos prevalece um critério firmemente adverso ao perdão. O programa mínimo da França e da Itália solicita uma redução da dívida interaliada proporcional à redução da dívida da Alemanha. Os defensores do perdão sentem-se um tanto abandonados por Keynes nessa campanha. E por isso reagem contra sua última atitude. Keynes mantém na íntegra seu conceito sobre as dívidas interaliadas? Sim, ele o mantém na íntegra. E por que então ele admite agora a necessidade de que tais dívidas, declaradas inexistentes por sua argumentação, sejam reconhecidas? Keynes responde que a questão foi de fato modificada pelos pagamentos da Inglaterra. Mas um homem de Estado inglês não pode se obstinar rigidamente por um princípio. Perdida a oportunidade de aplicar o princípio, tem de se resignar a sacrificá-lo em parte. Porém, os opositores de Keynes não creem que a oportunidade de anular as dívidas interaliadas tenha efetivamente passado. E a dialética do economista britânico nos persuade a esse respeito. A Inglaterra começou a pagar sua dívida aos Estados Unidos. Mas a política do Tesouro britânico não pode comprometer a política do Tesouro francês nem a do italiano. Se o Tesouro britânico continua pagando, não é apenas porque lhe é possível pagar, mas especialmente porque lhe é conveniente pagar. Começando a quitar sua dívida, a Inglaterra melhorou seu crédito e saneou sua moeda. A libra esterlina, antes cotada a 3,80 em Nova York, agora vale 4,84. A Inglaterra fez uma operação vantajosa. E a fez por conta própria, sem consultar seus aliados. Agora, como pode se opor a que seus aliados, também por conta própria, repudiem uma dívida fictícia? A razão de a Inglaterra, obedecendo a um interesse distinto e concreto, não a ter repudiado é no mínimo insuficiente.

A única razão válida é a de que a França e a Itália precisam usar seu crédito na Inglaterra e nos Estados Unidos e, por conseguinte, não podem exigir dessas potências mais do que elas se mostram dispostas a conceder. A França e a Itália não têm bastante independência financeira para prescindir dos serviços financeiros anglo-estadunidenses. Consequentemente, apenas lhes cabe aceitar, de modo mais ou menos atenuado e dissimulado, um Plano Dawes que faz com que subsistam as dívidas interaliadas. Ou seja, um dos problemas da Paz que alimentam a crise europeia.

O Pacto de Segurança

O Ocidente europeu busca um equilíbrio. Mas até agora nenhuma receita conservadora ou reformista conseguiu encontrá-lo.

A França quer garantias contra a revanche alemã. Enquanto tais garantias não lhe sejam oferecidas, a França continuará desperta e armada com a espada em riste. E o ruído de suas armas e seus alertas não deixará que as outras nações europeias trabalhem tranquilamente. A Europa sente, portanto, a necessidade urgente de um acordo que lhe permita repousar dessa larga vigília guerreira. A própria França – que, apesar de seus bélicos *chanteclers**, é no fundo uma nação pacífica – também sente essa necessidade. O peso de sua armadura de guerra a extenua.

O eixo do equilíbrio europeu são as relações franco-alemãs. Para que a Europa possa convalescer de sua crise bélica, é indispensável que entre a França e a Alemanha seja pactuada, se não a paz, ao menos uma trégua. Mas essa trégua precisa de fiadores. A França pede que a Grã-Bretanha seja a fiadora. Esse assunto – que é o que se designa pelo nome de Pacto de Segurança – já foi discutido por Lloyd George e Briand em Cannes. Mas, para a maioria parlamentar do Bloco Nacional, um pacto de segurança, nas condições então esboçadas, pareceu insuficiente. Briand foi substituído por Poincaré, que durante longo tempo fez uma política de guerra, ao invés de uma política de trégua.

Quando o experimento trabalhista na Inglaterra e as eleições de 11 de maio na França engendraram a ilusão de que na Europa estava inaugurada uma era social-democrática, renasceu a moda de todas as grandes palavras da democracia: Paz, Mediação, Liga das Nações etc. Nessa atmosfera foi incubado o Protocolo de Genebra, que, instituindo a mediação obrigatória, aspirava realizar um antigo ideal da democracia. O Protocolo de Genebra correspondia plenamente à mentalidade de uma política cujos maiores condutores eram MacDonald e Herriot.

Terminado o experimento trabalhista, obscureceu-se de novo a face da política europeia. O Protocolo de Genebra – que não significava a paz nem sequer representava uma trégua – foi enterrado. Voltou-se então à ideia do Pacto de Segurança. Briand, ministro de Negócios Estrangeiros no ministério de Poincaré, retomou o diálogo que tinha sido interrompido em Cannes. *On revient toujour a ses premiers amours***.

Contudo, a discussão demonstrou que para um pacto de segurança não basta o acordo exclusivo de Inglaterra, França, Alemanha e Bélgica. Não se trata

---

* Provável referência a uma arma de guerra francesa. (N. T.)
** Em francês no original: "Volta-se sempre aos primeiros amores". (N. T.)

apenas da fronteira do Reno. As nações que estão do outro lado da Alemanha – as quais o Tratado de Paz beneficiou territorialmente, à custa do império vencido – exigem as mesmas garantias que a França. A Polônia e a Tchecoslováquia pretendem estar presentes no pacto. E a França, que é sua protetora e madrinha, não pode subestimar a reivindicação desses Estados. Por outro lado, a Itália – em cujos limites o Tratado de Paz deixou isolada uma minoria alemã – reclama o reconhecimento da intangibilidade dessa fronteira. E se opõe a todo pacto que não feche definitivamente o caminho à possível união política entre a Alemanha e a Áustria.

Por sua vez, a Alemanha se defende. Não quer assinar nenhum tratado que cancele seu direito à revisão das fronteiras orientais. Declara-se disposta a dar satisfações à França, mas se nega a dar satisfações a toda a Europa.

Para a Alemanha, assinar um tratado no qual aceitasse como definitivas as fronteiras que lhe assinalou o Tratado de Versalhes equivaleria a assinar pela segunda vez – sem a pressão bélica da primeira – a própria condenação. Durante a crise pós-bélica, muito se escreveu e falou sobre a inqualificável dureza do Tratado de Versalhes. Os políticos e ideólogos defensores de um programa de reconstrução europeia repetiram até conseguir ser ouvidos por muita gente que a revisão do Tratado de Versalhes era uma condição essencial e básica para um novo equilíbrio internacional. Essa ideia ganhou muitos adeptos. Em suma, a causa da Alemanha perante a opinião mundial se fortaleceu sensivelmente. Por todas essas razões, é um absurdo pretender que a Alemanha referende sem compensação as condições vexatórias da Paz de Versalhes. O estado de ânimo da Alemanha, por outro lado, não é hoje o mesmo daqueles dias de angústia do armistício. As responsabilidades pela guerra foram esclarecidas nesses últimos seis anos. A Alemanha, com documentação própria e alheia, pode comprovar em uma nova conferência de paz que é muito menos culpada do que parecia ser em Versalhes.

Os políticos da democracia e da reforma aproveitam-se do tema do Pacto de Segurança para propor a seus povos uma meta: a organização dos Estados Unidos da Europa*. Somente uma política de cooperação internacional – dizem eles – poderá assegurar a paz à Europa. Mas a verdade é que não há nenhum indício de que as burguesias europeias, intoxicadas de nacionalismo, decidam adotar esse caminho. A Inglaterra não parece absolutamente estar inclinada a sacrificar algo de seu papel imperial nem de seu egoísmo insular.

---

* Antigo projeto para uma união europeia. (N. T.)

A Itália, em discursos megalomaníacos do fascismo, reivindica consuetudinariamente seu direito a renascer como império.

Assim, os Estados Unidos da Europa se mostram, na ordem burguesa, uma utopia. Mesmo no caso de o Tratado de Segurança obter a adesão leal de todos os Estados da Europa, ainda ficará de fora desse sistema ou compromisso a maior nação do continente: a Rússia. Não será, portanto, constituída uma associação destinada a assegurar a paz – mas, antes, a organizar a guerra. Porque, como consequência natural de sua função histórica, uma liga de Estados europeus que não compreenda a Rússia deverá – na teoria e na prática – ser uma liga contra a Rússia. A Europa capitalista tende cada vez mais a excluir a Rússia dos limites da civilização ocidental. E, por sua parte, a Rússia – sobretudo desde que se reduziu sua esperança na revolução europeia – retira-se rumo ao Oriente. Sua influência moral e material cresce rapidamente na Ásia. Os povos orientais há muito tempo se interessam mais pelo exemplo russo do que pelo exemplo ocidental. Nessas condições, os Estados Unidos da Europa, se fossem constituídos, substituiriam o perigo de uma guerra continental pela certeza de um conflito descomunal entre o Oriente e o Ocidente.

O império e a democracia ianques

Com o sr. Coolidge e o sr. Dawes no governo dos Estados Unidos, não é possível esperar que a causa da liberdade e da democracia wilsonianas progrida vistosa e beatamente – como pressagiavam os brindes de Genebra. As eleições estadunidenses sancionaram a política do sr. Hughes e do sr. Coolidge. Uma política nacionalista e imperialista que afasta o mundo das generosas e honestas ilusões dos defensores da liga wilsoniana.

Os Estados Unidos, mantendo uma atitude imperialista, cumprem seu destino histórico. O imperialismo – como disse Lenin em um panfleto revolucionário – é a última etapa do capitalismo. E, como disse Spengler em uma obra filosófica e científica, é a última estação política de uma cultura. Os Estados Unidos são, mais do que uma grande democracia, um grande império. A forma republicana nada significa. O crescimento capitalista dos Estados Unidos tinha de desembocar em um final imperialista. O capitalismo estadunidense não pode mais se desenvolver dentro dos limites dos Estados Unidos e de suas colônias. Manifesta, por isso, uma grande força de expansão e de domínio. Wilson, de maneira nobre, quis combater por uma *nova liberdade*; mas, na verdade, combateu por um novo império. Uma força histórica, superior a seus desígnios, empurrou-o à guerra. A participação dos Estados Unidos na guerra mundial foi ditada por um interesse imperialista. Exaltando eloquente e solenemente seu caráter decisivo, o verbo de Wilson serviu à afirmação do Império. Os Estados Unidos, ao decidirem o êxito da guerra, converteram-se repentinamente em árbitros da sorte da Europa. Seus bancos e fábricas resgataram as ações e os títulos estadunidenses que a Europa possuía. E, em seguida, começaram a acumular ações e títulos europeus. A Europa passou da condição de credora à de devedora dos Estados Unidos. Nos Estados Unidos foi acumulada mais da metade do ouro do mundo. Tendo alcançado esses resultados, os ianques sentiram instintivamente a necessidade de defendê-los e melhorá-los. Para tanto, precisaram licenciar Wilson. O verbo de Wilson os embaraçava e incomodava. O programa wilsoniano, útil em tempos de guerra, resultava inoportuno em tempos de paz. A *nova liberdade* proposta por Wilson convinha a todo mundo, menos aos Estados Unidos. Assim, os republicanos voltaram ao poder.

Que outra coisa poderia ter induzido os Estados Unidos a regressarem – ainda que de maneira morna e moderada – à política wilsoniana? O candidato democrata Davis era um cidadão prudente, um pacato diplomata sem a inquietude nem a imaginação de Wilson. Os Estados Unidos poderiam ter-lhe confiado o governo, sem perigo para seus interesses imperiais. Porém, Coolidge oferecia mais garantias e melhores fiadores. Coolidge não se diz republicano, enquanto Davis se diz democrata – denominação no mínimo um pouco suspeita. Além disso, Davis tinha o defeito de ser um orador. Coolidge, ao contrário, silencioso e taciturno, estava isento dos perigos da eloquência. Por outro lado, no Partido Democrata restava ainda muita gente impregnada de ideias wilsonianas. Enquanto isso, o Partido Republicano tinha conseguido se livrar de seus La Follette – isto é, de seus homens mais exuberantes e impetuosos. La Follette, naturalmente, era para o capitalismo e o imperialismo estadunidenses um candidato absurdo. Um dissidente perigoso, um desertor herético das fileiras republicanas e de seus princípios ponderados.

Portanto, a eleição do sr. Calvin Coolidge só podia surpreender a poucos. A maior parte dos espectadores e observadores da vida estadunidense a previa e aguardava. Parecia evidente a improbabilidade de que os Estados Unidos – ou, melhor dizendo, seus capitalistas – quisessem mudar de política. Para que mudariam? Com Coolidge as coisas não andavam mal. Faltava a Coolidge estatura histórica – relevo mundial. Mas para alguma coisa serviam os jornais, as agências de informações e os escritores, prontos a inventar uma personalidade estupenda para um candidato à Presidência da República. A biografia e a personalidade reais de Coolidge tinham pouco em que se sustentar; mas os jornais, agências e escritores descobriram nelas uma qualidade verdadeiramente preciosa: o silêncio. E Coolidge passou a ser apresentado como uma grande personagem silenciosa, taciturna e enigmática. É a antítese da grande personagem falante, eloquente e universitária de Wilson. Wilson era o Verbo; Coolidge é o Silêncio. As agências, os jornais etc. dizem que, embora Coolidge não fale, ele pensa muito. Geralmente, esses homens mudos e taciturnos não ficam calados porque gostam do silêncio, mas porque não têm nada a dizer. Contudo, a humanidade aprecia e é atraída irresistivelmente por tudo aquilo que tem algo de enigmático, de misterioso e de abracadabra. A humanidade costuma amar o verbo; mas sempre respeita o silêncio. Além do mais, o silêncio é de ouro. E isso explica seu prestígio nos Estados Unidos.

Porém, é certo que, se os Estados Unidos são um império, são também uma democracia. Bem. Mas, atualmente, o que prevalece nos Estados Unidos é o império. Os democratas representam mais a democracia; os republicanos representam mais o império. Portanto, é natural e lógico que as eleições tenham sido ganhas pelos republicanos, e não pelos democratas.

O império ianque é uma realidade mais evidente – com mais contraste – do que a democracia ianque. Esse império ainda não tem muito perfil de que vá dominar o mundo com seus soldados; mas sim de que vai dominá-lo com seu dinheiro. E um império, hoje em dia, não precisa de mais do que isso. A organização ou a desorganização do mundo, nesta época, é mais econômica que política. O poder econômico confere poder político. Ali onde os impérios antigos desembarcavam seus exércitos, aos impérios modernos basta desembarcar seus banqueiros. Os Estados Unidos possuem atualmente a maior parte do ouro do mundo. São uma nação com abundância de ouro convivendo com nações desmonetarizadas, exaustas e quase mendicantes. Assim, podem ditar-lhes sua vontade em troca de um pouco de ouro. O Plano Dawes, que os Estados europeus julgam salvador e milagroso, é antes de tudo um plano dos banqueiros estadunidenses. Morgan foi o empresário e o *manager* da conferência de Londres. Os apoiadores da política de reconstrução europeia falam em ter os Estados Unidos como um árbitro. Tomem-se como exemplo os livros de Nitti, que sempre começam ou terminam com um chamamento aos Estados Unidos para que venham acudir a civilização europeia.

Mas os Estados Unidos não são – como gostariam – um espectador da crise europeia, e sim um de seus protagonistas. Se os acontecimentos estadunidenses interessam à Europa, do mesmo modo os acontecimentos europeus interessam aos Estados Unidos. A bancarrota europeia significaria para os Estados Unidos o início de sua própria bancarrota. A América do Norte se vê, por isso, forçada a continuar emprestando dinheiro a seus devedores europeus. Para que a Europa lhes pague um dia, eles precisam continuar a lhe prover assistência financeira. Naturalmente, não o fazem sem exigir garantias excepcionais. A França obteve com Poincaré um empréstimo dos bancos estadunidenses, com a condição de reduzir seus gastos e aumentar seus impostos. E a Alemanha, em troca da ajuda financeira acordada no Plano Dawes, submete-se ao controle dos Estados Unidos.

Os Estados Unidos não podem deixar de se interessar pela sorte da Europa. Não podem se fechar dentro de suas muralhas econômicas. Ao contrário da Europa, os Estados Unidos sofrem de excessiva abundância de ouro. A experiência estadunidense nos ensina que, se a falta de ouro é um mal, o excesso de ouro também é um mal. A abundância de ouro traz o encarecimento do custo de vida e o barateamento do capital. O ouro é fatal ao mundo, seja na tragédia contemporânea, seja na ópera wagneriana.

O empobrecimento da Europa representa, para as finanças e indústrias dos Estados Unidos, a perda de imensos mercados. A miséria e a desordem europeias diminuem as exportações estadunidenses. Produzem uma crise de desemprego na agricultura e na indústria ianques. O desemprego, por sua vez, agrava a questão social. Cria no proletariado um estado de ânimo favorável à propagação de ideias revolucionárias.

Apesar da vitória eleitoral dos republicanos – e apesar da força de sua afirmação imperialista e conservadora –, é evidente que nos Estados Unidos vem se difundindo uma disposição revolucionária. Vários fatos denunciam que os Estados Unidos, nesse tocante, não são tão inabaláveis nem tão imunes como creem alguns. A orientação de seus operários adquire rumos cada vez mais atrevidos. Os pequenos *farmers**, pauperizados pela baixa dos produtos agrícolas, desertam definitivamente das fileiras dos velhos partidos.

E também o antigo sistema bipartidário dos Estados Unidos encontra-se em crise. A candidatura de La Follette quebrou definitivamente o equilíbrio da política tradicional. Anuncia a aparição de uma terceira corrente. Essa corrente ainda não encontrou sua forma nem expressão; mas já se afirmou como uma poderosa força renovadora. A essa nova facção não se pode predizer um destino análogo ao daquela que, há vários anos, desligou-se do Partido Republicano para seguir Roosevelt. Os elementos advindos da cisma republicana são os menos representativos dentre seus partidários. La Follette vem sendo – antes e

---

* Em inglês no original: "proprietários rurais". (N. T.)

acima de tudo – um candidato de grupos agrários e trabalhistas. E, além dessa corrente, outra ainda mais avançada tem semeado nos Estados Unidos ideias e inquietudes renovadoras.

A democracia católica

O compromisso entre a democracia e a Igreja Católica – depois de ter cancelado e curado rancores recíprocos – produziu na Europa um partido político de tipo mais ou menos internacional, que em vários países tenta ensaiar uma reconstrução social alicerçada sobre bases democráticas e cristãs.

Essa democracia católica, ou catolicismo democrático, prosperou notavelmente na Europa central. Na Alemanha, onde é chamada de *centro católico*, um de seus grandes condutores, Erzberger – que foi assassinado por um pangermanista –, teve participação fundamental nos primeiros anos da república. Na Áustria, os democratas católicos estão no poder. Mas, na França, em vez disso, os católicos andam dispersos e desunidos. Alguns deles – os da nobreza orleanista* – militam nas fileiras de Maurras e da Action Française. Outros, de filiação republicana, diluem-se pelos partidos do Bloco Nacional. E outros, finalmente, seguem uma orientação pacifista e democrática. O líder desses últimos elementos é o deputado Marc Sagnier, defensor fervoroso e místico de uma reconciliação franco-alemã.

Contudo, foi na Itália onde a democracia católica teve – mais do que em qualquer outro povo – uma atividade vigorosa, conhecida e característica. Há cinco anos, dom Sturzo – um padre com boa capacidade organizadora e inteligência sagaz – concentrou-a e mobilizou-a sob o nome de Partido Popular, ou Populista. E o resumo de sua história ilustra claramente o caráter e o conteúdo internacionais dessa corrente política.

Antes de 1919, os católicos italianos não intervinham na política, como partido. Isso lhes era vedado por seu confessionalismo**. Ainda estavam muito latentes os sentimentos de resistência e luta contra o liberalismo – autor da unidade italiana, sob a dinastia de Saboya. O liberalismo parecia ainda um tanto impregnado por um espírito anticlerical e maçônico. Os católicos sentiam-se ligados à atitude do Vaticano frente ao Estado italiano. Entre católicos e liberais, um pacto de paz havia apaziguado algumas acirradas discre-

---

* Monarquistas moderados. (N. T.)
** Referência ao sistema político defendido pela Igreja Católica, no qual aqueles que professam a religião têm acesso privilegiado ao poder. (N. T.)

pâncias. Mas entre eles se interpunha a recordação e as consequências do histórico 20 de Setembro*.

A guerra, terminada com uma escassa vantagem para a Itália, preparou o retorno oficial dos católicos à política italiana. As antigas facções liberais, desacreditadas pelos desgostos da paz, tinham perdido um pouco de sua autoridade. As massas afluíam ao socialismo, decepcionadas com a ideia liberal e com seus homens. Dom Sturzo aproveitou a situação para atrair uma parte do povo à ideia católica – convenientemente modernizada e destramente ornamentada com adornos democráticos. Dom Sturzo já tinha trabalhadores católicos arregimentados em ligas e sindicatos – os quais, se não eram maioria nas cidades, abundavam e por vezes predominavam no campo. Essas associações de trabalhadores – a quem dom Sturzo e seus tenentes falavam em uma linguagem um tanto tingida de socialismo – foram a base do Partido Popular. A elas se sobrepuseram os elementos católicos da burguesia e ainda muitos da aristocracia – anteriormente opostos a qualquer aceitação formal do regime fundado por Victor Manuel, Garibaldi, Cavour e Mazzini**.

O novo partido, a fim de colaborar livremente com esse regime, declarou em seu programa a sua independência do Vaticano. Mas essa era uma questão de formalidade. Tratava-se na teoria e na prática de um grupo católico, destinado a usar sua influência política na reconquista, pela Igreja, de algumas posições morais – mais que tudo, a Escola – das quais a tinham desalojado os cinquenta anos de política demomaçônica.

Favorecido pelas mesmas condições ambientais e conjunturas políticas que propiciaram seu nascimento, o partido católico italiano obteve uma estrondosa vitória nas eleições de 1919. Conquistou 100 cadeiras na Câmara. Passou a ser o grupo mais numeroso no Parlamento depois dos socialistas – donos de 156 votos. A colaboração dos populares acabou por ser indispensável para a sustentação do governo monárquico. Nitti, Giolitti, Bonomi e Pacta se apoiaram sucessivamente nessa colaboração. O Partido Popular era a base de toda combinação ministerial. Nas eleições de 1921, os deputados populares aumentaram de 101 para 109. O espaço político de dom Sturzo, secretário-geral e líder dos populares, cresceu extraordinariamente.

Porém, a solidez do partido católico italiano era temporária, contingente e precária. Sua composição ostensivamente heterogênea continha os germes de uma divisão inevitável. Os elementos direitistas do partido, devido a seus interes-

---

* Data da unificação italiana, em 1870. (N. T.)
** Grandes personagens da luta pela unificação italiana. (N. T.)

ses econômicos, tendiam a uma política antissocialista. Os elementos esquerdistas, ao contrário, apoiados por numerosa multidão camponesa, defendiam um rumo social-democrata. A coesão – a unidade – da democracia católica italiana dependia, consequentemente, da persistência de uma política centrista no governo. Tão logo se sobressaísse ou a direita reacionária ou a esquerda revolucionária, o centro – eixo dos populares – se fraturaria.

Assim, com o desenvolvimento do movimento fascista, ou seja, da ameaça reacionária, iniciou-se a crise do Partido Popular. Miglioli e outros líderes da esquerda católica trabalharam a favor de uma coalizão popular-socialista, chamada para reforçar decisivamente a política centrista e evolucionista. Uma parte do Partido Socialista – já abandonado pelos comunistas – era igualmente favorável à formação de um bloco com os populares, os socialistas e os nittianos. Em todos os setores percebia-se que somente esse bloco poderia realmente resistir à onda fascista. Mas os esforços que tendiam a criá-lo acabavam sendo neutralizados – por parte dos populares, pela ação da corrente conservadora, e por parte dos socialistas, pela ação da corrente revolucionária, ambas resistentes a se juntar em um leito centrista.

Mais tarde, a inauguração da ditadura fascista e o ostracismo da política democrática deram um golpe fatal no partido de dom Sturzo. Os populares capitularam diante do fascismo. Deram-lhe a colaboração de seus homens no governo e seus votos no parlamento. E essa colaboração trouxe consigo a absorção pelo fascismo das camadas conservadoras do Partido Popular. Mediante uma política que flertava com o Vaticano e fazia concessões à Igreja na questão do ensino, Mussolini atraiu a direita católica. Todavia, seus ataques às conquistas dos trabalhadores e seus favores aos interesses dos capitalistas engendraram, na zona operária do Partido Popular, uma crescente oposição aos métodos fascistas. À medida que as eleições se aproximavam, a crise se agravava.

Atualmente, a democracia católica italiana está em pleno período de desagregação. A direita aderiu ao fascismo. O centro, obediente a dom Sturzo, reafirmou sua filiação democrática.

A posição histórica dos partidos católicos de outros países é substancialmente a mesma. A sorte desses partidos está indissoluvelmente ligada à sorte da política centrista e democrática. Onde quer que essa política seja vencida pela política reacionária, a democracia católica se torna lânguida e se dissolve. O que ocorre é que a crise política contemporânea não é, em particular, uma crise da democracia não religiosa, mas sim, de modo geral, uma crise da democracia capitalista. E, em consequência, a esta não serve para nada substituir seu traje laico por um traje católico. Nessas coisas, bem como em outras, o hábito não faz o monge.

Anatoli Lunacharsky, comissário de Instrução Pública dos sovietes, que, segundo Mariátegui, é "quem mais profunda e definitivamente está revolucionando a Rússia".

FATOS E IDEIAS DA REVOLUÇÃO RUSSA

Trotski

Trotski não é apenas um protagonista, mas também um filósofo, um historiador e um crítico da Revolução. Naturalmente, nenhum líder da Revolução pode carecer de uma visão panorâmica e certeira de suas raízes e sua gênese. Lenin, por exemplo, distinguiu-se por uma singular faculdade de perceber e entender a direção da história contemporânea e o sentido de seus acontecimentos. Contudo, os penetrantes estudos de Lenin não abarcaram senão as questões políticas e econômicas. Trotski, ao contrário, interessou-se também pelas consequências da Revolução na filosofia e na arte.

Trotski polemiza com os escritores e artistas que anunciam a chegada de uma nova arte – o surgimento de uma arte proletária. A Revolução possui uma arte própria? Trotski balança a cabeça. "A cultura – escreve – não é a primeira fase de um bem-estar: é um resultado final." O proletariado gasta atualmente suas energias na luta por abater a burguesia e no trabalho de resolver seus problemas econômicos, políticos e educacionais. A nova ordem é ainda por demais embrionária e incipiente. Encontra-se em um período de formação. Uma arte do proletariado não pode surgir ainda. Trotski define o desenvolvimento da arte como o mais alto testemunho de vitalidade e valor de uma época. A arte do proletariado não será aquela que descreverá os episódios da luta revolucionária; antes, será aquela que descreverá a vida emanada da revolução, de suas criações e seus frutos. Não é, pois, o caso de se falar em uma nova arte. A arte, assim como a nova ordem social, atravessa um período de ponderações e ensaios. "A revolução encontrará na arte sua imagem quando cessar de ser para o artista um cataclismo estranho a ele." A arte nova será produzida por homens de uma nova espécie. O conflito entre a realidade moribunda e a nascente durará longos anos. Estes serão de combate e mal-estar. Somente depois de transcorridos esses anos, quando a nova organização estiver cimentada e assegurada, poderão existir as condições necessárias para o desenvolvimento de uma arte do proletariado. Quais serão os traços essenciais dessa arte futura? Trotski formula algumas previsões. A arte futura será, em sua opinião, "inconciliável com o pessimismo, com o ceticismo e com todas as outras formas de prostração intelectual. Estará cheia de fé criadora, cheia de uma fé sem limites no porvir". Certamente, essa não é uma tese arbitrária. A desesperança, o niilismo e a morbidez, que em diversas doses a literatura contemporânea contém, são sinais característicos de uma sociedade fatigada, esgotada e decadente. A juventude é otimista, afirmativa e alegre; a velhice é cética, negativa e rabugenta. A filosofia e a arte de uma sociedade jovem terão, por conseguinte, um acento diferente da filosofia e da arte de uma sociedade senil.

O pensamento de Trotski, por esses caminhos, enverada por outras conjunturas e interpretações. Os esforços da cultura e da inteligência burguesas estão dirigidos principalmente para o progresso da técnica e do mecanismo de produção. A ciência é aplicada, sobretudo, à criação de um maquinismo cada dia mais perfeito. Os interesses da classe dominante são adversos à racionalização da produção; e são adversos, por fim, à racionalização dos costumes. As preocupações da humanidade são, portanto, antes de tudo, utilitárias.

Os ideais de nossa época são o lucro e a poupança. A acumulação de riquezas aparece como a maior finalidade da vida humana. E então. A nova ordem, a ordem revolucionária, racionalizará e humanizará os costumes. Resolverá os problemas que, devido à sua estrutura e função, a ordem burguesa é impotente para solucionar. Consentirá a libertação da mulher da servidão doméstica; assegurará a educação social para as crianças; libertará o matrimônio das preocupações econômicas. O socialismo, em suma, tão satirizado e acusado de materialista, vem a ser, desse ponto de vista, uma reivindicação, um renascimento de valores espirituais e morais – oprimidos pela organização e pelos métodos capitalistas. Se na época capitalista prevaleceram ambições e interesses materiais, na época proletária suas modalidades e instituições se inspirarão em interesses e ideais éticos.

A dialética de Trotski nos conduz a uma previsão otimista do porvir do Ocidente e da humanidade. Spengler anuncia a decadência total do Ocidente. O socialismo, segundo sua teoria, não é mais que uma etapa da trajetória da civilização. Trotski constata unicamente a crise da cultura burguesa, a transposição da sociedade capitalista. Essa cultura e sociedade envelhecidas, enfastiadas, desaparecem; e uma nova cultura e sociedade emergem de suas entranhas. A ascensão de uma nova classe dominante – muito mais extensa em suas raízes e mais vital em seu conteúdo do que a anterior – renovará e aumentará as energias mentais e morais da humanidade. O progresso da humanidade aparecerá então dividido nas seguintes etapas principais: Antiguidade (regime escravista); Idade Média (regime de servidão); Capitalismo (regime de salários); Socialismo (regime de igualdade social). Os vinte, trinta ou cinquenta anos que durará a revolução proletária, diz Trotski, marcarão uma época de transição.

Mas esse homem que tão sutil e profundamente teoriza é o mesmo que discursava e passava em revista o Exército Vermelho? Algumas pessoas não conhecem senão o Trotski de perfil marcial de tantos retratos e caricaturas. O Trotski do trem blindado, o Trotski ministro da Guerra e generalíssimo, o Trotski que ameaça a Europa com uma invasão napoleônica. E esse Trotski, na verdade, não existe. É quase unicamente uma invenção da imprensa. O Trotski real, o Trotski verdadeiro, é aquele que nos revelam seus escritos. Um livro fornece sobre um homem uma imagem sempre mais exata e verídica do que um uniforme. Um generalíssimo não pode filosofar tão humana e humanitariamente. Vós podei imaginar Foch, Ludendorff ou Douglas Haig com a atitude mental de Trotski?

A ficção do Trotski marcial, do Trotski napoleônico, procede de um só aspecto do rol desse célebre revolucionário da Rússia dos sovietes: o comando do Exército Vermelho. Como é notório, Trotski ocupou primeiramente o Comissariado de Negócios Estrangeiros. Porém, o final enviesado das negociações [do Tratado] de Brest-Litovski* obrigou-o a abandonar esse ministério. Trotski quis que a Rússia se opusesse ao militarismo alemão com uma atitude tolstoiana**: que rechaçasse a paz que lhe era imposta e cruzasse os braços, indefesa diante do adversário. Lenin, com maior sensibilidade política, preferiu a capitulação. Transladado ao Comissariado de Guerra, Trotski recebeu o encargo de organizar o Exército Vermelho. Nessa função, Trotski mostrou sua capacidade de organizador e realizador. O exército russo estava dissolvido. A queda do czarismo, o processo da revolução e a liquidação da guerra produziram seu aniquilamento. Os sovietes careciam de elementos para reconstruí-lo. Apenas sobraram dispersos alguns materiais bélicos. Os chefes e oficiais monarquistas, por causa de sua evidente disposição reacionária, não podiam ser utilizados. Momentaneamente, Trotski tratou de se servir do auxílio técnico das missões

---

* Tratado de paz assinado entre o governo bolchevique e as potências centrais (a Bulgária e os impérios alemão, austro-húngaro e otomano) na cidade de mesmo nome, hoje simplesmente Brest (na Bielorrússia). (N. T.)

** Na velhice, o escritor Leon Tolstói tornou-se pacifista, pregando uma vida simples e próxima da natureza. (N. T.)

militares aliadas, explorando o interesse da Entente em recuperar a ajuda da Rússia contra a Alemanha. Mas essas missões desejavam, antes de tudo, a queda dos bolcheviques. E, se fingiam fazer um pacto com eles, era para melhor miná-los. Nas missões aliadas, Trotski encontrou somente um colaborador leal: o capitão Jacques Sadoul, membro da embaixada francesa que acabou por aderir à Revolução, fascinado por seus ideais e por seus homens. Os sovietes, por fim, tiveram de expulsar da Rússia os diplomatas e militares da Entente. E, dominando todas as dificuldades, Trotski chegou a criar um poderoso exército, que defendeu vitoriosamente a Revolução dos ataques de seus inimigos externos e internos. O núcleo inicial desse exército foram 200 mil voluntários da vanguarda e juventude comunistas. Contudo, no período de maior risco para os sovietes, Trotski comandou um exército de mais de 5 milhões de soldados.

E, assim como o seu ex-generalíssimo, o Exército Vermelho é um caso novo na história militar do mundo. É um exército que sente seu papel de exército revolucionário e não se esquece que seu fim é a defesa da Revolução. Dentre suas motivações, finalmente, está excluído todo sentimento específico e marcialmente imperialista. Sua disciplina, organização e estrutura são revolucionárias. E talvez, enquanto o generalíssimo escrevia um artigo sobre Romain Rolland, os soldados evocassem Tolstói ou lessem Kropotkin.

Lunacharsky

A figura e a obra do comissário de instrução pública dos sovietes impuseram-se, por todo o mundo ocidental, à consideração até mesmo da burguesia. A Revolução Russa foi declarada, em seu primeiro momento, como sendo uma ameaça para a Civilização. O bolchevismo, descrito como uma horda bárbara e asiática, criava fatalmente – conforme o coro inumerável de seus detratores – uma atmosfera irrespirável para a Arte e a Ciência. Formulavam-se os mais lúgubres augúrios sobre o futuro da cultura russa. Todas essas conjecturas, todas essas apreensões já estão liquidadas. E talvez a obra mais sólida da Revolução Russa seja precisamente aquela realizada no terreno da instrução pública. Muitos estudiosos europeus e americanos que visitaram a Rússia reconheceram a realidade dessa obra. A Revolução Russa, diz Herriot em seu livro *La Russie nouvelle* [A Rússia nova]*, tem o culto pela ciência. Outros testemunhos de intelectuais igualmente distantes do comunismo coincidem com o do estadista francês. Wells classifica Lunacharsky dentre os maiores espíritos construtores

---

* Édouard Herriot, *La Russie nouvelle* (Paris, J. Ferenczi et fils, 1922). (N. T.)

da nova Rússia. Lunacharsky, ignorado pelo mundo até sete anos atrás, é atualmente uma personagem de relevo mundial.

A cultura russa, nos tempos do czarismo, estava dominada por uma pequena elite. O povo sofria não só de uma grande miséria física, mas também de uma grande miséria intelectual. As proporções de analfabetismo eram aterradoras. Em Petrogrado*, o censo de 1910 acusava 31% de analfabetos e 49% de semianalfabetos. Pouco importava se a nobreza se presenteasse com todos os refinamentos da moda e da arte ocidentais ou que na universidade fossem debatidas todas as grandes ideias contemporâneas. O mujique**, o operário, a multidão eram estranhos a essa cultura.

A Revolução deu a Lunacharsky o encargo de fincar as bases de uma cultura proletária. Os materiais disponíveis para essa obra gigantesca não poderiam ser mais exíguos. Os sovietes tinham de gastar a maior parte de suas energias materiais e espirituais na defesa da Revolução, atacada por todas as frentes pelas forças reacionárias. Os problemas da reorganização econômica da Rússia deviam ocupar a atenção do bolchevismo. Lunacharsky contava com poucos auxiliares. Os homens de ciência e de letras – quase todos os elementos técnicos e intelectuais da burguesia – sabotavam os esforços da Revolução. Faltavam professores para as antigas e as novas escolas. Enfim, os episódios de violência e terror da luta revolucionária mantinham na Rússia uma tensão guerreira hostil a todo trabalho de reconstrução cultural. Não obstante, Lunacharsky assumiu essa árdua tarefa. As primeiras jornadas foram por demais duras e desalentadoras. Parecia impossível salvar todas as relíquias da arte russa. Esse perigo desesperava Lunacharsky. E, quando circulou por Petrogrado a notícia de que as igrejas do Kremlim e a Catedral de São Basílio tinham sido bombardeadas e destruídas pelas tropas da Revolução, Lunacharsky se sentiu sem forças para continuar lutando em meio à tormenta. Desalentado, renunciou ao cargo. Contudo, afortunadamente, a notícia mostrou-se falsa. Lunacharsky obteve a segurança de que os homens da Revolução, com toda sua autoridade, apoiariam-no em seu empreendimento. A fé não voltaria a abandoná-lo.

O patrimônio artístico da Rússia foi integralmente salvo. Não se perdeu nenhuma obra de arte. Os museus públicos enriqueceram com os quadros, estátuas e relíquias de coleções privadas. As obras de arte, antes monopolizadas

---
* São Petersburgo. (N. E. B.)
** Denominação dada ao camponês russo, que até a revolução de 1917 ainda era, muitas vezes, um servo. (N. T.)

pela aristocracia e burguesia russas, em seus palácios e mansões, são agora exibidas nas galerias do Estado. Antes, eram um luxo egoísta da casta dominante; agora são um elemento da educação artística do povo.

Lunacharsky, nesse campo, bem como em outros, trabalha para aproximar a arte da multidão. Com esse fim, fundou, por exemplo, o Proletkult, comitê de cultura proletária, que organiza o teatro do povo. O Proletkult, vastamente difundido na Rússia, tem uma atividade fecunda nas principais cidades. Colaboram com o Proletkult operários, artistas e estudantes fortemente dominados pelo afã de criar uma arte revolucionária. Nas salas da sede de Moscou, discutem-se todos os tópicos dessa questão. Teoriza-se aí, corajosa e arbitrariamente, sobre arte e revolução. Os estadistas da nova Rússia não compartilham as ilusões dos artistas de vanguarda. Não acreditam que a sociedade ou a cultura proletárias já possam produzir uma arte própria. A arte, pensam, é um sintoma de plenitude de uma ordem social. Mas esse conceito não diminui seu interesse em ajudar e estimular o trabalho impaciente dos artistas jovens. Os ensaios, as buscas dos cubistas, expressionistas e futuristas de todos os matizes encontraram no governo dos sovietes um acolhimento benévolo. Esse apoio, no entanto, não significa uma adesão à tese de inspiração revolucionária do futurismo. Trotski e Lunacharsky, autores de penetrantes e respeitadas críticas sobre as relações entre a arte e a revolução, resguardam-se bastante de amparar essa tese. "O futurismo – escreve Lunacharsky – é a continuação da arte burguesa, com certas atitudes revolucionárias. O proletariado cultivará também a arte do passado, partindo talvez diretamente do Renascimento, e a levará adiante, mais longe e mais alto do que todos os futuristas e em uma direção absolutamente diferente." Mas as manifestações da arte de vanguarda, em seu estilo máximo, não são tão estimadas e valorizadas em nenhum lugar como na Rússia. O supremo poeta da Revolução, Maiakóvski, procede da escola futurista.

E mais fecundo e criador ainda é o trabalho de Lunacharsky na escola. Esse trabalho abre caminho através de obstáculos à primeira vista insuperáveis: a insuficiência do orçamento da instrução pública, a pobreza do material escolar e a falta de professores. Os sovietes, apesar de tudo, mantêm um número de escolas várias vezes superior ao que mantinha o regime czarista. Em 1917, as escolas chegavam a 38 mil. Em 1919, passavam de 62 mil. Posteriormente muitas novas escolas foram abertas. O Estado comunista se propunha a dar a seus escolares alojamento, alimentação e vestimenta. A limitação de recursos não permitiu o cumprimento integral dessa parte de seu programa. Setecentas mil crianças moram, apesar de tudo, em escolas internas a suas expensas. Muitos hotéis luxuosos e mansões ensolaradas foram transformados em colégios ou casas de saúde para crianças. A criança, conforme a precisa observação do economista francês Charles Gide, é na Rússia o usufrutuário, o *profiteur** da Revolução. Para os revolucionários russos, a criança representa realmente a nova humanidade.

Em uma conversa com Herriot, Lunacharsky definiu assim os traços essenciais de sua política educacional:

> Antes de tudo, criamos a escola única. Todos os nossos alunos devem passar pela escola fundamental, na qual o ensino dura quatro anos. Os melhores, recrutados segundo seu mérito, na proporção de um para seis, farão em seguida o segundo ciclo, durante cinco anos. Depois desses nove anos de estudos, entrarão na universidade. Essa é a via normal. Contudo, para nos adequarmos a nosso programa proletário, quisemos conduzir os trabalhadores diretamente ao ensino superior. Para alcançar esse resultado, fazemos seleções nas fábricas, entre os trabalhadores que têm de dezoito a trinta anos. O Estado aloja e alimenta esses alunos adultos. Cada universidade possui sua faculdade operária. Trinta mil estudantes dessa classe já seguiram esse ensino, que agora lhes permite estudar para se tornarem engenheiros ou médicos. Queremos recrutar 8 mil homens por ano, mantê-los durante três anos na faculdade operária e depois enviá-los à universidade propriamente.

Herriot declara que esse otimismo é justificado. E um pesquisador alemão visitou as faculdades operárias e constatou que os estudantes se mostravam hostis ao diletantismo e ao dogmatismo. Continua Lunacharsky:

> Nossas escolas são mistas. A princípio, a coexistência entre os dois sexos assustou os professores e provocou incidentes. Tivemos algumas situações que causaram aborrecimentos. Mas hoje tudo entrou na linha. Se habituarmos as crianças de ambos os sexos a viverem juntas desde a infância, não há que se temer nenhum inconveniente quando forem adolescentes. Além de mista, nossa escola é laica. E mesmo as disciplinas foram modificadas: queremos que as crianças sejam educadas em uma atmosfera de amor. E, ademais, ensaiamos algumas criações de ordem especial. A primeira é a universidade destinada a formar, como funcionários, os jovens que não são escolhidos pelos sovietes de províncias. Os cursos duram de um a três anos. Por outro lado, criamos a universidade dos povos do Oriente, que terá, em nossa opinião, uma enorme influência política. Essa universidade já recebeu milhares de jovens vindos da Índia, China, Japão e Pérsia. Assim preparamos nossos missionários.

O comissário de instrução pública dos sovietes é um brilhante tipo de homem de letras. Moderno, inquieto e humano, todos os aspectos da vida o apaixonam e interessam. Nutrido de cultura ocidental, conhece profundamente as

---

* Em francês no original: o que tira proveito, o que aproveita. (N. T.)

diversas literaturas europeias. Passa de um ensaio sobre Shakespeare para outro sobre Maiakóvski. Sua cultura literária é ao mesmo tempo muito antiga e moderna. Lunacharsky tem uma compreensão ágil do passado, do presente e do futuro. E não é um revolucionário de última, mas de primeira hora. Sabe que a criação de novas formas sociais é uma obra política, e não literária. Sente-se, por isso, político antes de literato. Homem de seu tempo, não quer ser um espectador da Revolução; quer ser um de seus atores, um de seus protagonistas. Não se contenta em sentir ou comentar a história; aspira fazê-la. Sua biografia acusa nele uma configuração espiritual de personagem histórica.

Desde a juventude, Lunacharsky envolveu-se nas fileiras do socialismo. A cisão do socialismo russo encontrou-o ao lado dos bolcheviques, contra os mencheviques. Como ocorreu a outros revolucionários russos, teve de levar uma vida de imigrante. Em 1907, foi forçado a deixar a Rússia. Durante o processo de definição do bolchevismo, sua adesão a uma fração secessionista afastou-o temporariamente do partido; porém, sua firme orientação revolucionária logo o conduziu de volta para o lado dos camaradas. Dividiu seu tempo equitativamente entre a política e as letras. Uma página de Romain Rolland mostra-o em Genebra, em janeiro de 1917, dando uma conferência sobre a vida e a obra de Maksim Górki. Pouco depois, começaria o mais importante capítulo de sua biografia: o trabalho como comissário de instrução pública dos sovietes.

Anatoli Lunacharsky, nesse capítulo de sua biografia, aparece como um dos mais altos animadores e condutores da Revolução Russa. É Lunacharsky quem mais profunda e definitivamente está revolucionando a Rússia. A coerção das necessidades econômicas pode modificar ou debilitar, no terreno da economia ou da política, a aplicação da doutrina comunista. Mas a sobrevivência ou ressurreição de algumas formas capitalistas não comprometerá, em nenhum caso – enquanto seus gestores conservarem o poder político na Rússia –, o futuro da Revolução. A escola e a universidade de Lunacharsky estão modelando pouco a pouco uma humanidade nova. Na escola e na universidade de Lunacharsky está sendo incubado o porvir.

Dois testemunhos

Predizia-se que a França seria a última a reconhecer *de jure** os sovietes. A história não quis se conformar com essa previsão. Depois de seis anos de ausên-

---

* Em latim no original: "pelo direito". (N. E. B.)

cia, a França se voltou finalmente a Moscou. Uma embaixada bolchevique funciona em Paris no antigo palácio da embaixada czarista, que quase até a véspera da chegada dos representantes da Rússia nova alojava alguns emigrados e diplomatas da Rússia dos czares.

A França liquidou e cancelou em poucos meses a política agressivamente antirrussa dos governos do Bloco Nacional. Esses governos tinham colocado a França à frente da reação antissoviética. Clemenceau definiu a posição da burguesia francesa diante dos sovietes em uma frase histórica: "A questão entre os bolcheviques e nós é uma questão de força". O governo francês reafirmou, em dezembro de 1919, em um debate parlamentar, sua intransigência rígida, absoluta e categórica. A França não queria nem podia negociar ou discutir com os sovietes. Trabalhava com todas as suas forças para esmagá-los. Millerand continuou essa política. A Polônia foi armada e dirigida pela França em sua guerra com a Rússia. O governo rebelde do general Wrangel, aventureiro assalariado que depredava a Crimeia com suas sombrias legiões, foi reconhecido pela França como governo de fato da Rússia. Em 1921, Briand tentou em Cannes uma cuidadosa retificação da política do Bloco Nacional com relação aos sovietes e à Alemanha. Essa tentativa lhe custou a perda do poder. Poincaré, sucessor de Briand, sabotou nas conferências de Gênova e de Haia toda negociação com o governo russo. E, até o último dia de seu ministério, negou-se a modificar sua atitude. A posição teórica e prática da França, no entanto, já havia mudado pouco a pouco. O governo de Poincaré não mais pretendia que a Rússia abjurasse o comunismo para obter sua readmissão na sociedade europeia. Admitia que os russos tivessem o direito de possuir o governo que melhor lhes parecesse. Somente se mostrava intransigente no tocante às dívidas russas. Exigia a esse respeito uma capitulação plena dos sovietes. Enquanto essa capitulação não viesse, a Rússia deveria continuar excluída, ignorada e segregada da Europa e da civilização ocidental. Contudo, a Europa não podia prescindir indefinidamente da cooperação de um povo de 130 milhões de habitantes, dono de um território com imensos recursos agrícolas e minerais. Os peritos da política de reconstrução europeia demonstravam cotidianamente a necessidade de reincorporar a Rússia à Europa. E os estadistas europeus, menos suspeitos de russofilia, aceitavam essa tese de maneira gradual. Eduardo Benes, ministro de Negócios Estrangeiros da Tchecoslováquia, e notoriamente sob influência francesa, declarava à Câmara tcheca: "Sem a Rússia, uma política e uma paz europeias não são possíveis". E a Inglaterra, a Itália e outras potências terminavam por reconhecer *de jure* o governo dos sovietes. A motivação dessa atitude não era certamente um sentimento filobolchevista. Coincidiam nessa mesma atitude o trabalhismo inglês e o fascismo italiano. E, se os trabalhistas têm parentesco ideológico com os bolcheviques, os fascistas, ao contrário, aparecem na história contemporânea como os representantes característicos do antibolchevismo. O que empurrava a Europa em direção à Rússia era tão somente a urgência de readquirir mercados indispensáveis ao funcionamento normal da economia europeia. E os interesses da França a aconselhavam a não se subtrair a esse movimento. Todas as razões da política de bloqueio da Rússia haviam sido prescritas. Essa política não mais podia conduzir ao isolamento da Rússia, mas antes ao isolamento da França.

Herriot e Monzie foram propugnadores eficazes dessa tese. Herriot, desde 1922, e Monzie, desde 1923, empreenderam uma enérgica e vigorosa campanha para modificar a opinião da burguesia e da pequena burguesia francesas a respeito da questão russa. Ambos visitaram a Rússia, interrogaram seus homens e estudaram seu regime. Viram com os próprios olhos a nova vida russa. Constataram pessoalmente a estabilidade e a força do regime emergido da Revolução. Herriot reuniu em um livro, *A Rússia nova*, as impressões de sua visita. Monzie juntou em outro livro, com suas notas de viagem – *Du Kremlin au Luxembourg* [De Kremlin a Luxemburgo]* –, todas as peças de sua campanha por um acordo franco-russo.

Esses livros são dois documentos substanciais da nova política da França com relação aos sovietes. E são também dois testemunhos burgueses da retidão e da grandeza dos homens e das ideias da difamada Revolução. Nem Herriot nem Monzie aceitam, é claro, a doutrina comunista. Julgam-na com base em seus pontos de vista burgueses e franceses. Ortodoxamente fiéis à democracia burguesa, resguardam-se de incorrer na mais leve heresia. Mas reconhecem honestamente a vitalidade dos sovietes e a capacidade dos líderes soviéticos. Apesar de tais constatações, não propõem ainda em seus livros o reconhecimento imediato e completo dos sovietes. Quando escrevia as conclusões de seu livro, Herriot pedia apenas que a França se fizesse representar em Moscou. "Não se trata absolutamente – dizia – de abordar o famoso problema do reconhecimento *de jure*, que continuará sob reserva." Monzie, ainda mais prudente e cuidadoso, em seu discurso de abril no Senado francês, declarava, a poucos dias das eleições destinadas a tirar Poincaré do poder, que o reconhecimento *de jure* dos sovietes não devia preceder à negociação da questão das

---

* Anatole de Monzie, *Du Kremlin au Luxembourg* (Paris, Delpuech, 1924). (N. T.)

dívidas russas. Tais proposições, em pouco tempo, resultaram por demais tímidas e insuficientes. Herriot, no poder, não só abordou o famoso problema do reconhecimento *de jure*: resolveu-o. A Monzie coube ser um dos colaboradores dessa solução. Há no livro de Herriot uma maior compreensão histórica do que no livro de Monzie. Herriot considera o fenômeno russo com um espírito mais liberal. Nas observações de Monzie, constatam-se a cada instante a técnica e a mentalidade do advogado que não pode banir de seus hábitos certo gosto por artimanhas. Revelam, além disso, uma exagerada apreensão de chegar a conclusões por demais otimistas. Monzie confessa seu "irritadiço temor de que lhe seja imputada uma visão rósea da Rússia vermelha". E, tratando da justiça bolchevique, faz constar que ao descrevê-la "não omitiu nenhum traço de defeitos". A linguagem de Monzie é a de um jurista; já a linguagem de Herriot é antes a de um defensor da democracia, repleto da ideologia da Revolução Francesa.

Herriot explora rapidamente a história russa. Entende que é impossível compreender a Revolução Bolchevique sem conhecer previamente suas raízes espirituais e ideológicas. "Um fato tão violento como a Revolução Russa – escreve – supõe uma longa série de ações anteriores. Não é, aos olhos de um historiador, senão uma consequência." Na história da Rússia, e sobretudo na história do pensamento russo, Herriot descobre claramente as causas da Revolução. Nada de arbitrário, nada de anti-histórico, nada de romântico nem artificial nesse acontecimento. A Revolução Russa, segundo Herriot, foi "uma conclusão e uma resultante". Quanta distância entre o pensamento de Herriot e aquela tese grosseira e estupidamente simplista que qualificava o bolchevismo como um trágico e sinistro empreendimento semita, conduzido por uma facção de assalariados da Alemanha, nutrido de rancores e paixões corruptas e sustentado por uma guarda mercenária de legionários chineses! "Todos os serviços da administração russa – afirma Herriot – funcionam honestamente, no que diz respeito aos seus chefes." Mas será que se poderia dizer o mesmo a respeito de várias democracias ocidentais?

Herriot não crê, como é natural em seu caso, que a Revolução possa seguir uma via marxista. "Ainda fixo em sua forma política, o regime soviético já evoluiu amplamente na questão econômica sob a pressão dessa força invencível e permanente: a vida." Herriot busca as provas de sua afirmação nas modalidades e consequências da nova política econômica russa. As concessões feitas pelos sovietes à iniciativa e ao capital privados, no comércio, na indústria e na agricultura, são assinaladas com complacência por Herriot. A justiça bolchevique, no entanto, desgosta-o. Herriot não repara que se trata de uma justiça revolucionária. A uma revolução não se pode exigir tribunais nem códigos-modelo. A revolução formula os princípios de um novo direito; mas não codifica a técnica de sua aplicação. Além disso, Herriot não consegue explicar nem esse nem outros aspectos do bolchevismo. Como ele mesmo compreende de modo sagaz, a lógica francesa perde seus direitos na Rússia. E mais interessantes são as páginas em que sua objetividade não encalha em tal obstáculo. Em tais páginas, Herriot conta suas conversas com Kamenev, Trotski, Krasin, Rykov, Dzerjinski etc. Em Dzerjinski ele reconhece um Saint-Just eslavo. Não vê inconveniente em comparar a célebre personagem da Convenção Francesa* com o chefe da Tcheka** e ministro do Interior da Revolução Russa. Herriot encontra nesse homem, de quem a burguesia ocidental ofereceu tantas vezes a mais sombria imagem, a figura de um ícone. Trabalha em um gabinete austero e sem calefação, cujo acesso não é defendido por nenhum soldado.

O Exército Vermelho impressiona Herriot favoravelmente. Já não é um exército de 6 milhões de soldados, como nos dias críticos da contrarrevolução. É um exército de menos de 800 mil soldados, um número modesto para um país tão vasto e vigiado. E nada mais estranho ao espírito desse exército do que o sentimento imperialista e conquistador que frequentemente lhe é atribuído. Herriot ressalta ainda sua disciplina perfeita e sua moral excelente. E observa, sobretudo, um grande entusiasmo pela instrução, uma grande sede por cultura. A Revolução afirma no quartel o culto pela ciência. Herriot nota no quartel uma profusão de livros e jornais; observa um pequeno museu de história natural e quadros de anatomia; encontra soldados debruçados sobre livros. "Apesar do respeito hierárquico em tudo observado – acrescenta ele –, sente-se circular uma sincera fraternidade. Concebido desse modo, o quartel se converte em um meio social de primeira importância. O Exército Vermelho é precisamente uma das criações mais originais e fortes da jovem revolução."

O livro de Herriot estuda as forças econômicas da Rússia. Em seguida, ocupa-se de suas forças morais. E expõe sumariamente o trabalho de Lunacharsky. "Em seu modesto gabinete de trabalho no Kremlin, mais desnudo que a cela de um monge, Lunacharsky, o grande mestre da universidade soviética" explica

---

* Mariátegui refere-se à Convenção Nacional, parlamento constituinte criado pela Revolução Francesa que durou de 1792 a 1795. O revolucionário Saint-Just foi um de seus representantes e votou pela execução do rei. (N. T.)

** A Tcheka (sigla em russo de "Comissão Extraordinária Pan-Russa de Combate à Contrarrevolução, à Sabotagem e à Especulação") foi uma das primeiras organizações de inteligência político-militar soviética. (N. T.)

a Herriot o estado atual do ensino e da cultura na Rússia nova. Herriot descreve também sua visita a uma pinacoteca. "Nenhum quadro e nenhum móvel de arte sofreu por motivo da Revolução. Essa coleção de pintura moderna russa enriqueceu notavelmente nos últimos anos." Herriot constata os êxitos da política dos sovietes na Ásia, o que "apresenta a Rússia como a grande libertadora dos povos do Oriente". A conclusão essencial do livro é esta: "A velha Rússia morreu, morreu para sempre. Brutal porém lógica, violenta mas consciente de seu fim, assim se produziu uma revolução cheia de rancores, sofrimentos e cóleras acumuladas há tanto tempo".

Já Monzie começa por demonstrar que a Rússia não é mais um país bloqueado, ignorado e isolado como há alguns anos. A Rússia recebe todos os dias ilustres visitas. Os Estados Unidos são uma das nações que mais interesse demonstram em desvendá-la e estudá-la. O elenco de hóspedes estadunidenses dos últimos tempos é interessante: o professor Johnson, o ex-governador Goodrich, Meyer Bloomfield, os senadores Wheeler, Brookhart, William King e Edwin Ladde, os bispos Blake e Nuelsen, o ex-ministro do Interior Sécy Fall, o deputado Frear, John Sinclair, o filho de Roosevelt, Irving Bush e Dodge e Dellin da Standard Oil. O corpo diplomático residente em Moscou é numeroso. A posição da Rússia no Oriente se consolida dia a dia. Monzie enverada, em seguida, a examinar as manifestações do ressurgimento russo. Teme por vezes comprometer-se; mas, confrontando suas impressões com as de outros visitantes, ratifica seu juízo. O representante da Companhia Geral Transatlântica, Maurice Longe, pensa como Monzie: "A ressurreição nacional da Rússia é um fato, seu renascimento econômico é outro fato, e o desejo de reintegrar-se à civilização ocidental é inegável". Monzie reconhece também em Lunacharsky o mérito de ter salvado os tesouros da arte russa, em particular da arte religiosa. "Jamais uma revolução – declara – foi tão respeitosa com seus monumentos." A lenda da ditadura parece a Monzie muito exagerada. "Se não há em Moscou um controle parlamentar, nem a livre opinião para suprir esse controle, nem sufrágio universal, nem nada equivalente ao referendo suíço, também é verdade de que o sistema não investe de plenos poderes os comissários do povo ou outros dignitários da República." Lenin, certamente, é visto no papel de ditador; "mas nunca um ditador se manifestou mais preocupado em não o ser, em não falar em seu próprio nome, em sugerir em vez de ordenar". O senador francês compara Lenin a Cromwell. "Há semelhança entre os dois chefes – exclama – e parentesco entre as revoluções!" Sua crítica da política francesa com relação à Rússia é robusta. Confronta-a e compara-a com a política inglesa.

Encontra na história um antecedente de ambas. Recorda a atitude da Inglaterra e da França ante a revolução dos Estados Unidos. No episódio, Canning representou o tradicional bom-senso político dos ingleses. E a Inglaterra apressou-se a reconhecer as repúblicas revolucionárias da América do Norte e comerciar com elas. O governo francês, no entanto, olhou com hostilidade para as novas repúblicas hispano-americanas, usando a seguinte linguagem: "Se a Europa é obrigada a reconhecer os governos de fato da América, toda sua política deve estar voltada para tentar fazer com que nasçam monarquias no novo mundo, em lugar dessas repúblicas revolucionárias que nos enviarão seus princípios junto com os produtos de seu solo". A reação francesa sonhava em nos enviar um ou dois príncipes desocupados. Já a Inglaterra se preocupava em trocar suas mercadorias por nossos produtos e nosso ouro. A França republicana de Clemenceau e Poincaré havia herdado indubitavelmente a política da França monárquica do visconde Chateaubriand.

Os livros de Monzie e Herriot são duas sólidas e implacáveis precatórias contra essa política francesa, obstinada em renascer não obstante sua derrota de maio. E são, ao mesmo tempo, dois testemunhos documentados e sagazes da burguesia intelectual acerca da Revolução Bolchevique.

Zinoviev e a Terceira Internacional

Periodicamente, um discurso ou uma carta de Grigori Zinoviev tira a burguesia dos eixos. E, quando Zinoviev não escreve nenhum discurso, os burgueses nostálgicos de sua prosa encarregam-se de inventar-lhe um ou dois. Os discursos de Zinoviev percorrem o mundo deixando atrás de si um rastro de terror e pavor. Tão certo é o poder explosivo desses documentos que foi ensaiado seu emprego na última campanha eleitoral britânica. Os adversários do trabalhismo descobriram, às vésperas das eleições, um arrepiante comunicado de Zinoviev. E o usaram de modo sensacionalista, como um estimulante da vontade combativa da burguesia. Qual honesto e pacífico burguês não se horrorizaria com a possibilidade de que MacDonald continuasse no poder? MacDonald pretendia que a Grã-Bretanha emprestasse dinheiro a Zinoviev e aos demais comunistas russos. E, enquanto isso, o que fazia Zinoviev? Zinoviev excitava o proletariado britânico à revolução. Para pessoas bem informadas, essa descoberta carecia de importância. Há muitos anos Zinoviev não se ocupa de outra coisa senão de pregar a revolução. E às vezes se ocupa de algo ainda mais audaz: de organizá-la. O ofício de Zinoviev consiste precisamente nisso. E como se poderia honradamente querer que um homem não cumpra seu ofício?

Mas, afinal, uma parte do público somente conhece Zinoviev como um formidável fabricante de panfletos revolucionários. E é provável até mesmo que compare a produção de panfletos de Zinoviev à produção de automóveis da Ford, por exemplo. Para essa parte do público, a Terceira Internacional deve ser algo assim como uma denominação da Zinoviev Cia. Ltda., fabricante de manifestos contra a burguesia.

Efetivamente Zinoviev é um grande panfletista. Mas o panfleto é apenas um instrumento político. E a política, nestes tempos, é necessariamente panfletária. Mussolini, Poincaré e Lloyd George também são panfletários, a seu modo. Ameaçam e detratam os revolucionários, mais ou menos como Zinoviev ameaça e detrata os capitalistas. São primeiros-ministros da burguesia, como Zinoviev poderia sê-lo da Revolução. Zinoviev acredita que um agitador quase sempre vale mais do que um ministro.

Por pensar desse modo, preside a Terceira Internacional em vez de trabalhar como comissário do povo. Sua história e qualidade revolucionárias, bem como sua condição de discípulo e colaborador de Lenin, levaram-no à presidência da Terceira Internacional.

Zinoviev é um polemista harmônico. Seu pensamento e seu estilo são essencialmente polêmicos. Sua cabeça dantoniana e tribunícia tem uma perene atitude beligerante. Sua dialética é ágil, agressiva, cálida, nervosa. Tem matizes de ironia e humor. Trata o adversário ou contraditor impiedosa e vigorosamente.

Porém, Zinoviev é mais do que tudo um depositário da doutrina de Lenin e um continuador de sua obra. Sua teoria e prática são invariavelmente a teoria e prática de Lenin. Tem uma história absolutamente bolchevique. Pertence à velha guarda do comunismo russo. Trabalhou com Lenin no exterior antes da Revolução. Foi um dos professores da escola marxista russa, dirigida por Lenin em Paris.

Esteve sempre ao lado de Lenin. Entretanto, no começo da Revolução, houve um instante em que sua opinião divergiu da de seu mestre. Quando Lenin decidiu pelo assalto ao poder, Zinoviev julgou prematura tal resolução. A história daria razão a Lenin. Os bolcheviques conquistaram e conservaram o poder. E Zinoviev recebeu o encargo de organizar a Terceira Internacional.

Exploremos rapidamente a história da Terceira Internacional, desde suas origens.

A Primeira Internacional, fundada em Londres por Marx e Engels, foi somente um rascunho, um germe, um programa. A realidade internacional ainda não estava definida. O socialismo era uma força em formação. Marx acabara de lhe dar concretude histórica. Cumprida sua função de traçar as orientações de uma ação internacional dos trabalhadores, a Primeira Internacional submergiu na confusa nebulosa da qual havia emergido. Contudo, deixou formulada a vontade de articular internacionalmente o movimento socialista. Alguns anos depois, a Internacional reapareceu com vigor. O crescimento dos partidos e sindicatos socialistas requeria uma coordenação e uma articulação internacionais. A função da Segunda Internacional foi quase unicamente uma função organizadora. Os partidos socialistas da época efetuavam um trabalho de recrutamento. Sentiam que a data da revolução social se achava distante. Propuseram-se, por conseguinte, a conquista de algumas reformas interinas. O movimento operário adquiriu assim um ânimo e uma mentalidade reformistas. Foi o pensamento da social-democracia lassalliana que dirigiu a Segunda Internacional. Como consequência dessa orientação, o socialismo acabou inserido na democracia. Por isso, a Segunda Internacional nada pôde fazer contra a guerra. Seus líderes e seções haviam se habituado a uma atitude reformista e democrática. E a resistência à guerra reclamava uma atitude revolucionária. O pacifismo da Segunda Internacional era um pacifismo estático, platônico, abstrato. A Segunda Internacional não se encontrava, espiritual ou materialmente, preparada para uma ação revolucionária. As minorias socialistas e sindicalistas trabalharam em vão para empurrá-la nessa direção. A guerra fraturou e dissolveu a Segunda Internacional. Unicamente algumas minorias continuaram representando sua tradição e seu ideário. Tais minorias se reuniram nos congressos de Kienthal e Zimmerwald, nos quais foram rascunhadas as bases de uma nova organização internacional. A Revolução Russa impulsionou esse movimento. Em março de 1919, foi fundada a Terceira Internacional. Sob suas bandeiras agruparam-se os elementos revolucionários do socialismo e do sindicalismo.

Mas, com a mesma mentalidade, os mesmos homens e o mesmo pacifismo platônico dos tempos pré-bélicos, reapareceu a Segunda Internacional. Em seu estado-maior concentram-se os líderes clássicos do socialismo: Vandervelde, Kautsky, Bernstein, Turati etc. Apesar da guerra, esses homens não perderam a antiga fé no método reformista. Nascidos da democracia, não conseguem renegá-la. Não percebem os efeitos históricos da guerra. Agem como se a Guerra não tivesse destruído nada, não tivesse fraturado nada, não tivesse interrompido nada. Não admitem nem compreendem a existência de uma nova realidade. Os que aderiram à Segunda Internacional são, na maioria, velhos socialistas. A Terceira Internacional, ao contrário, recruta o grosso de seus adeptos entre a juventude. Esse dado indica, melhor que qualquer outro, a diferença histórica de ambos os agrupamentos.

As raízes da decadência da Segunda Internacional se confundem com as raízes da decadência da democracia. A Segunda Internacional está totalmente saturada de preocupações democráticas. Isso corresponde a uma época de apogeu do parlamento e do sufrágio universal. O método revolucionário lhe é absolutamente estranho. Os novos tempos se veem, portanto, obrigados a tratá-la rude e desrespeitosamente. A juventude revolucionária costuma se esquecer até mesmo dos beneméritos da Segunda Internacional – como organizadora do movimento socialista. Mas não se pode exigir à juventude que lhe faça justiça de modo razoável. Ortega y Gasset diz que a juventude "poucas vezes tem razão no que nega, mas sempre tem razão no que afirma". A isso se poderia acrescentar que a força propulsora da história são as afirmações, e não as negações. Além disso, a juventude revolucionária não nega à Segunda Internacional seus direitos no presente. Se a Segunda Internacional não se obstinasse em sobreviver, a juventude revolucionária se comprazeria em venerar sua memória. Constataria honradamente que a Segunda Internacional foi uma máquina de organização, enquanto a Terceira Internacional é uma máquina de combate.

Esse conflito entre duas mentalidades, entre duas épocas e dois métodos do socialismo tem em Zinoviev uma de suas *dramatis personae**. Além de polemizar com a burguesia, Zinoviev polemiza com os socialistas reformistas. É o crítico mais ácido e contundente da Segunda Internacional. Sua crítica define nitidamente a diferença histórica entre as duas Internacionais. A guerra, segundo Zinoviev, antecipou, ou melhor, precipitou a era socialista. Já existem as premissas econômicas da revolução proletária. Mas falta-lhe ainda a orientação espiritual da classe trabalhadora. E essa orientação a Segunda Internacional não pode fornecer, pois seus líderes continuam acreditando, como há vinte anos, na possibilidade de uma doce transição do capitalismo ao socialismo. Por isso foi formada a Terceira Internacional. E Zinoviev ressalta como a Terceira Internacional não atua apenas sobre os povos do Ocidente. A revolução – diz ele – não deve ser europeia, mas mundial. "A Segunda Internacional estava limitada aos homens de cor branca; já a Terceira não subdivide os homens conforme sua etnia." O que interessa a ele é o despertar das massas oprimidas da Ásia. "Não é ainda uma insurreição de massas proletárias – observa –, mas deve sê-lo. A corrente que nós dirigimos libertará todo o mundo."

---

* Em latim no original: "personagens dramáticas". (N. T.)

Zinoviev polemiza também com os comunistas que eventualmente discordam da teoria e prática leninistas. Seu debate com Trotski no Partido Comunista Russo teve, não faz muito tempo, ressonância mundial. Trotski, Preobrajenski e outros atacaram a velha guarda do Partido e incitaram contra ela os estudantes de Moscou. Zinoviev acusou Trotski e Preobrajenski de se utilizarem de procedimentos demagógicos, dada a falta de argumentos sérios. E tratou também com certa ironia aqueles estudantes impacientes que, "apesar de estudarem *O capital* de Marx há seis meses, ainda não governavam o país". O debate entre Zinoviev e Trotski se resolveu favoravelmente à tese de Zinoviev. Sustentado pela velha e pela nova guarda leninista, Zinoviev ganhou esse duelo. Agora, dialoga com seus adversários de outros campos. Toda a vida desse grande agitador é uma vida polêmica.

A CRISE DO SOCIALISMO

O Labour Party

A história do movimento proletário inglês é substancialmente a mesma de outros movimentos proletários europeus. Pouco importa que na Inglaterra ele tenha sido chamado de trabalhista, e em outros países de socialista ou sindicalista. A diferença é de adjetivos, de etiquetas, de vocabulário. A práxis proletária tem sido mais ou menos uniforme e semelhante em toda a Europa. Os trabalhadores europeus seguiram, antes da guerra, um caminho identicamente reformista. Os historiadores da questão social coincidem em ver Marx e Lassalle como os dois homens representativos da teoria socialista. Marx descobriu a contradição entre a forma política e a forma econômica da sociedade capitalista, e predisse sua inelutável e fatal decadência, dando ao movimento proletário uma meta final: a propriedade coletiva dos instrumentos de produção e de troca. Lassalle apontou as metas imediatas – as aspirações provisórias da classe trabalhadora. Marx foi o autor do programa máximo. Lassalle foi o autor do programa mínimo. A organização e a associação dos trabalhadores não seriam possíveis se não lhes fossem apontados fins imediatos e contingentes. Por isso, sua plataforma foi mais lassalliana do que marxista. A Primeira Internacional se extinguiu tão logo cumpriu sua missão de proclamar a doutrina de Marx. A Segunda Internacional, ao contrário, teve um ânimo reformista e minimalista. Coube a ela enquadrar e envolver os trabalhadores com as categorias do socialismo, levando-os, sob a bandeira socialista, à conquista de todas as melhorias possíveis dentro do regime burguês: a redução do horário de trabalho, o aumento de salários e as pensões por invalidez, velhice, desemprego e doenças. O mundo vivia então uma era de desenvolvimento da economia capitalista. Falava-se da Revolução como se fosse uma perspectiva messiânica e distante. A política dos partidos socialistas e dos sindicatos operários, portanto, não era revolucionária, mas reformista. O proletariado queria obter da burguesia todas as concessões que esta se sentia mais ou menos disposta a negociar. Congruentemente, a ação dos trabalhadores era principalmente sindical e econômica. Sua ação política se confundia com a dos radicais burgueses. Ela carecia de fisionomia e coloração nitidamente classistas. O proletariado inglês está colocado praticamente sobre o mesmo terreno que os outros proletariados europeus. Os outros proletariados usavam uma literatura mais revolucionária. Dedicavam frequentes homenagens a seu programa máximo. Contudo, do mesmo modo que o proletariado inglês, estavam limitados à execução cuidadosa do programa mínimo. Entre o proletariado inglês e os demais proletariados não havia, pois, senão uma diferença formal, superficial, literária. Uma diferença de temperamento, clima e estilo.

A guerra viria a inaugurar uma situação revolucionária. E, desde então, uma nova corrente tem se esforçado por prevalecer no proletariado mundial. E, desde então, coerentemente com essa nova corrente, os trabalhistas ingleses sentiram a necessidade de afirmar sua filiação socialista e sua meta revolucionária. Assim, sua ação deixou de ser exclusivamente econômica, passando a ser prevalentemente política. O proletariado britânico ampliou suas reivindicações. Não mais lhe interessava apenas a aquisição de tal ou qual vantagem econômica. Preocupava-lhe agora assumir por completo o poder e executar uma política nitidamente proletária. Os espectadores superficiais e empíricos da política e da história surpreenderam-se com a mudança. Que coisa! – exclamaram – esses comedidos, esses cautelosos, esses discretos trabalhistas ingleses agora se tornaram socialistas! Aspiram também revolucionariamente à abolição da propriedade privada do solo, das estradas de ferro e das máquinas! É verdade, os trabalhistas ingleses são também socialistas. Antes não o pareciam; mas já o eram. Não pareciam porque se contentavam com a jornada de oito horas, o aumento de salários, a proteção das cooperativas e a criação dos seguros sociais. Exatamente as mesmas coisas com que se contentavam os demais socialistas da Europa. E porque não empregavam, como os outros, em seus comícios e jornais, uma prosa incandescente e demagógica.

A linguagem do Labour Party é até hoje evolucionista e reformista. E sua tática é ainda democrática e eleitoral. Porém, essa posição já não é excepcional ou exclusiva deles. É a mesma posição da maioria dos partidos socialistas e dos sindicatos operários da Europa. A elite, a aristocracia do socialismo, provém da escola da Segunda Internacional. Sua mentalidade e espírito se habituaram a uma atividade e um ofício reformistas. Seus órgãos mentais e espirituais não conseguem se adaptar a um trabalho revolucionário. Constituem uma geração de funcionários socialistas e sindicais, desprovidos de aptidões espirituais para a revolução, conformados com a colaboração e a reforma, impregnados por uma educação democrática, domesticados pela burguesia. Por isso, os bolcheviques não estabelecem diferenças entre os trabalhistas ingleses e os socialistas alemães. Sabem que na social-democracia germânica não existe um maior ímpeto insurrecional do que no Labour Party. Assim, Moscou subvencionou o órgão do Labour Party – o *Daily Herald* [Mensageiro Diário]. E autorizou os comunistas ingleses a apoiarem eleitoralmente os trabalhistas.

O Labour Party não é própria e estruturalmente um partido. Na Inglaterra, a atividade política do proletariado não está desconectada nem funciona separadamente de sua atividade econômica. Ambos os movimentos – o político e o econômico – identificam-se e consubstanciam-se. São aspectos solidários de um mesmo organismo. Desse modo, o Labour Party vem a ser uma federação de partidos operários: os trabalhistas, os independentes, os fabianos – antigo núcleo de intelectuais ao qual pertence o célebre dramaturgo Bernard Shaw. Todos esses grupos se fundem na massa trabalhista. E, em sua batalha, colabora com eles o Partido Comunista, formado por grupos explicitamente socialistas do proletariado inglês.

Sistematicamente, imagina-se que a Inglaterra seja refratária às revoluções violentas. E ainda que a revolução social na Inglaterra ocorrerá sem convulsões nem estrondos. Alguns teóricos socialistas prognosticam que na Inglaterra se alcançará o coletivismo através da democracia. O próprio Marx disse certa vez que na Inglaterra o proletariado poderia realizar pacificamente seu programa. Anatole France, no livro *Sur la pierre blanche* [Sobre a pedra branca]*, oferece uma curiosa utopia da sociedade do século XXII: a humanidade já se tornou comunista; resta apenas uma ou outra república burguesa na África; na Inglaterra a revolução foi realizada sem sangue nem dilacerações; contudo, a Inglaterra socialista ainda conserva a monarquia.

Realmente, a Inglaterra é o tradicional país da política de compromisso. O tradicional país da reforma e da evolução. A filosofia evolucionista de Spencer e a teoria de Darwin sobre a origem das espécies são dois produtos típicos e genuínos da inteligência, do clima e do ambiente britânicos.

Nesta época de superação da democracia e do parlamento, a Inglaterra ainda é a praça-forte do sufrágio universal. As multidões, que em outras nações europeias treinam para o *putsch* e a insurreição, na Inglaterra se preparam para

---

* Anatole France, *Sur la pierre blanche* (Paris, Calmann-Lévy, 1921). (N. T.)

as eleições como nos mais beatos e comuns tempos pré-bélicos. A beligerância dos partidos é ainda uma beligerância ideológica, oratória, eleitoral. Os três grandes partidos britânicos – o conservador, o liberal e o trabalhista – usam a imprensa, o comício e o discurso como instrumentos de luta. Nenhuma dessas facções prega sua própria ditadura. O governo não estremece nem se arrepia com o fato de que centenas de milhares de trabalhadores desempregados desfilem pelas ruas de Londres tremulando bandeiras vermelhas, cantando hinos revolucionários e gritando contra a burguesia. Não há na Inglaterra, até agora, nenhum Mussolini em cultivo, nenhum Primo de Rivera em incubação.

Apesar disso, a reação tem na Inglaterra um de seus cenários centrais. O propósito dos conservadores de estabelecer tarifas protecionistas é um propósito essencial e caracteristicamente reacionário. Representa um ataque da reação contra o liberalismo e o livre-comércio da Inglaterra burguesa. O que ocorre apenas é que na Inglaterra a reação ostenta uma fisionomia britânica, um perfil britânico. Isso é tudo. Ela não fala o mesmo idioma nem usa a mesma ênfase contundente que em outros países. A reação, assim como a revolução, apresenta-se nas terras inglesas com trejeitos muito sagazes e palavras muito bonitas. É que, na Inglaterra, fortaleza máxima da civilização capitalista, a mentalidade evolucionista-democrática dessa civilização encontra-se mais arraigada do que em qualquer outro lugar.

Todavia, tal mentalidade está em crise no mundo. Os conservadores e liberais ingleses não tendem a uma ditadura de classe, pois o risco de que os trabalhistas assumam integralmente o poder ainda se mostra distante. Mas, no dia em que os trabalhistas conquistassem a maioria, os conservadores e liberais se coligariam e amalgamariam instantaneamente. A *união sagrada* da época bélica renasceria. Os liberais dizem que a Inglaterra deve rechaçar tanto a reação conservadora como a revolução socialista, permanecendo fiel ao liberalismo, à evolução e à democracia. Mas essa linguagem é eventual e contingente. Amanhã, caso cresça a ameaça trabalhista, todas as forças da burguesia se fundirão em um só eixo, em um só bloco e, talvez também, em um só homem.

O socialismo na França

O socialismo na França se dividia, até o final do século passado, em várias escolas e diversos agrupamentos. O Partido Operário, dirigido por Guesde e Lafargue, representava oficialmente o marxismo e a tática classista. O Partido Socialista Revolucionário, emanado do blanquismo, dava continuidade à tradição revolucionária francesa da Comuna. Vaillant era sua figura mais representativa. Já os *independentes* recrutavam seus quadros antes nas categorias intelectuais do que na classe operária. Em seu estado-maior encontravam-se não poucos diletantes do socialismo. Ao lado da figura de um Jaurès, incubava-se nesse grupo a figura de um Viviani.

Em 1898, o Partido Operário provocou um movimento de aproximação entre os vários grupos socialistas. Rascunharam-se as bases de uma *entente*. O processo de esclarecimento da teoria e da práxis socialistas, estando já cumprido em outros países, precisava também na França liquidar as diferenças artificiais que ainda anarquizavam as forças do socialismo, nas capelas e seitas concorrentes. No setor socialista francês havia nove matizes; porém, na realidade, havia apenas duas tendências: a tendência classista e a tendência colaboracionista. E, em última análise, para alcançar facilmente um acordo, essas duas tendências só precisavam se entender quanto aos limites de seu classismo e colaboracionismo. A tendência classista ou revolucionária tinha de reconhecer que naquele momento a revolução devia ser considerada uma meta distante, e a luta de classes, reduzida a suas manifestações mais moderadas. A tendência colaboracionista, em troca, tinha de conceder que a colaboração, também naquele momento, não significaria a entrada dos socialistas em um ministério burguês. Bastava eliminar essa questão para que a via da polarização socialista estivesse aberta.

Mas então ocorreu um incidente que acentuou e exacerbou momentaneamente essa única discrepância substancial. Millerand, afiliado a um desses grupos socialistas, aceitou uma pasta no ministério radical de Waldeck-Rousseau. A tendência revolucionária exigiu que Millerand recusasse o cargo e que fosse desqualificada definitivamente toda futura participação socialista em um ministério. A tendência colaboracionista, sem se solidarizar abertamente com Millerand, reafirmou sua tese de que, em determinadas circunstâncias, era favorável a essa participação. Briand, que pouco depois seguiria a rota de Millerand, manobrava ativamente para evitar que um voto da maioria fechasse as portas da doutrina socialista a novas escapadas ministeriais. Mas, entretanto, algo havia avançado no caminho da concentração socialista. Os grupos ou escolas já não eram nove, mas unicamente dois.

Finalmente, chegou-se à unificação em 1904. A questão da colaboração ministerial foi examinada e julgada em agosto desse ano, em suprema instância, pelo Congresso Socialista Internacional de Amsterdã. Esse congresso repudiou a tese colaboracionista. Jaurès – que até esse instante a sustentava honrada e sinceramente –, com um grande senso de responsabilidade e dever, inclinou-se disciplinadamente diante do voto da Internacional. E, como consequência da decisão de Amsterdã, os princípios de um entendimento entre a corrente dirigida por Jaurès e a corrente dirigida por Guesde e Vaillant foram facilmente estabelecidos nas negociações subsequentes. A fusão foi pactuada e selada definitivamente no congresso de Paris, em abril de 1905. No decorrer do ano seguinte, o Partido Socialista livrou-se de Briand – atraído ao campo gravitacional da política burguesa e das cadeiras ministeriais havia algum tempo.

Contudo, por esse motivo, a política do partido unificado não tomou um rumo revolucionário. A unificação foi o resultado de um compromisso entre as duas correntes do socialismo francês. A corrente colaboracionista renunciou a uma eventual intervenção direta no governo da Terceira República; mas não se deixou absorver pela corrente classista. Pelo contrário, conseguiu suavizar sua antiga intransigência. Na França, como nas outras democracias ocidentais, o espírito revolucionário do socialismo se enfraquecia e desarticulava no trabalho parlamentar. Os votos do socialismo, cada vez mais numerosos, pesavam nas decisões do Parlamento. O Partido Socialista tinha um papel importante nos conflitos e batalhas da política burguesa. Praticava, no terreno parlamentar, uma política de colaboração com os partidos mais avançados da burguesia. A forte figura e o verbo eloquente de Jaurès imprimiam a essa política uma austera marca de idealismo. Porém, não podiam lhe dar um sentido revolucionário que, por outro lado, a política dos demais partidos socialistas da Europa ocidental também não tinha. Na França, o espírito revolucionário havia transmigrado ao sindicalismo. O maior ideólogo da revolução não era nenhum dos tribunos nem dos escritores do Partido Socialista. Era Georges Sorel, criador e líder do sindicalismo revolucionário e crítico penetrante da degeneração parlamentar do socialismo.

Durante o período de 1905 a 1914, o Partido Socialista Francês atuou sobretudo no terreno eleitoral e parlamentar. Nesse trabalho, ampliou e organizou seus efetivos; atraiu para suas fileiras uma parte da pequena burguesia; educou conforme seus princípios, bastante atenuados, uma numerosa massa de intelectuais e diletantes. Nas eleições de 1914, o Partido obteve um 1,1 milhão de votos e ganhou 103 assentos na Câmara. A guerra interrompeu esse processo de crescimento. O pacifismo humanitário e estático da social-democracia europeia se encontrou de repente diante da realidade dinâmica e cruel do fenômeno bélico. Além disso, quando começava a mobilização militar, o Partido Socialista Francês sofreu a perda de Jaurès, seu grande líder. A história dessa época tempestuosa o lançou ao seu leito e arrastou-o, desconcertado por tal perda. Os socialistas franceses não puderam resistir à guerra. E tampouco preparar a paz. Acabaram colaborando com o governo. Guesde e Sembat formaram parte do ministério. Os chefes do socialismo e do sindicalismo defenderam mansamente a política da *união sagrada*. Isolados, alguns sindicalistas e revolucionários se opuseram e protestaram, sozinhos e desarmados, contra o massacre.

O Partido Socialista e a Confederação Geral do Trabalho deixaram-se conduzir pelos acontecimentos. Os esforços de alguns socialistas europeus por reconstruir a Internacional não obtiveram sua cooperação nem consenso.

O armistício surpreendeu, portanto, um Partido Socialista enfraquecido. Durante a guerra, os socialistas não haviam tido uma orientação própria. Fatalmente, por isso, teria lhes correspondido seguir e servir à orientação da burguesia. Porém, no butim político da vitória, não lhes cabia parte alguma. Nas eleições de 1919, embora a maré revolucionária nascida da guerra empurrasse as massas descontentes e desiludidas para seu lado, os socialistas perderam vários assentos na Câmara e muitos sufrágios pelo país.

Logo veio o cisma. A burocracia do Partido Socialista e da Confederação Geral do Trabalho carecia de impulso revolucionário. Dessa maneira, não podia envolver-se com a nova Internacional. Um estado-maior de tribunos, escritores, funcionários e advogados que ainda não tinham saído do estupor da guerra não podia ser o estado-maior de uma revolução. Por força, ela tendia a retornar à beata e cômoda existência de sua demagogia inócua e retórica – interrompida pela impiedosa tempestade bélica. Toda essa gente se sentia reguladora; não se sentia revolucionária. Mas a nova geração socialista, pelo contrário, movimentava-se em direção à revolução. E as massas simpatizavam com essa tendência. No Congresso de Tours, em 1920, a maioria do Partido se pronunciou pelo comunismo. A minoria conservou o nome de Partido Socialista. Como antes, quis continuar sendo a SFIO (Seção Francesa da Internacional Operária). Já a maioria constituiu o Partido Comunista. O diário de Jaurès, *L'Humanité*, passou a ser o órgão do comunismo. Contudo, os mais ilustres parlamentares e as mais velhas personagens permaneceram nas filas da SFIO – com Léon Blum, Paul-Boncour e Jean Longuet.

O comunismo prevaleceu nas massas; o socialismo, no grupo parlamentar.

O rumo geral dos acontecimentos europeus favoreceu mais tarde o ressurgimento do antigo socialismo. A onda revolucionária declinava. Ao período da ofensiva proletária seguia-se um período de contraofensiva burguesa. A esperança de uma revolução mundial imediata se desvanecia. Por conseguinte, a fé e a adesão das massas se voltavam aos velhos chefes. Sob o governo do Bloco Nacional, o socialismo recrutou na França muitos novos adeptos. Em direção a um socialismo moderado e parlamentar, afluíam pessoas que em outros tempos teriam afluído ao radicalismo. A SFIO, coligada com os radicais socialistas no Bloco das Esquerdas, recuperou em maio de 1924 todas as cadeiras parlamentares que perdera em 1919 – e, além disso, ganhou algumas novas. O Bloco das Esquerdas assumiu o poder. Os socialistas não consideraram oportuno formar parte do ministério. Ainda não era o caso de romper com a tradição anticolaboracionista – formalmente anticolaboracionista – dos tempos pré-bélicos. No momento, bastava apoiar Herriot, com a condição de que Herriot cumprisse com as promessas feitas ao eleitorado socialista nas jornadas de maio.

No Congresso de Grenoble, no último mês de fevereiro, os socialistas da SFIO debateram o tema de suas relações com o radicalismo. Nessa reunião, Longuet, Ziromsky e Braque acusaram Herriot de descumprir seu programa e reprovaram o grupo parlamentar socialista por sua frouxidão e apatia frente ao ministério. Pela boca desses três oradores, uma grande parte do proselitismo socialista declarou sua vontade de permanecer fiel à tática classista. Mas, ao mesmo tempo, reapareceu acentuadamente no socialismo francês a tendência à colaboração ministerial, em outros tempos expulsa junto com Millerand e Briand. Léon Blum, que, como *attaché*** de Marcel Sembat, conheceu a morna e plácida temperatura dos gabinetes ministeriais, pediu aos representantes do colaboracionismo um pouco de paciência. Recordou-lhes que apoiar um ministério não tem os riscos nem as responsabilidades de tomar parte dele. Os socialistas, segundo Blum, não devem se dirigir ao governo como colaboradores dos radicais. Devem aguardar que amadureça a ocasião em que sozinhos dominarão o poder. No calor de um governo do Bloco das Esquerdas, os socialistas adquirirão a força necessária para receber o poder das mãos de seus aliados de hoje. Movido por essa esperança, o Partido Socialista se declarou, em Grenoble, a favor do Bloco das Esquerdas e contrário tanto à reação como ao bolchevismo. Isso equivale a dizer que se declarou francamente democrático.

Jaurès e a Terceira República

A figura de Jaurès é a maior, mais nobre e mais digna figura da *Troisième République*. Jaurès procedia de uma família burguesa. Debutou na política e no

---

* Em francês no original: "agregado". (N. T.)

parlamento nas fileiras do radicalismo. Porém, a atmosfera ideológica e moral dos partidos burgueses não tardou a desgostá-lo. O socialismo exercia sobre seu espírito robusto e combativo uma atração irresistível. Assim, Jaurès se envolveu nas fileiras do proletariado. Sua atitude, nos primeiros tempos, foi colaboracionista. Jaurès acreditava que os socialistas não deviam excluir de seu programa a colaboração com um ministério da esquerda burguesa. Contudo, desde que a Segunda Internacional, em seu congresso de Amsterdã, rechaçou essa tese sustentada por vários líderes socialistas, Jaurès acatou disciplinadamente esse voto. Leon Trotski, em um sagaz ensaio sobre a personalidade do grande tribuno, escreveu o seguinte:

> Jaurès, quando entrou no partido, já era um homem maduro, com uma filosofia idealista completamente formada. Isso não o impediu de curvar seu potente pescoço (Jaurès tinha um porte atlético) sob o jugo da disciplina harmônica, e várias vezes teve a obrigação e a ocasião de demonstrar que não apenas sabia mandar, como também submeter-se.

Jaurès dirigiu as mais brilhantes batalhas parlamentares do socialismo francês. Contra seu parlamentarismo, contra seu democratismo, insurgiram-se os teóricos e os agitadores da extrema esquerda proletária. Georges Sorel e os sindicalistas denunciaram essa práxis como uma deformação do espírito revolucionário do marxismo. Porém, o movimento operário nos tempos pré-bélicos – como já se disse muitas vezes – não se inspirou em Marx, mas em Lassalle. Não foi revolucionário, mas reformista. O socialismo se desenvolveu inserido na democracia. Portanto, não pôde subtrair-se à influência da mentalidade democrática. Os líderes socialistas tinham de propor às massas um programa de ação imediata e concreta como único meio de enquadrá-las e educá-las no socialismo. Muitos desses líderes perderam em semelhante trabalho toda sua energia revolucionária. A práxis sufocou neles a teoria. Mas não é possível confundir Jaurès com esses revolucionários domesticados. Uma personalidade tão forte quanto a sua não podia se deixar corromper nem abalar pelo ambiente democrático. Jaurès foi reformista como o socialismo de seu tempo – mas sempre deu à sua obra reformista uma meta revolucionária.

Ele pôs a serviço da revolução social sua profunda inteligência, sua rica cultura e sua indomável vontade. Sua vida foi uma vida doada integralmente à causa dos humildes. O livro, o jornal, o parlamento e o comício, todas as tribunas do pensamento foram usadas por Jaurès em sua longa carreira de agitador. Jaurès fundou e dirigiu o diário *L'Humanité*, que pertence atualmente ao Partido Comunista. Escreveu muitos volumes de crítica social e histórica.

E, com a colaboração de alguns estudiosos do socialismo e de suas raízes históricas, realizou uma obra potente: *Histoire socialiste de la Révolution Française* [História socialista da Revolução Francesa] *.

Nos oito volumes dessa história, Jaurès e seus colaboradores examinam os episódios e o panorama da Revolução Francesa do ponto de vista socialista. Estudam a Revolução como fenômeno social e como fenômeno econômico, sem ignorá-la nem diminuí-la como fenômeno espiritual. Jaurès, nessa obra – bem como em toda a sua vida – conserva seu gesto e sua posição idealistas. Ninguém mais contrário, ninguém mais adverso do que Jaurès a um materialismo frio e dogmático. A crítica de Jaurès projeta sobre a Revolução de 1789 uma nova luz. A Revolução Francesa adquire em sua obra um contorno nítido. Foi uma revolução da burguesia, pois não pôde ser uma revolução do proletariado. O proletariado então não existia como classe organizada e consciente. Os proletários, em meio ao povo, confundiam-se com os burgueses em estado simples. Careciam de um ideal e uma direção classistas. Apesar disso, durante os polêmicos dias da Revolução, falou-se em pobres e ricos. Os jacobinos e os babouvistas** reivindicaram os direitos da plebe. De muitos pontos de vista, a Revolução foi um movimento de *sans-culottes*. A Revolução se apoiou nos camponeses que constituíam uma categoria social bem definida. Já o proletariado urbano estava representado pelo artesão, no qual prevalecia um espírito pequeno-burguês. Não havia ainda grandes fábricas e grandes usinas. Em suma, faltavam instrumentos para uma revolução socialista. Além disso, o socialismo ainda não tinha encontrado seu método. Era uma nebulosa de utopias confusas e abstratas. Sua germinação e maturação somente podiam se produzir em uma época de desenvolvimento capitalista. Assim como nas entranhas da ordem feudal gestou-se a ordem burguesa, nas entranhas da ordem burguesa deveria se gestar a ordem proletária. E, por fim, da Revolução Francesa emanou a primeira doutrina comunista: o babouvismo.

Esse orador do socialismo francês – que assim demarcou a participação material e espiritual do proletariado na Revolução Francesa – era um idealista, mas não um utopista. Os motivos de seu idealismo estavam em sua educação, em seu temperamento e em sua psicologia. Sua mentalidade não concebia um socialismo esquemático e secamente materialista. Em parte, daí resultam seus contrastes com os marxistas. Daí resulta sua adesão honrada e

---

* Jean Jaurès, *Histoire socialiste de la Révolution Française* (Paris, Éditions Sociales, 1968). (N. T.)
** Corrente socialista utópica de fins do século XVIII inspirada nas ideias do jornalista e revolucionário francês François Noël Babeuf. (N. T.)

sincera à ideia da democracia. Trotski faz uma definição muito exata de Jaurès nas seguintes linhas:

> Jaurès entrou na arena política na época mais sombria da Terceira República, que então contava com apenas uma quinzena de anos de existência e, desprovida de tradições sólidas, tinha de lutar contra inimigos poderosos. Lutar pela República, por sua conservação e por sua *depuração* – eis aqui a ideia fundamental de Jaurès, e que inspira toda sua ação. Jaurès buscava para a República uma base social mais ampla; queria levar a República ao povo para fazer do Estado republicano o instrumento da economia socialista. O socialismo era para Jaurès o único meio seguro de consolidar a República e o único meio possível de completá-la e terminá-la. Em sua infatigável aspiração pela síntese idealista, em seus primeiros tempos Jaurès era um democrata pronto a adotar o socialismo; em seus últimos tempos, um socialista que se sentia responsável por toda a democracia.

O assassinato de Jaurès fechou um capítulo da história do socialismo francês. O socialismo democrático e parlamentar perdeu então seu grande líder. A guerra e a crise pós-bélica vieram mais tarde a invalidar e desacreditar o método parlamentar. Toda uma época, toda uma fase do socialismo foi concluída com Jaurès.

A guerra encontrou Jaurès em seu posto de combate. Até o último instante Jaurès trabalhou com todas as suas forças pela causa da paz. Seu verbo ululou contra o grande crime – em Paris e em Bruxelas. E unicamente a morte pôde afogar sua eloquente voz denunciadora.

Coube a Jaurès ser a primeira vítima da tragédia. A mão de um obscuro nacionalista, armada moralmente pela Action Française e por toda a imprensa reacionária, abateu o maior homem da Terceira República. E, mais tarde, a Terceira República ainda o renegaria, absolvendo o assassino.

O Partido Comunista Francês

O Partido Comunista Francês nasceu da mesma matriz que os outros partidos comunistas da Europa. Formou-se durante os últimos anos da guerra, no seio do socialismo e do sindicalismo. Os descontentes com a política do Partido Socialista e da Confederação Geral do Trabalho – aqueles que em plena guerra ousaram condenar a adesão do socialismo à "união sagrada" e à guerra – foram sua primeira célula. Houve poucos militantes conhecidos dentre tais precursores. Nessa minúscula minoria – porém dinâmica e combativa – que concorreu às conferências de Zimmerwald e Kienthal, rascunhou-se de modo ainda embrionário e disforme uma nova Internacional Revolucionária. A Revolução Russa estimulou o movimento. Em torno de Loriot, de Monatte e de outros militantes, concentraram-se numerosos elementos do Partido Socialista e da Confederação Geral do Trabalho. Estando fundada a Terceira Internacional, com Guilbeaux e Sadoul como representantes dos revolucionários franceses, a fração de Monatte e Loriot colocou categoricamente ao Partido Socialista Francês a questão da adesão a Moscou. Em 1920, no Congresso de Estrasburgo, a tendência comunista obteve muitos votos. Foi atraída a uma parte de seus pontos de vista sobretudo uma tendência centrista encabeçada por Cachin e Frossard, que constituía o grosso do Partido Socialista. O debate permaneceu aberto. Cachin e Frossard fizeram uma peregrinação a Moscou, onde o espetáculo da Revolução os conquistou plenamente. Essa conversão foi decisiva. No Congresso de Tours, reunido alguns meses depois do anterior, a maioria do Partido Socialista se pronunciou pela adesão à Terceira Internacional. O cisma se produziu em condições favoráveis ao comunismo. Os socialistas conservaram o nome do antigo partido e a maior parte de seus parlamentares. Os comunistas herdaram a tradição revolucionária e a propriedade de *L'Humanité*.

Contudo, a secessão de Tours não pôde separar nítida e definitivamente os reformistas e os revolucionários – ou seja, os socialistas e os comunistas – em dois grupos absolutamente homogêneos. Uma boa parte da mentalidade do espírito do velho Partido Socialista havia migrado para o novo Partido Comunista. Muitos militantes tinham dado ao comunismo uma adesão apenas sentimental e intelectual – o que sua mente saturada de democracia não lhes permitia manter. Educados na escola do socialismo pré-bélico, não se adaptavam ao método bolchevique. Eram espíritos por demais críticos e racionalistas, por demais *enfants du siècle**, que não compartiam a exaltação religiosa e mística do bolchevismo. Seu trabalho e sua opinião, no fundo um pouco céticos, não correspondiam ao estado de ânimo da Terceira Internacional. Esse contraste engendrou uma crise. Os elementos de origem e psicologia reformistas tinham de ser absorvidos ou eliminados. Sua presença paralisava a ação do jovem partido.

A fratura do Partido Socialista foi seguida pela fratura da Confederação Geral do Trabalho (CGT). O sindicalismo revolucionário, nutrido pelo pensamento de Georges Sorel, tinha representado antes da guerra um renascimento do espírito revolucionário e classista do proletariado, abalado pela tática reformista e parlamentar. Esse espírito tinha predominado na CGT – ao menos formalmente – até a guerra. Mas, na guerra, a CGT tinha se comportado como

---

* Expressão francesa: "filhos de seu século". (N. T.)

o Partido Socialista. Por conseguinte, terminada a guerra, com a crise do socialismo adveio uma crise do sindicalismo. Uma parte da CGT seguiu o socialismo; a outra seguiu o comunismo. O espírito revolucionário e classista estava representado, nessa nova fase da luta proletária, pelas legiões da Terceira Internacional. Vários teóricos do sindicalismo revolucionário reconheciam isso. Georges Sorel, crítico ferrenho da degeneração reformista do socialismo, aprovava o método classista dos bolcheviques, enquanto alguns socialistas, negando a Lenin o direito de se considerar ortodoxamente marxista, sustentavam que em sua personalidade havia, mais do que tudo, a influência soreliana.

A CGT se dividia porque os sindicatos precisavam optar entre a via da revolução e a via da reforma. O sindicalismo revolucionário cedia seu posto na guerra social ao comunismo. A luta, deslocada do terreno econômico para um terreno político, não podia ser governada pelos sindicatos, cuja composição era inevitavelmente heteróclita, mas sim por um partido homogêneo. De fato, embora não na teoria, os sindicalistas das duas tendências se submetiam a essa necessidade. A antiga Confederação do Trabalho obedecia à política do Partido Socialista; a nova Confederação (CGTU) obedecia à política do Partido Comunista. Contudo, também no campo sindical teria de acontecer uma classificação, uma polarização mais ou menos lenta e trabalhosa entre as duas tendências. A ruptura não havia resolvido a questão: apenas a havia levantado.

O processo de *bolchevização* do setor comunista francês, por esses motivos, impôs uma série de eliminações, que naturalmente não puderam ser realizadas sem penosas dilacerações. A Terceira Internacional, decidida a obter tal resultado, empregou os meios mais radicais. Por exemplo, decidiu pela ruptura de todo vínculo com a maçonaria. O antigo Partido Socialista – que na batalha laica dos tempos pré-bélicos tinha apoiado o radicalismo – havia se envolvido e comprometido excessivamente com a burguesia radical, no seio das lojas maçônicas. A francomaçonaria era um nexo mais ou menos visível entre o radicalismo e o socialismo. Com a cisão do Partido Socialista, uma parte da influência francomaçônica se trasladou ao Partido Comunista. Em suma, o nexo subsistia. Muitos militantes comunistas que, na praça pública, combatiam todas as formas de reformismo, nas lojas maçônicas, confraternizavam-se com todo tipo de radicaloides. Um cordão umbilical secreto ainda ligava a política da revolução à política da reforma. A Terceira Internacional queria cortar esse cordão umbilical. Contra sua resolução, rebelaram-se os elementos reformistas que o partido alojava. Frossard, um dos peregrinos convertidos em 1920, secretário-geral do comitê executivo, sentiu que a Terceira

Internacional lhe pedia algo superior a suas forças. Em sua carta de demissão do cargo, escreveu seu célebre *je ne peux pas**. O partido se dividiu. Frossard, Lafont, Meric, Paul Louis e outros elementos dirigentes vieram a constituir um grupo autônomo que, depois de uma acidentada e lânguida vida, terminou por ser quase integralmente reabsorvido pelo Partido Socialista.

Essas amputações não haviam debilitado o Partido em suas raízes. As eleições de maio foram uma prova de que, pelo contrário, as bases populares do comunismo tinham se dilatado. A lista comunista alcançou 900 mil votos. Esses 900 mil votos só enviaram à Câmara 26 militantes do comunismo, pois eles tiveram de enfrentar sozinhos os votos combinados de duas alianças eleitorais: o Bloco Nacional e a Aliança das Esquerdas. Nas sucessivas depurações, o Partido perdeu alguns quadros; mas ganhou em homogeneidade. Sua bolchevização parece ter sido conseguida.

Mas nada disso anuncia ainda, na França, uma imediata e iminente revolução comunista. O argumento do "perigo comunista" é em parte um argumento de uso externo. Não se pode predizer uma revolução segundo prazos fixos – e, sobretudo, uma revolução não acontece de um só golpe. É uma obra de multidões. É uma obra da história. Os comunistas sabem bem disso. Sua teoria e sua práxis se formaram na escola e na experiência do materialismo histórico. Portanto, não é provável que se alimentem de ilusões.

O Partido Comunista Francês não prepara nenhum assalto apressado e novelesco ao poder. Trabalha por atrair para seu programa as massas de operários e camponeses. Derrama os germes de sua propaganda na pequena burguesia. Nesse trabalho emprega legiões de missionários. Os 200 mil exemplares diários de *L'Humanité* difundem por toda a França suas palavras de ordem. Marcel Cachin, Jacques Doriot, Jean Renaud, André Breton, Paul Vaillant Couturier e André Marty – o marinheiro rebelde do Mar Negro – são seus líderes parlamentares.

Uma retificação – ou para dizê-lo em francês, uma *mise au point*: no vocabulário comunista, o termo *parlamentar* não tem sua acepção clássica. Os parlamentares comunistas não parlamentam. O parlamento é para eles unicamente uma tribuna de agitação e de crítica.

A política socialista na Itália

A história do socialismo italiano se conecta, teórica e praticamente, com toda a história do socialismo europeu. Divide-se em dois períodos bem demarcados:

---

* Em francês no original: "eu não consigo". (N. T.)

o período pré-bélico e o período pós-bélico. Examinemos neste estudo o segundo período, que começou nítida e definidamente em 1919, quando as consequências econômicas e psicológicas da guerra e a influência da Revolução Russa criaram na Itália uma situação revolucionária.

As forças socialistas chegaram a esse instante ainda unidas e compactas. O Partido Socialista Italiano, apesar da crise e das polêmicas internas de vinte anos, conservava sua unidade. As dissidências e secessões ocorridas durante seu processo de formação – que haviam eliminado sucessivamente de seu seio o bakuninismo de Galleani, o sindicalismo soreliano de Enrique Leone e o reformismo colaboracionista de Bissolati e Bonomi – não tinham engendrado nas massas operárias um movimento concorrente. Os pequenos grupos que de fora do socialismo oficial trabalham por atrair as massas para sua doutrina não significavam para o Partido Socialista verdadeiros grupos competidores. Os reformistas de Bissolati e Bonomi na realidade não constituíam um setor socialista. Tinham se deixado absorver pela democracia burguesa. O Partido Socialista predominava na Confederação Geral do Trabalho, que reunia 2 milhões de trabalhadores em seus sindicatos. O desenvolvimento do movimento operário se encontrava em sua plenitude.

Apesar disso, essa união era só formal. Uma nova consciência e um novo espírito estavam em maturação no socialismo italiano – assim como em todo o socialismo europeu. Essa nova consciência e esse novo espírito lutavam por dar ao socialismo um rumo revolucionário. Enquanto isso, a velha guarda socialista, habituada a uma tática oportunista e democrática, defendia obstinadamente sua política tradicional. Os antigos líderes – Turati, Treves, Modigliani, D'Aragona – não acreditavam que houvesse chegado a hora da revolução. Aferravam-se a seu velho método. O método do socialismo italiano tinha sido até então teoricamente revolucionário; contudo, na prática, era reformista. Os socialistas não haviam colaborado em nenhum ministério; mas, desde a oposição parlamentar, tinham influído na política ministerial. Os chefes parlamentares e sindicais do socialismo representavam essa práxis. Não podiam, portanto, adaptar-se a uma tática revolucionária.

Eram duas mentalidades, dois espíritos diversos que conviviam dentro do socialismo e que tendiam cada vez mais a se separar e diferenciar. No Congresso Socialista de Bolonha (outubro de 1919), a polêmica entre as duas tendências foi calorosa e acirrada. Mas a ruptura ainda pôde ser evitada. A tendência revolucionária triunfou no Congresso. E a tendência reformista se inclinou disciplinadamente frente ao voto da maioria. As eleições de novembro de 1919 logo vieram a robustecer a autoridade e a influência da fração que fora vitoriosa em Bolonha. O Partido Socialista obteve nessas eleições 3 milhões de votos. Ingressaram na Câmara 156 socialistas. A ofensiva revolucionária, estimulada por esse êxito, fortaleceu-se tumultuosamente na Itália.

De quase todas as tribunas do socialismo, pregava-se a revolução. A monarquia liberal e o Estado burguês pareciam próximos do naufrágio. Essa situação favorecia que entre as massas prevalecesse um ânimo insurrecional que anulava quase completamente a influência da fração reformista. Porém, o espírito reformista, latente na burocracia do partido e dos sindicatos, aguardava a ocasião para seu retorno. A ocasião chegou em agosto de 1920, com a ocupação das fábricas por trabalhadores metalúrgicos. Esse movimento tinha a aspiração de se converter na primeira jornada da insurreição. Giolitti, então chefe do governo italiano, percebeu claramente o perigo. E se apressou em satisfazer a reivindicação dos metalúrgicos, aceitando em princípio o controle operário das fábricas. A Confederação Geral do Trabalho e o Partido Socialista, em um dramático diálogo, discutiram se era ou não a oportunidade de partir para a batalha decisiva. A sobrevivência do espírito reformista na maioria dos funcionários e condutores do proletariado italiano ficou evidente nesse debate – mesmo em muitos daqueles que, intoxicados pela literatura do *Avanti!*, supunham-se e proclamavam-se revolucionários incandescentes. A revolução foi sabotada por seus líderes. A maioria se pronunciou pela negociação. Essa retirada, como era de se esperar, abalou a vontade combativa das massas. E precipitou a ruptura socialista. O Congresso de Livorno (janeiro de 1921) foi uma vã tentativa de salvar essa unidade. O empenho romântico por manter a unidade socialista mediante uma fórmula equivocada teve péssimo resultado. O Partido compareceu ao Congresso de Livorno dividido em três frações: a fração comunista, dirigida por Bórdiga, Terracini, Gennari e Graziadei, que reclamava a ruptura com os reformistas e a adoção do programa da Terceira Internacional; a fração centrista, encabeçada por Serrati, diretor do *Avanti!*, que, afirmando sua adesão à Terceira Internacional, queria entretanto a unidade a qualquer custo; e a fração reformista, que seguia Turati, Treves, Prampolini e outros velhos líderes do socialismo italiano. A votação favoreceu a tese centrista de Serrati – que, para não romper com os mais distantes, rompeu com os mais próximos. A fração comunista veio a constituir um novo partido. E uma segunda cisão começou a ser incubada.

Estando ausentes os comunistas, ausentes a juventude e a vanguarda, o Partido Socialista ficou sob a influência ideológica da velha guarda. O núcleo centrista de Serrati carecia de quadros intelectuais. Os reformistas, ao contrário, contavam com um conjunto brilhante de parlamentares e escritores. E a seu lado estavam também os mais poderosos funcionários da Confederação Geral do Trabalho. Serrati e seus apoiadores dominaram formalmente a direção do Partido Socialista; mas os reformistas, de modo sagaz e gradual, apressavam-se por reconquistá-la. As eleições de 1921 surpreenderam nessas condições o Partido Socialista – cindido e dilacerado. A ofensiva revolucionária – esgotada e ocupada pelo controle das fábricas – era agora seguida por uma truculenta contraofensiva reacionária. O fascismo, armado pela plutocracia, tolerado pelo governo e cortejado pela imprensa burguesa, aproveitava-se da retirada e ruptura socialistas para investir contra os sindicatos, as cooperativas e os municípios proletários. Os socialistas e os comunistas concorreram às eleições separadamente. E a burguesia lhes opôs uma densa frente única. No entanto, as eleições foram uma vigorosa afirmação da vitalidade do movimento socialista. Os socialistas conquistaram 122 assentos na Câmara; os comunistas obtiveram 14. Juntos, teriam conservado certamente sua posição eleitoral de 1919. Mas a reação estava em marcha. Aos socialistas não bastava dispor de uma numerosa representação parlamentar. Era urgente que se decidissem ou pelo método revolucionário ou pelo método reformista. Os comunistas tinham optado pelo primeiro; os socialistas não tinham optado por nenhum. O Partido Socialista, dono de mais de 120 votos na Câmara, não podia se contentar com uma atitude perenemente negativa. Era preciso tentar uma das duas alternativas: ou a Revolução ou a Reforma. Os reformistas propuseram abertamente esse último caminho. Pregaram um acordo com o povo e os liberais de esquerda contra o fascismo. Somente essa aliança poderia interromper a marcha dos fascistas. Porém, o núcleo de Serrati se negava a abandonar sua intransigência formal. E, de sua parte, as massas que o apoiavam – acostumadas durante tanto tempo a uma cotidiana declamação maximalista – não se mostravam acessíveis às ideias colaboracionistas. O reformismo ainda não havia tido tempo de cooptar a maioria do Partido. As tentativas de colaboração por meio de uma aliança entre as esquerdas mostravam-se prematuras. Encalhavam na intransigência de uns e no hamletismo* de outros. Dentro do Partido Socialista, reaparecia o conflito entre essas duas tendências incompatíveis, ainda que agora os termos do contraste não fossem os mesmos. Os reformistas tinham um programa; os centristas não tinham nenhum. O Partido consumia seu tempo em uma polêmica

---

* O autor usa algumas vezes esse termo quando se refere à *indecisão*. (N. T.)

bizantina. E finalmente veio o golpe de Estado fascista. E, por trás dessa derrota, outra fratura. Os centristas romperam com os reformistas. Os primeiros constituíram o Partido Socialista Maximalista, e os últimos, o Partido Socialista Unitário. A batalha antifascista não unificou as forças socialistas italianas. Nas últimas eleições os três partidos combateram independentemente. Apesar de tudo, mandaram à Câmara mais de sessenta deputados, no total. Foi uma cifra notável, em um escrutínio do qual saíram completamente dizimados os grupos liberais e democráticos.

Atualmente, os unitários e os maximalistas formam parte da oposição do Aventino. Os unitários se declaram prontos para a colaboração ministerial. Seu líder máximo, Filippo Turati, preside as assembleias dos aventinistas. A batalha antifascista atraiu às fileiras socialistas muitos elementos pequeno-burgueses de ideologia democrática, desgostosos com a política dos grupos liberais. O conteúdo social do reformismo acentuou assim sua tonalidade pequeno-burguesa. Os socialistas unitários conservam, por outro lado, o predomínio na Confederação Geral do Trabalho, que, embora abalada por vários anos de terror fascista, é ainda um potente núcleo de sindicatos. Por fim, o sacrifício de Matteotti, uma de suas mais nobres figuras, deu ao Partido Socialista Unitário um elemento sentimental de popularidade.

Os maximalistas sofreram algumas baixas. Serrati e Maffi militam agora pelo comunismo. Lazzari, que representa a tradição proletária classista do socialismo italiano, trabalha pela adesão dos maximalistas à política da Terceira Internacional. Em sua propaganda, os maximalistas utilizam-se do prestígio do antigo PSI (Partido Socialista Italiano), cujo nome preservam tal qual uma relíquia. E ainda herdaram o jornal *Avanti!*, tradicional órgão socialista. Já não discursam às massas com a mesma linguagem demagógica de outros tempos. Porém, continuam sem um programa definido. De fato, adotaram provisoriamente o do bloco de esquerdas de Aventino. Um programa que é antes negativo que afirmativo – pois não se propõe realmente a construir um novo governo, buscando apenas abater o governo fascista. Falta também aos maximalistas, como já observei, elementos intelectuais.

Os comunistas, que recrutam a maior parte de seus militantes dentre a juventude proletária, seguem a política da Terceira Internacional. Por isso, não figuram no bloco de Aventino – o qual eles tentaram empurrar para uma atitude revolucionária, convidando-o a funcionar e deliberar como um parlamento do povo, em oposição ao parlamento fascista.

Destacam-se no estado-maior comunista o engenheiro Bórdiga, o advogado Terracini, o professor Graziadei e o escritor Gramsci. O comunismo obteve nas eleições do ano passado mais de 300 mil votos. Em Milão possui um jornal: *Unitá*. Defende a formação de uma frente única de operários e camponeses.

A divisão enfraquece de modo contundente o movimento socialista na Itália. Mas esse movimento – que resistiu vitoriosamente por mais de três anos de violência fascista – mantém intactas suas raízes vitais. Mais de um milhão de italianos (unitários, maximalistas e comunistas) votaram há um ano pelo socialismo, apesar das brigadas dos Camisas Negras. E os sacerdotes da política italiana concordam quase unanimemente na previsão de que será a ideia socialista – e não a demoliberal – que disputará o porvir com o *fascio littorio*.

Ebert e a social-democracia alemã

Ebert representa toda uma época da social-democracia alemã. A época de desenvolvimento e envelhecimento da Segunda Internacional. No regime capitalista, tendo chegado à sua plenitude, a organização operária não buscava senão conquistas práticas. O proletariado usava a força de seus sindicatos e sufrágios para obter da burguesia vantagens imediatas. Na França e em outras nações da Europa surgiu o sindicalismo revolucionário, como uma reação contrária a esse socialismo domesticado e parlamentar. Contudo, na Alemanha, o sindicalismo revolucionário não encontrou um clima favorável. O movimento socialista alemão se inseria cada vez mais na ordem e no Estado burgueses.

Na social-democracia alemã não faltavam quadros revolucionários. Karl Liebknecht, Rosa Luxemburgo, Franz Mehring, Kautsky e outros mantinham viva a chama do marxismo. Mas a burocracia do Partido Socialista e dos sindicatos operários estava composta por comedidos funcionários impregnados da ideologia de classe burguesa. O proletariado acreditava ortodoxamente nos mesmos mitos que a burguesia: a Razão, a Evolução, o Progresso. O magro bem-estar do proletariado se sentia solidário com o gordo bem-estar do capitalismo. O fenômeno era lógico. A função reformista tinha criado um órgão reformista. A experiência e a prática de uma política oportunista tinham desacostumado a burocracia socialista – espiritual e intelectualmente – ao trabalho revolucionário.

A personalidade de Ebert se formou nesse ambiente. Ebert, envolvido em um sindicato, ascendeu de seu modesto nível de operário manual ao nível ilustre de alto funcionário da social-democracia. Todas as suas ideias e todos os seus atos estavam rigorosamente dosados segundo a temperatura política da época. Em seu comportamento reuniam-se as qualidades e os defeitos do homem do povo – rotineiro, realista e prático. Sendo desprovido de gênio e de elã, e dotado apenas do bom-senso popular, Ebert era um *condottiere* perfeitamente adequado à atividade pré-bélica da social-democracia. Ebert conhecia e compreendia a pesada máquina da social-democracia, que, orgulhosa de seus milhões de eleitores, de seus 110 deputados, de suas cooperativas e de seus sindicatos, contentava-se com o papel que o regime monárquico-capitalista lhe havia permitido assumir na vida do Estado alemão. Talvez por isso o posto de Bebel na direção do Partido Socialista permanecesse vago. A social-democracia não precisava de um líder em sua direção. Antes, precisava de um mecânico. Ebert não era mecânico; era correeiro*. Mas, nesse caso, ser correeiro dava no mesmo – ou era até mais apropriado. Os velhos teóricos da social-democracia – Kautsky, Bernstein etc. – não tinham perfil de condutores. O Partido Socialista os olhava como oráculos anciãos, como veneráveis depositários da erudição socialista; mas não como capitães ou caudilhos. E as figuras da esquerda do Partido, Karl Liebknecht, Rosa Luxemburgo e Franz Mehring, não correspondiam ao estado de ânimo que mansamente ruminava suas reformas.

A guerra revelou à social-democracia todo o alcance histórico de seus compromissos com a burguesia e o Estado. O pacifismo da social-democracia era apenas uma frase inócua, um platônico voto nos congressos da Segunda Internacional. Na realidade, o movimento socialista alemão estava profundamente permeado por um sentimento nacionalista. A política reformista e parlamentar tinha feito da social-democracia uma peça do Estado. Os 110 deputados socialistas votaram no *Reichstag* a favor do primeiro crédito de guerra. Catorze desses deputados, com Haase, Liebknecht e Ledebour à frente, no grupo, pronunciaram-se contrários; mas no parlamento, por razão de disciplina, votaram com a maioria. O voto do grupo parlamentar socialista se amparava no conceito de que a guerra era uma guerra defensiva. Mais tarde, quando o verdadeiro caráter da guerra começou a se delinear, a minoria se recusou a continuar associada à responsabilidade da maioria. Vinte deputados socialistas se opuseram no *Reichstag* à terceira demanda por créditos de guerra. Os líderes majoritários, Ebert e Scheideman, reafirmaram então sua solidariedade com o Estado. E, a partir desse voto, puseram sua autoridade a serviço da política imperial. A minoria foi expulsa do partido.

A derrota obrigou a burocracia do socialismo alemão a desempenhar um

---

* Fabricante de correias e artefatos de couro. (N. T.)

papel superior às suas capacidades espirituais. E sobreveio um acontecimento histórico que jamais se havia suposto tão próximo de suas covardes previsões: a revolução. As massas operárias, agitadas pela guerra e animadas pelo exemplo russo, marcharam resolutas em direção à conquista do poder. Os líderes social-democratas e os funcionários dos sindicatos, empurrados pela onda popular, tiveram de assumir o governo.

Walter Rathenau escreveu que "a Revolução Alemã foi a greve geral de um exército vencido". E a frase é exata. O proletariado alemão não se encontrava espiritualmente preparado para a revolução. Seus líderes e burocratas, durante anos, não tinham feito outra coisa senão extirpar de sua ação e de sua alma todo impulso revolucionário. A derrota inaugurava um período revolucionário antes que os instrumentos para a revolução estivessem forjados. Em suma, na Alemanha havia uma situação revolucionária; mas quase não havia líderes revolucionários nem consciência revolucionária. Liebknecht, Rosa Luxemburgo, Mehring, Jogiches e Levine, dissidentes da minoria – que, convertida em Partido Socialista Independente, mantinha-se em uma atitude hamletiana, indecisa e vacilante –, reuniram os elementos mais combativos do socialismo na *Spartakusbund**. As multidões começaram a reconhecer na *Spartakusbund* o núcleo de uma verdadeira força revolucionária e a apoiar insurrecionalmente suas reivindicações.

Coube então a Ebert e à social-democracia exercer a repressão contra essa corrente revolucionária. Nas batalhas revolucionárias de janeiro e março de 1919, caíram quase todos os chefes da *Spartakusbund*. Os elementos reacionários e monárquicos, sob a sombra do governo social-democrata, organizaram-se de forma bélica e fascista com o pretexto de combater o comunismo. A república foi permissiva com eles. E, naturalmente, depois de abater os homens da revolução, as balas reacionárias começaram a derrubar os homens da democracia. O assassinato de Kurt Eisner, líder da Revolução Bávara, foi seguido pelo de Haase, líder socialista independente. O assassinato de Erzberger, líder do Partido Católico, foi seguido pelo de Walter Rathenau, líder do Partido Democrata.

A política social-democrata teve na Alemanha resultados que desqualificam o método reformista. Os socialistas perderam gradualmente suas posições no governo. Após dominarem integralmente o poder, decidiram abandoná-lo por completo, desalojados pelas manobras reacionárias. O último gabinete se for-

---

* Liga Espartaquista, corrente fundada por Rosa Luxemburgo e Liebknecht. (N. T.)

mou sem seu aval. E demarcou o princípio de uma revanche da reação.

O forte partido da revolução de novembro é hoje um partido de oposição. Seus efetivos não diminuíram. Os deputados socialistas são agora 130. Nenhum outro partido tem uma representação tão numerosa no Parlamento. Porém, essa força parlamentar não permite aos socialistas que controlem o poder. A defesa da democracia burguesa é atualmente o único ideal dos homens que, em novembro de 1918, acreditaram fundar uma democracia socialista.

A responsabilidade por essa política com certeza não pertence totalmente a Friedrich Ebert. O modo como Ebert se comportou na Presidência da República é, sem dúvida, o modo como qualquer outro homem da velha guarda social-democrática teria se comportado. Ebert personificou no governo o espírito de sua burocracia.

A sina de Ebert não era uma sina heroica. Não era uma sina romântica. Ebert não estava constituído pelo tecido dos grandes reformadores. Nasceu para tempos normais; não para tempos de exceção. Utilizou todas as forças em sua jornada. Não poderia ser mais do que o Kerensky da Revolução Alemã. E não é culpa sua se a Revolução Alemã, depois de um Kerensky, não teve um Lenin.

O caso Jacques Sadoul

Observemos o caso Jacques Sadoul. O nome do capitão Jacques Sadoul, de tanto ser repetido pelo telégrafo, é conhecido por todo o mundo. Já a figura é menos notória. No entanto, ele merece muito mais a atenção de seus contemporâneos do que outras personagens de ocasião. Henri Barbusse o considera "uma das mais lúcidas figuras deste tempo". Segundo o autor de *Le feu* [O fogo]*, Sadoul é um dos lutadores a quem mais devemos amar. André Barthon, seu advogado ante o Conselho de Guerra, crê que Sadoul "foi um momento da consciência humana".

Um conselho de guerra condenou Sadoul à morte em outubro de 1919; outro conselho de guerra o absolveu em 1925. Sadoul não foi anistiado, como Caillaux, por uma maioria parlamentar amistosa. A mesma justiça militar que ontem o declarou culpado é quem hoje o julga inocente. A reabilitação de Sadoul é assim mais completa e perfeita que a reabilitação de Caillaux.

Qual era o "crime" de Sadoul? "Meu único crime – disse Sadoul a seus juízes militares de Orléans – é o de ter sido clarividente contra meu chefe Noulens." Na verdade, toda a responsabilidade de Sadoul resulta da responsabilida-

---

* Henri Barbusse, *Le feu* (Paris, Gallimard, 2007). (N. E. B.)

de por uma clarividência.

Sadoul – amigo e colaborador de Alberto Thomas, ministro de Munições e Armamentos do governo da *união sagrada* – foi enviado à Rússia em setembro de 1917. Então, o governo de Kerensky já entrava em sua última fase. E seu destino preocupava profundamente os aliados. Kerensky já havia se mostrado impotente para dominar e dirigir a Revolução. E, por conseguinte, incapaz de reorganizar e reanimar a frente russa. A embaixada francesa, presidida por Noulens, era integralmente composta de diplomatas de carreira, homens da elite. Essa gente, reluzente e decorativa em um ambiente de bailes mímicos e intrigas elegantes, era, todavia, absolutamente inadequada a um ambiente revolucionário. Na embaixada faltava um homem de espírito novo, de inteligência inquieta, de juízo penetrante. Um homem habituado a entender e pressentir o estado de ânimo das multidões. Um homem sem repugnância ao *demos*, ou à praça pública, e com capacidade de compreender as ideias e os homens de uma revolução. O capitão da reserva, Jacques Sadoul, um socialista moderado, tinha essas características. Militava no Partido Socialista. Mas o Partido Socialista formava então parte do ministério. Além disso, sendo intelectual – advogado –, ele procedia da mesma escola socialista que cedeu à burguesia tantos colaboradores. Durante a guerra, tinha cumprido seu dever de soldado. Por essas razões, o governo francês o julgou apto ao cargo de agregado político da Embaixada.

Entretanto, veio à tona a Revolução de Outubro. E coube então a Sadoul não mais atuar com um governo de comedidos e hamletianos democratas, como Kerensky, mas com um governo de ousados e vigorosos revolucionários, como Lenin e Trotski – o que era detestável para o gosto de uma embaixada que naturalmente cultivava nos salões a amizade do antigo regime. Noulens e seu séquito – em rigoroso acordo com a aristocracia russa – pensaram que o governo dos sovietes não poderia durar muito tempo. Consideraram a Revolução de Outubro um episódio tempestuoso, o qual o bom-senso russo – solicitamente estimulado pela diplomacia da Entente – conseguiria em breve anular. Sadoul se esforçou em vão por iluminar a embaixada. Noulens não queria nem podia enxergar os bolcheviques como criadores de um novo regime russo. Enquanto Sadoul trabalhava para obter um entendimento com os sovietes – que pudesse evitar a paz isolada entre a Rússia e a Alemanha –, Noulens apoiava as conspirações dos mais estúpidos e iludidos contrarrevolucionários. A Entente, em sua opinião, não devia negociar com os bolcheviques. Ao contrário, visto que a decomposição e a queda de seu governo eram iminentes, a Entente devia ajudar aqueles que se propunham a apressar isso. Até a véspera da paz de Brest-Litovski, Sadoul lutou por induzir seu embaixador a oferecer aos sovietes meios econômicos e técnicos para continuar a guerra. Uma palavra oportuna ainda poderia deter a paz isolada. Os chefes bolcheviques capitulavam, consternados, diante das brutais condições dadas pela Alemanha. Teriam preferido combater por uma paz justa entre todos os povos beligerantes. Especialmente Trotski mostrava-se favorável ao acordo proposto por Sadoul. Mas o néscio embaixador não compreendia nem percebia nada disso. Não se dava conta de que a Revolução Bolchevique, parecesse-lhe boa ou má, era de toda maneira um fato histórico. Temeroso de que os informes de Sadoul impressionassem o governo francês, Noulens se resguardou de transmiti-los telegraficamente.

No entanto, os informes de Sadoul chegaram à França. Sadoul escrevia frequentemente ao ministro Albert Thomas e aos deputados socialistas Longuet, Lafont e Pressemane. Essas cartas foram oportunamente conhecidas por Clemenceau. Mas certamente não conseguiram atenuar a feroz hostilidade de Clemenceau contra os sovietes. A opinião de Clemenceau era a mesma de Noulens – os bolcheviques não podiam conservar o poder. Era fatal, era imperioso, era urgente que o perdessem.

Clemenceau deu razão a seu embaixador. Sadoul atraiu para si todas as cóleras do poder. A Embaixada esteve a ponto de enviá-lo à Sibéria, em uma comissão – como um meio de se livrar dele e castigar a independência e a honra de suas opiniões. E o teria feito se uma grave circunstância não a houvesse dissuadido. O capitão Sadoul lhe servia de para-raios em meio à tempestade bolchevique. Era sob sua sombra, sob seu abrigo, que a Embaixada fazia manobras contra o novo regime. Os serviços de Sadoul – convertido em um fiador ante os bolcheviques – eram necessários a ela. Mas o jogo acabou por ser descoberto. E a Embaixada teve de sair da Rússia.

A Revolução, nesse ínterim, tinha se apoderado ainda mais de Sadoul. Desde o primeiro instante, Sadoul havia compreendido seu alcance histórico. Contudo, ainda impregnado por uma ideologia democrática, não tinha se decidido a aceitar seu método. A atitude das democracias aliadas com relação aos sovietes encarregou-se de desvanecer suas últimas ilusões democráticas. Sadoul viu a França republicana e a Inglaterra liberal – antigas aliadas do despotismo asiático do czar – encarniçarem-se raivosamente contra a ditadura revolucionária do proletariado. E, ao mesmo tempo, seu contato com os líderes da Revolução permitiu-lhe melhor observar o valor de suas qualidades. Lenin e Trotski – em um momento no qual a civilização os renegava – revelaram-se a seus olhos e consciência como dois homens de grandeza excepcional. Sadoul, possuído pela emoção que estremecia a alma russa, entregou-se gradualmente à Revolução. Em julho de 1918, escrevia a seus amigos, a Longuet, a Thomas, a Barbusse e a Romain Rolland:

> Assim como a maioria de nossos camaradas franceses, eu era um socialista reformista antes da guerra, amigo de uma sábia evolução – partidário resoluto das reformas que uma a uma vêm a melhorar a situação dos trabalhadores, a aumentar seus recursos materiais e intelectuais, a apressar sua organização e a multiplicar sua força. Como tantos outros, eu vacilava diante da responsabilidade de desencadear, em plena paz social (na medida em que é possível se falar em paz social em um regime capitalista), uma crise revolucionária, inevitavelmente caótica, custosa, sangrenta e que, se mal conduzida, poderia estar destinada ao fracasso. Inimigos da violência, acima de tudo, pouco a pouco havíamos nos afastado das saudáveis tradições marxistas. Nosso evolucionismo impenitente nos tinha levado a confundir o meio, isto é, a reforma, com o fim, ou seja, a socialização geral dos meios de produção e de troca. Assim, havíamos nos separado da única tática socialista admissível – a tática revolucionária –, até vir a perdê-la de vista. É tempo de reparar os erros cometidos.

Noulens e seus secretários denunciaram Sadoul, na França, como um funcionário desleal. Urgia-lhes inutilizá-lo, desqualificá-lo como acusador da incompreensão francesa. Clemenceau ordenou que se abrisse um processo. O Partido Socialista designou Sadoul como candidato a deputado. O povo era convidado, desse modo, a anistiar o acusado. A eleição teria sido inflamada. Mas então Clemenceau decidiu desabilitar Sadoul. Um conselho de guerra encarregou-se teimosamente de julgá-lo e condená-lo à morte.

Sadoul teve de permanecer na Rússia. A anistia de Herriot, questionada e mutilada pelo Senado, não quis beneficiá-lo, como no caso de Caillaux e Marty. Uma sentença de morte continuou pesando sobre Sadoul. Porém, Sadoul compreendeu que, apesar de tudo, era o momento de voltar à França. A opinião popular, suficientemente informada sobre seu caso, saberia defendê-lo. Em sua chegada a Paris, a polícia o levou preso. A extrema esquerda protestou. O governo respondeu que Sadoul não fora beneficiado com a anistia. Sadoul pediu que seu processo fosse reaberto. E, no último mês de janeiro, compareceu diante do Conselho de Guerra. Nessa audiência, Sadoul discursou mais como um acusador do que como um acusado. Em vez de uma defesa, fez um questionamento. Quem estava errado? Por certo não era ele – que tinha previsto a duração e alertado sobre a solidez do novo regime russo. Por certo não era ele – que tinha defendido uma cooperação franco-russa reciprocamente respeitosa quanto ao igual direito que ambos os povos tinham de eleger seu próprio governo, o que agora, com o restabelecimento das relações diplomáticas, era de certa forma admitido. Não; o errado não era ele; o errado era Noulens. O processo contra Sadoul, de certa maneira, transformava-se em um processo contra Noulens. O Conselho de Guerra concordou com a reabertura do processo e com a liberdade condicional de Sadoul. E, em seguida, pronunciou sua absolvição. A história tinha se antecipado a esse equívoco.

A MENSAGEM DO ORIENTE

Oriente e Ocidente

A maré revolucionária não comove apenas o Ocidente. Também o Oriente está agitado, inquieto, tempestuoso. Um dos fatos mais atuais e transcendentes da história contemporânea é a transformação política e social do Oriente. Esse período de agitação e gestação orientais coincide com um período de insólito e recíproco afã do Oriente e do Ocidente por se conhecer, se estudar e compreender.

Em sua vaidosa juventude, a civilização ocidental tratou os povos orientais altaneira e desdenhosamente. O homem branco considerou necessário, natural e lícito seu domínio sobre o homem de cor. Usou as palavras *oriental* e *bárbaro* como equivalentes. Pensou que apenas o que era ocidental era civilizado. A exploração e a colonização do Oriente nunca foram ofício de intelectuais, mas de comerciantes e guerreiros. Os ocidentais desembarcavam no Oriente suas mercadorias e metralhadoras, mas não suas organizações nem suas aptidões espirituais para pesquisa, interpretação e entendimento. O Ocidente se preocupou em consumar a conquista material do mundo oriental; mas não em buscar sua conquista moral. E assim o mundo oriental conservou intactas sua mentalidade e sua psicologia. Até hoje seguem frescas e vitais as raízes milenares do islamismo e do budismo. O hindu* ainda veste seu velho *khaddar*. O japonês – que é o mais saturado de ocidentalismo dentre os orientais – guarda algo de sua essência samurai.

Contudo, agora que o Ocidente relativista e cético descobre sua própria decadência e prevê sua breve superação, sente a necessidade de desvendar e entender melhor o Oriente. Movidos por uma curiosidade febril e nova, os oci-

---

* Note-se que Mariátegui, por vezes, refere-se ao indiano como *hindu*, no sentido mais amplo dessa denominação, a qual também, mais estritamente, pode ser usada para designar os hinduístas (seguidores do hinduísmo) – ainda que na Índia haja diversas outras religiões minoritárias, como o islamismo. (N. T.)

dentais mergulham apaixonadamente nos costumes, na história e na religião asiáticos. Milhares de artistas e pensadores extraem do Oriente a textura e a cor de seu pensamento e arte. A Europa acumula avidamente pinturas japonesas e esculturas chinesas, cores persas e ritmos do Hindustão. Embriaga-se do orientalismo destilado pela arte, imaginação e vida russas. E confessa um desejo quase doentio de se orientalizar.

O Oriente, por sua vez, está agora impregnado do pensamento ocidental. A ideologia europeia se infiltrou abundantemente na alma oriental. Um velho estabelecimento oriental, o despotismo, agoniza abatido por tais infiltrações. A China, republicanizada, renuncia à sua tradicional muralha. A ideia da democracia, envelhecida na Europa, renasce na Ásia e na África. A Deusa Liberdade é a deusa mais prestigiada do mundo colonial, nestes tempos em que Mussolini a declara renegada e abandonada pela Europa. ("A Deusa Liberdade foi morta por demagogos", disse o *condottiere* dos Camisas Negras.) Os egípcios, persas, hindus, filipinos, marroquinos querem ser livres.

Entre outras coisas, o que ocorre é que a Europa colhe agora os frutos de seu discurso do período bélico. Durante a guerra, os aliados usaram uma linguagem demagógica e revolucionária – para levantar o mundo contra os austro-alemães. Proclamaram enfática e estrondosamente o direito de todos os povos à independência. Apresentaram a guerra contra a Alemanha como uma cruzada pela democracia. Defenderam um novo Direito Internacional. Essa propaganda emocionou profundamente os povos coloniais. E, terminada a guerra, esses povos coloniais anunciaram, em nome da doutrina europeia, a vontade de se emancipar.

Importada pelo capital europeu, penetra na Ásia a doutrina de Marx. O socialismo, que no princípio foi apenas um fenômeno da civilização ocidental, estende atualmente seu raio histórico e geográfico. As primeiras Internacionais operárias foram unicamente instituições ocidentais. Na Primeira e na Segunda Internacionais, somente estiveram representados os proletários da Europa e da América. Entretanto, assistiram ao congresso de fundação da Terceira Internacional, em 1920, os delegados do Partido Operário Chinês e da União Operária Coreana. E, nos congressos seguintes, participaram delegações persas, turcas e armênias. Em agosto de 1920, aconteceu em Baku uma conferência revolucionária dos povos orientais, apadrinhada e convocada pela Terceira Internacional. Vinte e quatro povos orientais compareceram a essa conferência. Alguns socialistas europeus, Hilferding entre eles, reprovaram os bolcheviques por sua negociação com movimentos de estrutura nacionalista. Zinoviev, polemizando com Hilferding, respondeu: "Uma revolução mundial não é possível sem a Ásia. Ali vive uma quantidade de homens quatro vezes maior do que na Europa. A Europa é uma pequena parte do mundo". A revolução social precisa historicamente da insurreição dos povos coloniais. A sociedade capitalista tende a se restaurar mediante uma exploração mais metódica e intensa de suas colônias políticas e econômicas. E a revolução social tem de levantar os povos coloniais contra a Europa e os Estados Unidos, visando reduzir o número de vassalos e tributários da sociedade capitalista.

Contra a dominação europeia sobre a Ásia e a África, conspira também a nova consciência moral da Europa. Existem atualmente na Europa muitos milhões de homens de filiação pacifista que se opõem a todo ato bélico e cruel contra os povos coloniais. Em consequência, a Europa se vê obrigada a fazer pactos, negociar e ceder diante desses povos. O caso turco é muito ilustrativo a respeito.

Surge, portanto, no Oriente, uma vigorosa vontade de independência, ao mesmo tempo que na Europa se enfraquece a capacidade de coagi-la e sufocá-la. Constata-se, em suma, a existência das condições históricas necessárias para a libertação oriental. Há mais de um século, uma ideologia revolucionária chegou da Europa aos povos da América. E, conflagrada pela revolução burguesa, a Europa não pôde evitar as independências americanas, engendradas por essa ideologia. Da mesma maneira, agora que está minada por uma revolução social, a Europa não pode reprimir pelo poder das armas a independência de suas colônias.

E, nesta hora grave e fecunda da história humana, parece que algo da alma oriental transmigrou ao Ocidente, e algo da alma ocidental transmigrou ao Oriente.

Gandhi

Esse homem doce e piedoso é uma das maiores personagens da história contemporânea. Seu pensamento não influi somente sobre os 320 milhões de hindus. Comove toda a Ásia e repercute na Europa. Romain Rolland – que, descontente com o Ocidente, volta-se ao Oriente – consagrou-lhe um livro. A imprensa europeia examina com curiosidade a biografia e o cenário do apóstolo.

O principal capítulo da vida de Gandhi começa em 1919. O pós-guerra colocou Gandhi à frente do movimento pela emancipação de seu povo. Até então, Gandhi servira fielmente à Grã-Bretanha. Durante a guerra, colaborou com os ingleses. A Índia deu à causa aliada uma importante contribuição. A Inglaterra havia se comprometido a conceder-lhe os direitos dos demais "domínios".

Mas, terminada a contenda, a Inglaterra se esqueceu de sua palavra e do princípio wilsoniano da livre determinação dos povos. Reformou superficialmente a administração da Índia, reservando ao povo hindu uma participação secundária e inócua. Respondeu às queixas indianas com uma repressão belicosa e cruel. Diante desse tratamento pérfido, Gandhi retificou sua atitude e abandonou suas ilusões. A Índia se insurgia contra a Grã-Bretanha e reclamava sua autonomia. A morte de Tilak tinha posto nas mãos de Gandhi – que exercia sobre seu povo uma grande influência religiosa – a direção do movimento nacionalista. Gandhi aceitou a obrigação de comandar seus compatriotas e conduziu-os à não cooperação. A insurreição armada o repugnava. Os meios tinham de ser, em sua opinião, bons e morais, assim como os fins. A resistência do espírito e do amor havia de se opor às armas britânicas. A evangélica palavra de Gandhi inflamou de misticismo e fervor a alma indiana. O *Mahatma** realçou gradualmente seu método. Os hindus foram convidados a desertar das escolas e universidades, da administração e dos tribunais, e a tecer com as próprias mãos seu traje, o *khaddar*, rechaçando assim as manufaturas britânicas. A Índia gandhiana voltou poeticamente à "música da roca". Os tecidos ingleses foram queimados em Bombaim** como coisa maldita e satânica. A tática da não cooperação se encaminhava para as últimas consequências: a desobediência civil, a recusa do pagamento de impostos. A Índia parecia próxima da rebelião definitiva. Ocorreram alguns atos de violência. Gandhi, indignado com essa falta, suspendeu a ordem da desobediência civil e misticamente se entregou à penitência. Seu povo não estava ainda educado para o uso da *satyagraha*, a força-amor, a força-alma. Os hindus obedeceram seu chefe. Porém, essa retirada ordenada no instante de maior tensão e calor enfraqueceu a onda revolucionária. O movimento se consumia e gastava sem combater. Houve algumas defecções e dissensões. A prisão e o processo de Gandhi vieram a tempo. O *Mahatma* deixou a direção do movimento antes que este declinasse. O Congresso Nacional indiano de dezembro de 1923 marcou um declínio do gandhismo. Prevaleceu nessa assembleia a tendência revolucionária da não cooperação; mas ela foi enfrentada por uma tendência direitista ou revisionista que, contrariamente à tática gandhista, pregava a participação nos conselhos de reforma – criados pela Inglaterra para domesticar a burguesia hindu. Ao mesmo

---

* Palavra do sânscrito: "grande alma". Usada para se referir a Gandhi. (N. T.)
** Atualmente chamada pelo seu nome indiano (marata), Mumbai – que substituiu a corruptela inglesa "Bombay". (N. T.)

tempo surgiu na assembleia, emancipada do gandhismo, uma nova corrente revolucionária de inspiração socialista. O programa dessa corrente – dirigida da Europa por estudantes e emigrados hindus – propunha a separação completa da Índia do Império Britânico, a abolição da propriedade feudal da terra, a supressão dos impostos indiretos, a nacionalização das minas, estradas de ferro, telégrafos e demais serviços públicos, a intervenção do Estado na gestão da grande indústria, uma legislação moderna de trabalho etc., etc. Posteriormente, a cisão continuou se aprofundando. As duas grandes facções mostravam um conteúdo e uma fisionomia classistas. A tendência revolucionária era seguida pelo proletariado que, duramente explorado e sem o amparo de leis protetoras, era quem mais sofria com a dominação inglesa. Os pobres e humildes eram fiéis a Gandhi e à revolução. O proletariado industrial se organizava em sindicatos em Bombaim e outras cidades indianas. A tendência de direita, ao contrário, alojava as classes mais ricas, os *parsis**, comerciantes e latifundiários.

O método da não cooperação, sabotado pela aristocracia e pela burguesia hindus e contrariado pela realidade econômica, veio a decair, pouco a pouco. O boicote dos tecidos ingleses e o retorno à lírica roca não conseguiram prosperar. A indústria manual era incapaz de concorrer com a indústria mecânica. O povo hindu, além disso, tinha interesse em não causar ressentimentos ao proletariado inglês – aumentando os motivos de seu desemprego, devido à perda de um grande mercado. Não se podia esquecer que a causa da Índia necessitava do apoio do Partido Trabalhista da Inglaterra. Por outro lado, os funcionários demissionários, em grande parte, voltaram a seus postos. Relaxaram-se, enfim, todas as formas da não cooperação.

Quando o governo trabalhista de MacDonald o anistiou e libertou, Gandhi encontrou o movimento nacionalista hindu fracionado e diminuído. Pouco tempo antes, a maioria do Congresso Nacional – reunido extraordinariamente em Delhi, em setembro de 1923 – havia se declarado favorável ao partido Swaraj, dirigido por C. R. Das, cujo programa se conforma em reclamar para a Índia apenas os direitos dos "domínios" britânicos e se preocupa em obter para o capitalismo hindu garantias sólidas e seguras.

Atualmente Gandhi já não dirige nem controla as orientações políticas da maior parte do nacionalismo hindu. Nem a direita, que deseja a colaboração com os ingleses, nem a extrema esquerda, que prega a insurreição, o obedecem. O número de seus apoiadores decaiu. Todavia, se sua autoridade de líder político

---

* Grupo étnico-religioso oriundo da Pérsia cuja crença deriva do zoroastrismo. (N. T.)

diminuiu, seu prestígio de asceta e santo não parou de crescer. Um jornalista descreve como afluem ao retiro do *Mahatma* peregrinos de diversas raças e comarcas asiáticas. Gandhi recebe sem cerimônias ou protocolos todos que batem à sua porta. Ao redor de sua habitação, vivem centenas de hindus, felizes por se sentir próximos a ele.

Essa é a gravitação natural da vida do *Mahatma*. Sua obra é mais religiosa e moral do que política. Em conversa com Rabindranath Tagore, o *Mahatma* declarou a intenção de introduzir a religião na política. A teoria da não cooperação está saturada de preocupações éticas. Na verdade, Gandhi não é o caudilho da liberdade da Índia, mas o apóstolo de um movimento religioso. A autonomia da Índia não o interessa, não o apaixona, senão secundariamente. Não sente nenhuma pressa em alcançá-la. Ele quer, antes de tudo, purificar e elevar a alma hindu. Ainda que sua mentalidade esteja em parte nutrida pela cultura europeia, o *Mahatma* repudia a civilização do Ocidente. Repugnam-no seu materialismo, sua impureza, sua sensualidade. À semelhança de Ruskin e Tolstói, aos quais leu e ama, ele detesta a máquina. A máquina é para ele o símbolo da "satânica" civilização ocidental. Não quer, portanto, que o maquinismo e sua influência se aclimatem na Índia. Compreende que a máquina é o agente e o motor das ideias ocidentais. Crê que a psicologia indiana não é adequada a uma educação europeia; no entanto, ousa esperar que a Índia, recolhida em si mesma, elabore uma moral boa para o uso dos demais povos. Sendo hindu até a medula, pensa que a Índia pode ditar ao mundo sua própria disciplina. Seus objetivos e atividades, quando perseguem a confraternização entre hinduístas e maometanos, ou a redenção dos intocáveis – os párias –, têm uma vasta transcendência política e social. Porém, sua inspiração é essencialmente religiosa.

Gandhi se classifica como um "idealista prático". Henri Barbusse, ademais, não o reconhece como um verdadeiro revolucionário. Afirma que "esse termo designa em nosso espírito quem, havendo concebido uma ordem diferente em oposição à ordem política e social estabelecida, consagra-se à realização desse plano ideal por meios práticos" e acrescenta que "o utopista não é um verdadeiro revolucionário, por mais subversivas que sejam suas ações contra a ordem". Essa definição é excelente. Entretanto, Barbusse acredita também que, "se Lenin se encontrasse no lugar de Gandhi, teria discursado e trabalhado como ele". Essa hipótese é arbitrária. Lenin era um realizador e um realista. Era indiscutivelmente um idealista prático.

Não está provado que a via da não cooperação e da não violência seja a única via para a emancipação indiana. Tilak, o líder anterior do nacionalismo hindu, não teria desdenhado o método insurrecional. Romain Rolland opina que Tilak – cuja genialidade ele enaltece – teria podido se entender com os revolucionários russos. Tilak, no entanto, não era menos asiático nem menos hindu do que Gandhi. Mais bem fundamentada do que a hipótese de Barbusse é a hipótese oposta: a de que Lenin teria trabalhado a fim de aproveitar a guerra e suas consequências para libertar a Índia e não teria barrado os hindus, de maneira nenhuma, em seu caminho à insurreição. Gandhi, dominado por seu temperamento moralista, por vezes não sentiu a mesma necessidade de liberdade que sentia seu povo. Entretanto, sua força dependeu menos da predicação religiosa em si do que do fato de esta oferecer aos hindus uma solução para a fome e a escravidão.

A teoria da não cooperação continha muitas ilusões. Uma delas era a ilusão medieval de reviver na Índia uma economia superada. A roca é impotente para resolver a questão social de qualquer povo. O argumento de Gandhi – "não foi assim que a Índia sempre viveu?" – é um argumento por demais anti-histórico e ingênuo. Por mais cética e desconfiada que seja sua atitude diante do Progresso, um homem moderno recusa instintivamente a ideia de que se possa voltar para trás. Uma vez adquirida a máquina, é difícil que a humanidade renuncie a empregá-la. Nada pode conter a penetração da civilização ocidental na Índia. Tagore tinha plena razão nesse incidente de sua polêmica com Gandhi. "O problema de hoje é mundial. Nenhum povo pode encontrar sua saúde separando-se dos outros. Ou salvam-se todos juntos ou desaparecem juntos."

As pregações contra o materialismo ocidental são exageradas. O homem do Ocidente não é tão prosaico e grosseiro como supõem alguns espíritos contemplativos e extáticos. O socialismo e o sindicalismo, apesar de sua concepção materialista da história, são menos materialistas do que parecem. Apoiam-se sobre o interesse da maioria, mas tendem a enobrecer e dignificar a vida. Os ocidentais são místicos e religiosos a seu modo. Ou não seria a emoção revolucionária uma emoção religiosa? O que acontece é que, no Ocidente, a religiosidade se deslocou do Céu para a Terra. Suas motivações são humanas, sociais; não são divinas. Pertencem à vida terrena, e não à vida celeste.

A abstenção da violência é mais romântica do que a própria violência. Somente com armas morais, a Índia jamais obrigará a burguesia inglesa a devolver-lhe a liberdade. Os honestos juízes britânicos reconhecerão, quantas vezes forem necessárias, a honra dos apóstolos da não cooperação e do *satyagraha*; mas continuarão condenando-os a seis anos de cárcere. Infelizmente, a revolução não é feita com jejuns. Os revolucionários de todas as latitudes têm de escolher entre sofrer a violência ou utilizá-la. Se não se deseja que o espírito e a inteligência estejam sob as ordens da força, há que se decidir colocar a força sob as ordens da inteligência e do espírito.

Rabindranath Tagore

Um dos aspectos essenciais do grande poeta hindu Rabindranath Tagore é o seu generoso internacionalismo. Internacionalismo de poeta; não de político. A poesia de Tagore ignora e condena o ódio; não conhece e exalta senão o amor. O sentimento nacional, na obra de Tagore, não é nunca uma negação; é sempre uma afirmação. Tagore pensa que todo ser humano é seu. Trabalha para consubstanciar sua alma com a alma universal. Exploremos essa região do pensamento do poeta. Definamos sua posição em relação ao Ocidente e sua posição em relação a Gandhi e sua doutrina.

A obra de Tagore contém vários documentos de sua filosofia política e moral. Um dos mais interessantes e nítidos é o romance *A casa e o mundo**. Além de uma grande novela humana, *A casa e o mundo* é uma novela hindu. As personagens – o rajá Nikhil, sua esposa Bimala e o agitador nacionalista Sandip – estão inseridas no ambiente do movimento nacionalista, o movimento *swadeshi*, como é chamado na língua indiana e já conhecido por todo o mundo. As paixões, as ideias, os homens e as vozes da política gandhiana da não cooperação e da desobediência passiva atravessam as cenas do admirável romance. O poeta bengali, pela boca de uma de suas personagens, o doce rajá Nikhil, polemiza com os apoiadores e defensores do movimento *swadeshi*. Nikhil pergunta a Sandip: "Como pretendeis adorar a Deus odiando às outras pátrias, que são, exatamente como a vossa, manifestações de Deus?". E Sandip responde que "o ódio é um complemento do culto". Bimala, a mulher de Nikhil, pensa como Sandip: "Eu desejaria tratar meu país como uma pessoa, chamá-lo de mãe, deusa, Durga**; e por essa pessoa eu avermelharia a terra com o sangue dos sacrifícios. Eu sou humana; eu não sou divina". Sandip exulta:

> Veja, Nikhil, como a verdade se faz carne e sangue no coração de uma mulher! A mulher sabe ser cruel: sua violência é semelhante à de uma tempestade, cega, terrível e bela. A violência do homem é feia porque, em seu seio, alimenta os vermes roedores da razão e do pensamento. São as nossas mulheres que salvarão a pátria. Devemos ser brutais sem vacilação, sem raciocínio.

---

* Rabindranath Tagore, *A casa e o mundo* (Lisboa, Europa-América, 1992). (N. T.)
** Deusa hindu, mãe de Ganesha. (N. T.)

O tom de Sandip não é, por certo, o tom de um verdadeiro gandhiano. Sobretudo quando Sandip, invocando a violência, recorda-se destes versos exaltados: "Vem, Pecado esplêndido – e que teus beijos vermelhos vertam em nosso sangue a púrpura ardente de sua chama! – Faz soar a trombeta do mal imperioso – e tece sobre nossa fronte a grinalda da injustiça exultante!".

Não é essa a linguagem de Gandhi; mas pode ser a de seus discípulos. Romain Rolland, estudando a doutrina *swadeshi* com os discípulos de Gandhi, exclama: "Temíveis discípulos! Quanto mais puros, mais funestos! Que Deus preserve a um grande homem desses amigos, que não apreendem senão uma parte de seu pensamento! Codificando-o, destroem sua harmonia".

O livro de Romain Rolland sobre Gandhi resume o diálogo político entre Rabindranath Tagore e o *Mahatma*. Tagore explica deste modo seu internacionalismo:

> Todas as glórias da humanidade são minhas. A *Infinita Personalidade do Homem* (como dizem os *Upanishads**) só pode ser realizada por meio de uma grande harmonia entre todas as raças humanas. Minha pregação é para que a Índia represente a cooperação entre todos os povos do mundo. A Unidade é a Verdade. A Unidade é aquilo que compreende o todo e, portanto, não pode ser realizada pela via da negação. O esforço atual por separar o nosso espírito do espírito do Ocidente é uma tentativa de suicídio espiritual. A idade presente foi poderosamente possuída pelo Ocidente. E isso somente foi possível porque o Ocidente foi encarregado de alguma grande missão para o homem. Nós, os homens do Oriente, temos aqui algo de que nos instruir. É sem dúvida um mal que há tanto tempo não estejamos em contato com nossa própria cultura e que, em consequência, a cultura do Ocidente não esteja colocada em seu verdadeiro plano. Porém, afirmar que é ruim seguir tendo relações com ela significa alentar a pior forma de um provincianismo que somente pode produzir indigência intelectual. O problema de hoje é mundial. Nenhum povo pode encontrar sua saúde separando-se dos outros. Ou salvam-se todos juntos ou desaparecem juntos.

Rabindranath Tagore defende a colaboração entre o Ocidente e o Oriente. Reprova o boicote às mercadorias ocidentais. Não espera um resultado milagroso do retorno à roca. "Se as grandes máquinas são um perigo para o espírito do Ocidente, as pequenas máquinas não seriam para nós um perigo ainda pior?" Nessas opiniões, Rabindranath Tagore, não obstante seu apurado idealismo, aparece na verdade como mais realista do que Gandhi. A Índia, efetivamente, não pode reconquistar sua liberdade isolando-se misticamente da ciên-

---

* Parte das escrituras do hinduísmo. (N. T.)

cia e das máquinas ocidentais. A experiência política da não cooperação foi adversa às previsões de Gandhi. No entanto, Rabindranath Tagore parece se extraviar na abstração quando reprova em Gandhi sua atividade como chefe político. Será que essa reprovação resultaria da convicção de que Gandhi tem um temperamento de reformador religioso e não de chefe político ou seria antes um mero desdém ético e estético pela política? No primeiro caso, Tagore teria razão. Em meu estudo sobre Gandhi, já tive a oportunidade de sustentar a tese de que a obra do *Mahatma*, mais do que política, é moral e religiosa, embora sua força tenha dependido não tanto de sua predicação religiosa como do fato de que esta ofereceu aos hindus uma solução para a fome e a escravidão – ou, melhor dizendo, apoiou-se em um interesse político e econômico.

No entanto, é provável que Tagore se inspire somente em considerações de poeta e filósofo. Tagore sente menos ainda do que Gandhi o problema político e social da Índia. O próprio partido Swaraj (*home rule**) não o preocupa demasiadamente. Uma revolução política e social não o apaixona. Tagore não é um realizador. É um poeta e ideólogo. Gandhi, nessa questão, demonstra uma intuição mais profunda acerca da verdade. "É a guerra! – diz ele – Que o poeta deponha sua lira! Cantará depois." Nesta passagem da polêmica com Tagore, a voz do *Mahatma* tem um acento profético:

> O poeta vive para o amanhã, e gostaria que nós fizéssemos o mesmo... Há que se tecer! Que cada qual teça! Que Tagore teça como os demais! Que queime suas vestimentas estrangeiras! Esse é o dever de hoje. Deus se ocupará do amanhã. Como diz o *Gita***: cumpri a ação justa!

Tagore, na verdade, parece um pouco ausente da alma de seu povo. Não sente seu drama. Não compartilha sua paixão, sua violência. Esse homem tem uma grande sensibilidade intelectual e moral; mas, sendo neto de príncipe, herdou uma noção um pouco ensolarada e aristocrática da vida. Conserva o sentimento de hierarquia por demais arraigado à sua carne e à sua alma. Para que o movimento *swadeshi* possa sentir e compreender mais plenamente a revolução hindu, falta-lhe estar um pouco mais perto do povo, um pouco mais perto da história.

Tagore não olha para a civilização ocidental com a mesma ojeriza, com o mesmo nojo que o *Mahatma*. Não a qualifica, como o *Mahatma*, de "satânica". Porém, pressente seu fim e denuncia seus pecados. Pensa que a Europa está

---

* Expressão inglesa: "governo autônomo". (N. T.)
** Parte do Mahabarata, texto religioso hindu. (N. T.)

corroída por seu materialismo. Repudia o homem da urbe. A hipertrofia urbana lhe parece um dos agentes, ou um dos símbolos, da decadência ocidental. As babilônias modernas não o atraem; entristecem-no. Julga-as espiritualmente estéreis. Ama a vida camponesa que mantém o homem em contato com "a natureza, fonte da vida".

Percebe-se aqui que, no fundo, Tagore é um homem de gostos particularmente rurais. Sua impressão da crise capitalista, impregnada por sua ética e metafísica, é, entretanto, penetrante e concreta. A riqueza ocidental, segundo Tagore, é uma riqueza voraz. Os ricos do Ocidente desviam a riqueza de seus fins sociais. Sua ambição e seu luxo violam os limites morais do uso dos bens que administram. O espetáculo dos prazeres dos ricos engendra o ódio de classes. O amor ao dinheiro é uma perdição para o Ocidente. Tagore tem, em suma, um conceito patriarcal e aristocrático da riqueza.

Em Rabindranath Tagore, o poeta certamente supera o pensador. Tagore é, antes de tudo e diante de tudo, um grande poeta, um artista genial. Em nenhum livro contemporâneo há tanto perfume poético, tanta profundidade lírica como em *Gitanjali**. A poesia de *Gitanjali* é límpida, simples, camponesa. E, como diz André Gide, tem o mérito de não estar grávida de nenhuma mitologia. Em *A lua nova* e *O jardineiro***, encontram-se a mesma simplicidade e graça divina. Uma poesia profundamente lírica. Sempre a voz do homem. Nunca a voz da multidão. E, no entanto, perenemente abundante, eternamente preenchida de emoção cósmica.

A Revolução Turca e o Islã

A democracia opõe à impaciência revolucionária uma tese evolucionista: "A Natureza não dá saltos". Mas a pesquisa e a experiência atuais frequentemente contradizem essa tese absoluta. Prosperam tendências antievolucionistas no estudo da biologia e da história. Ao mesmo tempo, os fatos contemporâneos transbordam do leito evolucionista. A Guerra Mundial acelerou evidentemente a crise do pobre evolucionismo, entre outras. (Se tivesse surgido nestes tempos, o darwinismo teria encontrado pouco crédito. E ter-se-ia dito que ele chegava com excessivo atraso.)

A Turquia, por exemplo, é o cenário de uma transformação vertiginosa ou insólita. Em cinco anos, a Turquia mudou radicalmente suas instituições, seus

---

* Rabindranath Tagore, *Gitanjali* (São Paulo, Martin Claret, 2006). (N. T.)
** Idem, *O jardineiro* (São Paulo, Paulus, 1991). (N. T.)

rumos e sua mentalidade. Cinco anos bastaram para que todo o poder passasse do sultão ao *demos** e para que, no assento de uma velha teocracia, se instalasse uma república demoliberal e laica. A Turquia, de um só salto, equiparou-se à Europa – a qual anteriormente a via como um povo estrangeiro, impermeável e exótico. A vida na Turquia adquiriu uma nova pulsação. Tem agora as inquietudes, as emoções e os problemas da vida europeia. Quase com a mesma acidez que no Ocidente, fermenta na Turquia a questão social. E aí se sente também vibrar a onda comunista. Contemporaneamente, o turco abandona a poligamia, tornando-se monogâmico, reforma suas ideias jurídicas e aprende o alfabeto europeu. Em suma, incorpora-se à civilização ocidental. E, ao fazê-lo, não obedece a nenhuma imposição estranha ou externa. O que o move é um espontâneo impulso interno.

Encontramo-nos na presença de uma das transições mais velozes da história. A alma turca parecia absolutamente aderida ao Islã; totalmente consubstanciada com sua doutrina. O Islã, como bem se sabe, não é apenas um sistema religioso e moral, mas também político, social e jurídico. Analogamente à lei de Moisés, o Corão oferece aos crentes normas de moral, de direito, de governo e de higiene. É um código universal, uma construção cósmica. A vida turca tinha fins distintos daqueles da vida ocidental. As motivações dos ocidentais são utilitárias e práticas; as dos muçulmanos são religiosas e éticas. Consequentemente, no direito e nas instituições jurídicas de cada uma dessas civilizações, eram reconhecidas inspirações diferentes. Na Turquia, o califa do islamismo detinha o poder temporal. Era califa e sultão. Igreja e Estado constituíam uma mesma instituição. Mas em sua superfície começavam a brotar algumas ideias europeias, alguns germes ocidentais. A revolução de 1908 tinha sido um esforço por aclimatar na Turquia o liberalismo, a ciência e a moda europeias. Porém, o Corão continuava dirigindo a sociedade turca. De modo geral, os representantes da ciência otomana acreditavam que a nação se desenvolveria dentro do islamismo. Fatim Effendi, professor da Universidade de Istambul, dizia que o progresso do islamismo "se cumpriria não por importações do estrangeiro, mas por uma evolução interna". E o doutor Chehabeddin Bey acrescentava que o povo turco, desprovido da aptidão especulativa, "nunca tinha sido capaz de heresias nem cismas" e não possuía uma imaginação bastante criadora nem um juízo suficientemente crítico para sentir a necessidade de retificar suas crenças. No que diz respeito ao porvir da teocracia turca, prevaleciam, em suma, previ-

---

* Do grego "povo". (N. T.)

sões excessivamente otimistas e crédulas. Não se concedia muita transcendência à penetração do pensamento ocidental ou aos novos interesses da economia e da produção.

Revisemos rapidamente os principais episódios da Revolução Turca.

Convém recordar previamente que, antes da Guerra Mundial, a Turquia era tratada pela Europa como um povo inferior, como um povo bárbaro. O famoso regime das capitulações*, na Turquia, fornecia aos europeus diversos privilégios fiscais e jurídicos. Na nação turca, o europeu gozava de foro especial. Achava-se acima do Corão e de seus funcionários. Vieram então as guerras balcânicas, que deixaram bastante diminuídas a potência e a soberania otomanas. E, depois delas, veio a Grande Guerra. O destino acabou por empurrar a Turquia para o lado do bloco austro-alemão. E o triunfo do bloco inimigo pareceu decidir a ruína turca. A Entente olhava para a Turquia com raiva e rancor inexoráveis. Acusava-a de ter causado um prolongamento cruel e perigoso da luta. Ameaçava-a com severas punições. O próprio Wilson, tão sensível ao direito de livre determinação dos povos, não sentia nenhuma piedade pela Turquia. Toda a ternura de seu coração universitário e presbiteriano tinha sido monopolizada pelos armênios e judeus. Wilson pensava que o povo turco era estranho à civilização europeia e que deveria ser para sempre expelido da Europa. A Inglaterra, que ambicionava o domínio de Constantinopla, do Estreito de Dardanelos e do petróleo turco, somava-se naturalmente a esse discurso. Havia pressa em empurrar os turcos para a Ásia. Um ministério dócil à vontade dos vencedores foi constituído em Constantinopla. A função desse ministério era sofrer e aceitar mansamente a mutilação do país. A sonolenta alma turca escolheu tal instante dramático para reagir. Insurgiu-se na Anatólia o chefe do exército da região, Mustafá Kemal Pacha. Nasceu a Sociedade de Trebizonda para a Defesa dos Direitos da Nação. Formou-se o governo da Assembleia Nacional de Angorá**. E apareceram, sucessivamente, outras facções revolucionárias: o Exército Verde, o Grupo do Povo e o Partido Comunista. Todas elas estavam de acordo quanto à resistência ao imperialismo Aliado, à desqualificação do impotente e domesticado governo de Constantinopla e à tendência a uma nova organização social e política.

Essa excitação do ânimo turco deteve parcialmente as intenções da Entente. Os vencedores ofereceram à Turquia, na Conferência de Sèvres, uma paz que

---

* Ou seja, o ato de ceder poder ao inimigo. (N. T.)
** Atualmente denominada Ancara. (N. E. B.)

amputava dois terços de seu território, mas deixava-lhe, ainda que condicionalmente, Constantinopla e um retalho de terra europeia. Os turcos não estavam totalmente expulsos da Europa. A sede do califa era respeitada. O governo de Constantinopla se resignou a assinar esse tratado de paz. Mustafá Kemal, em nome do governo da Anatólia, repudiou-o categoricamente. E o tratado não poderia ser aplicado senão pela força.

Em tempos menos tempestuosos, a Entente teria mobilizado contra a Turquia seu imenso poder militar. No entanto, era uma época de forte maré revolucionária. A ordem burguesa estava por demais balançada e solapada para que a Entente lançasse seus soldados contra Mustafá Kemal. E, além disso, os interesses britânicos na Turquia chocavam-se com os interesses franceses. A Grécia, amplamente favorecida pelo tratado de Sèvres, aceitou a missão de impô-lo à rebelde vontade otomana.

A guerra greco-turca teve algumas flutuações. Mas, desde o primeiro dia, ficou clara a força da Revolução Turca. A França se apressou em romper com a frente única aliada e a negociar e pactuar a cooperação russa. A onda insurrecional se espalhou pelo Oriente. Tais êxitos excitaram e fortaleceram o ânimo da Turquia. Finalmente, Mustafá Kemal venceu o exército grego e expulsou-o da Ásia Menor. As tropas kemalistas estavam prontas para libertar Constantinopla, ocupada por soldados da Entente. O governo britânico quis responder a essa ameaça com uma atitude guerreira. Mas os trabalhistas se opuseram a tal propósito. Um ato de conquista já não contava, como teria contado em outros tempos, com a aquiescência ou passividade das massas trabalhadoras. E essa fase da insurreição turca terminou com a assinatura da Paz de Lausanne, que cancelou o tratado de Sèvres e sancionou o direito da Turquia a permanecer na Europa e exercer toda a soberania em seu território. Constantinopla foi restituída ao povo turco.

Obtida a paz externa, a revolução começou definitivamente a organizar uma nova ordem. Agravou-se em toda a Turquia uma atmosfera revolucionária. A Assembleia Nacional ofereceu à nação uma Constituição democrática e republicana. Mustafá Kemal, o caudilho da insurreição e da vitória, foi designado presidente. O califa perdeu definitivamente seu poder temporal. A Igreja foi separada do Estado. A religião e a política deixaram de coincidir e de ser confundidas. Diminuiu a autoridade do Corão sobre a vida turca mediante a adoção de novos métodos e conceitos jurídicos.

Contudo, o califado continuava em pé. Ao redor do califa, formou-se um núcleo reacionário. Os agentes britânicos faziam manobras simultâneas em países muçulmanos em defesa da criação de um califado dócil à sua influência. O movimento reacionário começou a penetrar na Assembleia Nacional. A Revolução sentiu-se vigiada e resolveu defender-se com energia máxima. Passou rapidamente da defensiva à ofensiva. Determinou a abolição do califado e a secularização de todas as instituições turcas.

Hoje a Turquia é um país de tipo ocidental. E essa fisionomia se firmará cada dia mais. As condições políticas e sociais emanadas da revolução estimularão o desenvolvimento de uma nova economia. O retorno à monarquia teocrática não mais será materialmente possível. A civilização ocidental e a lei maometana são inconciliáveis.

O fenômeno revolucionário deixou profundas raízes na alma otomana. A Turquia está apaixonada pelos homens e pelas coisas novas. Os maiores inimigos da revolução kemalista não são os turcos. Mas pertencem, por exemplo, ao capitalismo inglês. O *Times*, de Londres, comentava senil e lacrimosamente a supressão do califado – "uma instituição tão ligada à grandeza do passado turco". A burguesia ocidental não quer que o Oriente se ocidentalize. Pelo contrário, teme a expansão de sua própria ideologia e de suas próprias instituições. Isso poderia ser outra prova de que ela já deixou de representar os interesses vitais da Civilização do Ocidente.

Mariátegui e sua esposa Anna Chiappe, em 1929.
Foto de José Malanca.

AS REIVINDICAÇÕES FEMINISTAS

Pulsam no Peru as primeiras inquietações feministas. Já existem algumas células – alguns núcleos de feminismo. Os defensores do nacionalismo extremista provavelmente pensariam: eis aí outra ideia exótica, outra ideia forasteira que vem sendo enxertada na mentalidade peruana.

Mas tranquilizemos um pouco essa gente apreensiva. O feminismo não tem de ser visto como uma ideia exótica ou estrangeira. Deve ser visto simplesmente como ideia humana. Como ideia característica de uma civilização, peculiar a uma época. E que, portanto, é uma ideia que tem o direito de cidadania no Peru, assim como em qualquer outro segmento do mundo civilizado.

O feminismo não surgiu no Peru de modo artificial ou arbitrário. Surgiu como uma consequência das novas formas de trabalho intelectual e manual da mulher. As mulheres com real filiação feminista são as mulheres que trabalham, as mulheres que estudam. A ideia feminista prospera entre as mulheres de ofício intelectual e de ofício manual: professoras universitárias e operárias. Encontra um ambiente propício a seu desenvolvimento nas salas de aula universitárias, que cada vez mais atraem as mulheres peruanas, e nos sindicatos operários, nos quais as mulheres das fábricas se envolvem e organizam com os mesmos direitos e deveres dos homens. Fora esse feminismo espontâneo e harmônico, que recruta seus adeptos entre as diversas categorias de trabalho feminino, existe também por aqui, como em outros lugares, um feminismo de diletantes – um tanto pedante e mundano. As feministas dessa categoria convertem o feminismo em simples exercício literário, em mero esporte da moda.

Ninguém deve se surpreender com o fato de que as mulheres não se reúnam todas em um movimento feminista único. O feminismo tem necessariamente várias colorações – diversas tendências. Podem-se distinguir no feminismo três tendências fundamentais, três colorações substantivas: o feminismo burguês, o feminismo pequeno-burguês e o feminismo proletário. Cada um desses feminismos formula suas reivindicações de maneira distinta. A mulher burguesa solidariza seu feminismo com os interesses da classe conservadora. A mulher proletária consubstancia seu feminismo com a fé das multidões revolucionárias na sociedade futura. A luta de classes – fato histórico, e não especulação teórica – reflete-se no plano feminista. As mulheres, bem como os homens, são reacionárias, centristas ou revolucionárias. Consequentemente, não podem combater juntas na mesma batalha. No atual panorama humano, a classe diferencia os indivíduos mais do que o sexo.

Contudo, tal pluralidade do feminismo não depende da teoria em si. Depende antes de suas deformações práticas. O feminismo como ideia pura é essencialmente revolucionário. O pensamento e a atitude das mulheres que se sentem ao mesmo tempo feministas e conservadoras carecem, portanto, de coerência íntima. O conservadorismo trabalha para manter a organização tradicional da sociedade. Essa organização nega à mulher os direitos que a mulher deseja adquirir. As feministas da burguesia aceitam todas as consequências da ordem vigente, exceto as que se opõem às reivindicações da mulher. Defendem tacitamente a tese absurda de que a única reforma que a sociedade precisa é a reforma feminista. O protesto dessas feministas contra a velha ordem é por demais exclusivista para ser válido.

É certo que as raízes históricas do feminismo estão no espírito liberal. A Revolução Francesa continha os primeiros germes do movimento feminista. Pela primeira vez se colocou em termos precisos a questão da emancipação da mulher. Babeuf, o líder da Conjuração dos Iguais*, foi um apoiador das causas feministas. Babeuf persuadia assim seus amigos:

> Não imponhais silêncio a esse sexo, que não merece ser desdenhado. Realçai antes a mais bela parte de vós mesmos. Se não contardes com as mulheres para nada em sua república, fareis delas pequenas amantes da monarquia. Sua influência será tal que elas a restaurarão. Mas se, pelo contrário, contardes com elas para algo, fareis delas Cornélias e Lucrécias. E elas lhes darão Brutus, Gracos e Scevolas.**

Polemizando com os antifeministas, Babeuf falava "desse sexo que a tirania dos homens sempre quis aniquilar, desse sexo que jamais foi inútil às revoluções". Porém, a Revolução Francesa não quis permitir às mulheres a igualdade e a liberdade pregadas por essas vozes jacobinas ou igualitárias. Os Direitos do Homem – conforme escrevi certa vez – deveriam antes ter se chamado Direitos do Varão. A democracia burguesa foi exclusivamente uma democracia masculina.

---

* Também dita Conspiração dos Iguais: movimento igualitário liderado por Graco Babeuf em 1789. (N. T.)

** Personagens históricas da Roma antiga. (N. T.)

Nascido de matriz liberal, o feminismo não conseguiu ser colocado em ação durante o processo capitalista. É somente agora, quando a trajetória histórica da democracia chega ao fim, que a mulher adquire os mesmos direitos políticos e jurídicos do homem. E foi a Revolução Russa que concedeu à mulher, explícita e categoricamente, a igualdade e a liberdade que há mais de um século, durante a Revolução Francesa, Babeuf e os igualitários exigiam em vão.

Mas, se a democracia burguesa não efetivou o feminismo, criou involuntariamente as condições e premissas morais e materiais para sua realização. Valorizou a mulher como elemento produtor – como fator econômico – ao fazer seu trabalho ter a cada dia um uso mais amplo e intenso. O trabalho muda radicalmente a mentalidade e o espírito femininos. Em virtude do trabalho, a mulher adquire uma nova noção de si mesma. Antigamente, a sociedade destinava a mulher ao matrimônio ou ao concubinato. Atualmente, destina-a antes de tudo ao trabalho. Esse fato modificou e elevou a posição da mulher na vida. Os que contestam o feminismo e seus progressos com argumentos sentimentais ou tradicionalistas têm a pretensão de que a mulher seja educada apenas para o lar. Na prática, porém, isso significa que ela deveria ser educada somente para as funções de fêmea e mãe. A defesa da poesia do lar, na realidade, é uma defesa da servidão da mulher. Em vez de enobrecer e dignificar o papel da mulher, isso o diminui e rebaixa. A mulher é algo mais do que uma mãe ou uma fêmea, assim como o homem é algo mais do que um macho.

O tipo de mulher que vier a produzir uma civilização nova tem de ser substancialmente diferente daquele que formou a civilização que ora declina. Em um artigo sobre a mulher e a política, examinei assim alguns aspectos desse tema:

> Aos trovadores e apaixonados pela frivolidade feminina, não faltam razões para se inquietar. O tipo de mulher criado por um século de refinamento capitalista está condenado à decadência e à superação. Um literato italiano – Pitigrilli – classifica esse tipo de mulher contemporânea como um mamífero de luxo.
> Mas, bem, esse mamífero de luxo tende a se esgotar pouco a pouco. À medida que o sistema coletivista substituir o sistema individualista, decairão o luxo e a elegância femininos. A humanidade perderá alguns mamíferos de luxo; mas ganhará muitas mulheres. Os trajes da mulher do futuro serão menos caros e suntuosos; mas a condição dessa mulher será mais digna. E o eixo da vida feminina será deslocado do individual ao social. A moda, então, já não consistirá na imitação de uma moderna Madame de Pompadour*, adornada por [Madame] Paquin. Mas

---

* Jeanne-Antoinette Poisson: cortesã francesa do século XVIII, tida como mulher refinada, bela e fria. (N. T.)

talvez consista na imitação de uma Madame Kollontai*. Em suma, uma mulher custará menos, mas valerá mais.

O tema é muito vasto. E este breve artigo busca unicamente constatar o caráter das primeiras manifestações do feminismo no Peru, bem como ensaiar uma interpretação bastante sumária e rápida da fisionomia e do espírito do movimento feminista mundial. Os homens sensíveis às grandes emoções da época não podem se sentir estranhos nem indiferentes a esse movimento. A questão feminina é uma parte da questão humana. E, além disso, o feminismo me parece um tema mais interessante e histórico a se tratar do que perucas. Enquanto o feminismo é a categoria, a peruca é só a anedota.

---

* Alexandra Mikhailovna Kollontai: revolucionária bolchevique e líder do movimento feminista. (N. T.)

PROGRAMA DO PARTIDO SOCIALISTA PERUANO

O Programa deve ser uma declaração doutrinal que afirme:

1. O caráter internacional da economia contemporânea, que não permite a nenhum país evadir-se das correntes de transformação surgidas das atuais condições de produção.

2. O caráter internacional do movimento revolucionário do proletariado. O Partido Socialista adapta sua práxis às circunstâncias concretas do país, mas obedece a uma ampla visão de classe, e as próprias circunstâncias nacionais estão subordinadas ao ritmo da história mundial. A revolução da independência, há mais de um século, foi um movimento solidário de todos os povos subjugados pela Espanha; a revolução socialista é um movimento conjunto de todos os povos oprimidos pelo capitalismo. Se a revolução liberal, nacionalista por seus princípios, não pôde ser executada sem uma estreita união entre os países americanos, é fácil compreender a lei histórica que – em uma época de interdependência e vínculo mais acentuados entre as nações – impõe à revolução social, internacionalista por princípio, ocorrer por meio de uma coordenação muito mais disciplinada e intensa dos partidos proletários. O manifesto de Marx e Engels condensou o primeiro princípio da revolução proletária na frase histórica: "Proletários de todos os países, uni-vos!"*.

3. O aprofundamento das contradições da economia capitalista. O capitalismo se desenvolve em um povo semifeudal como o nosso; em uma época na qual, havendo chegado a etapa dos monopólios e do imperialismo, toda a ideologia liberal correspondente à etapa da livre concorrência deixou de ser válida. O imperialismo não permite a nenhum desses povos semicoloniais – aos quais explora como mercados de seu capital e suas mercadorias, bem como depósitos de matérias-primas – um programa econômico de nacionalização e industriali-

---

* Karl Marx e Friedrich Engels, *Manifesto Comunista* (São Paulo, Boitempo, 1998), p. 69. (N. E. B.)

zação; obriga-os à especialização, à monocultura (petróleo, cobre, açúcar e algodão, no caso do Peru), fazendo-os sofrer uma crise permanente de artigos manufaturados, crise que deriva dessa rígida determinação da produção nacional por fatores do mercado mundial capitalista.

4. Que o capitalismo se encontra em seu estágio imperialista. É o capitalismo dos monopólios, do capital financeiro, das guerras imperialistas pelo domínio dos mercados e das fontes de matérias-primas. A práxis do socialismo marxista, neste período, é a do marxismo-leninismo. O marxismo-leninismo é o método revolucionário da etapa do imperialismo e dos monopólios. O Partido Socialista do Peru adota-o como método de luta.

5. A economia pré-capitalista do Peru republicano, que – pela ausência de uma classe burguesa vigorosa e pelas condições nacionais e internacionais que determinaram o lento avanço do país pela via capitalista – não pode se libertar, sob o regime burguês enfeudado aos interesses capitalistas e em conluio com o feudalismo gamonalista* e clerical, das doenças hereditárias e dos resíduos do feudalismo colonial. O destino colonial do país repete seu processo. A emancipação da economia do país é possível unicamente pela ação das massas proletárias, solidárias com a luta anti-imperialista mundial. Somente a ação proletária pode primeiro estimular e depois realizar as tarefas da revolução democrático-burguesa que o regime burguês é incompetente para desenvolver e cumprir.

6. O socialismo encontra, tanto na subsistência das comunidades como nos grandes empreendimentos agrícolas, os elementos de uma solução socialista para a questão agrária, uma solução que tolerará em parte a exploração da terra pelos pequenos agricultores, onde o cooperativismo indígena** ou a pequena propriedade recomendem que se mantenha a gestão individual – enquanto se avança na gestão coletiva da agricultura – das zonas em que esse gênero de exploração prevalece. Contudo, tal estímulo que se presta ao livre ressurgimento do povo indígena e à manifestação criadora de suas forças e de seu espírito nativo não significa absolutamente uma tendência romântica e anti-histórica de construção ou ressurreição do socialismo incaico – que correspondeu a condições históricas completamente superadas e do qual somente restam os hábitos de cooperação e socialismo dos camponeses indígenas como fator aprovei-

---

* Referência a sistema latifundiário típico dos Andes. (N. T.)
** No original, *yanaconazgo*: regime de parceria entre ameríndios no cultivo da terra. (N. T.)

tável em uma técnica de produção perfeitamente científica. O socialismo pressupõe a técnica, a ciência, a etapa capitalista*, e não pode introduzir o menor retrocesso na aquisição das conquistas da civilização moderna, mas, pelo contrário, traz a máxima e mais metódica aceleração da incorporação dessas conquistas à vida nacional.

7. Somente o socialismo pode resolver o problema de uma educação efetivamente democrática e igualitária, em virtude da qual cada membro da sociedade receba toda a instrução que lhe permita sua capacidade. O regime educacional socialista é o único que pode aplicar plena e sistematicamente os princípios da escola única, da escola do trabalho, das comunidades escolares e, em geral, de todos os ideais da pedagogia revolucionária contemporânea – incompatível com os privilégios da escola capitalista, que condena as classes pobres à inferioridade cultural e faz da instrução superior o monopólio da riqueza.

8. Cumprida sua etapa democrático-burguesa, a revolução se torna, em seus objetivos e doutrina, uma revolução proletária. O partido do proletariado, capacitado por meio da luta ao exercício do poder e ao desenvolvimento de seu próprio programa, realiza nessa etapa as tarefas de organização e defesa da ordem socialista.

9. O Partido Socialista do Peru é a vanguarda do proletariado, a força política que assume a tarefa de sua orientação e direção na luta pela realização de seus ideais de classe.

Anexados ao programa serão publicados projetos de teses sobre a questão indígena, a situação econômica e a luta anti-imperialista – teses que, depois dos debates nas seções e das emendas que forem introduzidas em seu texto pelo Comitê Central, serão definitivamente formuladas no Primeiro Congresso do Partido.

---

* Note-se que Mariátegui, sem ingressar aqui nas discussões filosóficas dos marxistas acerca do etapismo (o que no início do século era uma polêmica), tem antes uma atitude de práxis voltada à realidade peruana. Entende, por um lado, que o capitalismo é uma etapa que ainda está por ser completada no Peru – onde traços feudais arcaicos subsistem significativamente nas regiões montanhosas ("povo semifeudal"). Mas, por outro lado, diferentemente da opinião positivista dos defensores do etapismo, ele afirma que tal tarefa incompleta da "revolução democrático-burguesa" não seria realizada em aliança com uma burguesia nacional – classe que considera inexistente –, mas unicamente "pela ação das massas proletárias, solidárias com a luta anti-imperialista mundial" (conforme itens 3, 5 e 6 deste programa). (N. T.)

Com base neste manifesto, o Partido dirigirá uma convocatória a todos os seus apoiadores e às massas trabalhadoras, com o objetivo de trabalhar pelas seguintes reivindicações imediatas:

- Reconhecimento amplo da liberdade de associação, reunião e imprensa operárias.
- Reconhecimento do direito de greve para todos os trabalhadores. Abolição da lei de recrutamento viário obrigatório*.
- Substituição da lei da desocupação** pelos artigos que consideravam especificamente a questão da desocupação no anteprojeto do Código Penal colocado em vigor pelo Estado, com a única exceção dos artigos incompatíveis com o espírito e o critério penal da lei especial.
- Estabelecimento dos Seguros Sociais e da Assistência Social do Estado.
- Cumprimento das leis de acidentes de trabalho, de proteção ao trabalho de mulheres e menores de idade e das jornadas de oito horas para os trabalhos na agricultura.
- Caracterização do paludismo, nos vales da costa, na condição de doença do trabalho, com as consequentes responsabilidades do proprietário pela assistência.
- Estabelecimento da jornada de sete horas nas minas e em 105 trabalhos insalubres, perigosos ou nocivos à saúde dos trabalhadores.
- Obrigação das empresas mineiras e petroleiras de reconhecer a seus trabalhadores, de modo permanente e efetivo, todos os direitos garantidos pelas leis do país.
- Aumento dos salários na indústria, na agricultura, nas minas, no transporte marítimo e terrestre e nas ilhas produtoras de *guano****, proporcionalmente ao custo de vida e ao direito dos trabalhadores a um nível de vida mais elevado.

---

* Originalmente Ley de Conscripción Vial, segundo a qual todos os homens entre 18 e 60 anos eram obrigados a prestar serviços gratuitos ao Estado para a construção de estradas – lei que afetou especialmente os indígenas, foco de tais recrutamentos. (N. T.)
** No original, Ley de la Vagancia: outro meio legal imposto pelo Estado para utilizar a mão de obra indígena – de modo forçado e quase gratuito – na construção de obras de infraestrutura. (N. T.)
*** *Guaneras*, no original: ilhas da costa peruana onde há acúmulo de excremento de aves usado como adubo (o *guano*). (N. T.)

- Abolição efetiva de todo trabalho forçado ou gratuito e abolição ou punição do regime semiescravista nas montanhas.
- Destinação das terras de latifúndios às comunidades, para que haja distribuição entre seus membros em proporção suficiente a suas necessidades.
- Expropriação a favor das comunidades, sem indenização, de todos os fundos dos conventos e das congregações religiosas.
- Direito dos indígenas cooperados*, arrendatários etc., que trabalhem em uma terra há mais de três anos consecutivos, de obter a definitiva permissão de uso de suas parcelas, mediante anualidades não superiores a 60% do padrão atual de arrendamento.
- Rebaixamento a menos de 50% desse padrão para todos aqueles que continuarem em sua posição de parceiros ou arrendatários.
- Direito de uso às cooperativas e aos camponeses pobres das terras tornadas aptas ao cultivo pelas obras agrícolas de irrigação.
- Manutenção, por toda parte, dos direitos reconhecidos aos empregados pela lei respectiva.
- Regulamentação, por uma comissão paritária, dos direitos de aposentadoria, de modo que isso não implique nenhum prejuízo daqueles já estabelecidos pela lei.
- Implementação do salário e da remuneração mínimos.
- Ratificação da liberdade de culto e de ensino religioso, ao menos nos termos do artigo constitucional, e a conseguinte revogação do último decreto contra as igrejas não católicas.
- Gratuidade de ensino em todos os seus níveis.

Essas são as principais reivindicações pelas quais o Partido Socialista lutará de imediato. Todas elas correspondem a exigências primordiais de emancipação material e intelectual das massas. Todas elas têm de ser ativamente defendidas pelo proletariado e por elementos conscientes da classe média.

A liberdade partidária – que permite a atuação pública sob o amparo da Constituição e das garantias que ela oferece aos cidadãos para criar e difundir sem obstruções a sua imprensa, bem como para realizar seus congressos e debates – é um direito reivindicado no próprio ato de fundação deste agrupamento.

---

* No original, *yanaconas*. (N. T.)

Os grupos estreitamente unidos que se dirigem hoje ao povo por meio deste manifesto assumem resolutamente, com a consciência de um dever e de uma responsabilidade histórica, a missão de defender e propagar seus princípios, e de manter e ampliar sua Organização, à custa de qualquer sacrifício. E as massas trabalhadoras da cidade, do campo, das minas e do campesinato indígena, cujos interesses e aspirações nós representamos na luta política, saberão se apropriar dessas reivindicações e dessa doutrina, combater perseverante e esforçadamente por elas e encontrar, por meio dessa luta, a via que conduz à vitória final do socialismo.

Viva a classe trabalhadora do Peru!

Viva o proletariado mundial!

Viva a revolução social!

Índice onomástico

ACHELIN, C. – Um dos pseudônimos do historiador e bibliófilo marxista Charles Hainchelin (1901-1944), membro do Comitê da Terceira Internacional e do Partido Comunista Francês. Autor de *Origens da religião* etc. 43

ADLER, Alfred (1870-1937) – Psicólogo vienense, discípulo de Freud. Fundador da psicologia individual, que considera o fator social como fundamental para a constituição psíquica – além do fator sexual, proposto por Freud. Dentre suas principais obras estão *Conhecimento do homem* e *A técnica da psicologia individual*. 33

ÁLVAREZ DEL VAYO, Julio (1891-1975) – Escritor, jornalista e político republicano espanhol. Dentre sua obra vasta e polêmica está *O caminho vermelho*. 32

AMENDOLA, Giovanni (1882-1926) – Jornalista, filósofo e político italiano, oponente do fascismo. Foi morto a pauladas por tropas fascistas. 120-3

ANDLER, Charles (1866-1933) – Professor e ensaísta francês. Escreveu *Nietzsche, sua vida e seu pensamento*. 29, 77-8

BABEUF, François Noël (Gracchus Babeuf) (1760-1797) – Jornalista e revolucionário francês. Participou da Revolução Francesa e é considerado um dos pioneiros do socialismo. Suas ideias estão reunidas no artigo "O cadastro perpétuo" (1790). Líder da Conjuração dos Iguais, em 1796, foi denunciado e preso, acusado de conspiração. Morreu executado na guilhotina. 168, 202-3

BARBUSSE, Henri (1873-1935) – Militante do Partido Comunista e romancista francês. Com a obra *O fogo*, ganhou o prêmio Goncourt (1916). Foi admirador de Mariátegui, a quem chamou de "iluminado" e "protótipo do novo homem americano". Também Mariátegui o admirava, tendo escrito um ensaio acerca de sua obra (em *La escena contemporánea*), no qual afirma que o escritor é um "profeta" que ouve a "música furiosamente doce da revolução" e destaca uma frase sua: "*Par sagesse, par pitié, révoltés-vous!*" [Por sabedoria, por piedade, revoltai-vos!]. 65, 180, 183, 190-1

BAUER, Otto (1881-1938) – Político e escritor austríaco. Fundou o jornal socialista *Der Kampf* [Nossa luta]. Após ser feito prisioneiro de guerra dos russos, aderiu ao socialismo. Ao regressar a seu país participou do governo e foi líder dos social-democratas. 89

BECHER, Johannes R. (1625-1682) – Médico e pesquisador alemão. Escreveu sobre a ideia de uma língua universal, bem como acerca de temas sociais e econômicos, especialmente relativos ao colonialismo. Sua obra principal é *Física subterrânea*. 89

BÉLA, Kun (1886-1937) – Líder político e revolucionário comunista húngaro. Prisioneiro na Rússia (entre 1914 e 1918), tornou-se comunista e regressou a Budapeste representando Lenin. Foi ministro de Relações Exteriores (1919) e fugiu do país ao ser condenado à morte pelo regime fascista de Miklós Horthy. Ocupou diversos cargos na URSS e Europa, destacando-se como hábil agitador. Foi preso várias vezes e expulso de diversos países. Morreu vítima dos nazistas na Segunda Guerra. 88

BENDA, Julien (1867-1956) – Ensaísta e editor francês. Foi crítico das ideias de Henri Bergson e defendia a intervenção dos intelectuais na vida social. 48, 61, 91, 93

BERGSON, Henri Louis (1859-1941) – Filósofo idealista francês. Autor de *A evolução criadora*, obra em que defende um evolucionismo espiritual, baseado na intuição – espécie de instinto intelectual que revela a realidade interior do homem. Escreveu também *A energia espiritual* e *O riso*. Ganhou o Nobel de Literatura – numa época em que tal prêmio ainda não tinha perdido a credibilidade diante de interesses econômicos. 30, 46, 85, 93

BERKELEY, George (1685-1753) – Bispo anglicano e filósofo empirista irlandês. Em 1710, apresenta seu princípio fundamental, "Ser é ser percebido" – o que está exposto em sua obra *Tratado sobre os princípios do conhecimento humano*. 73

BERL, Emmanuel (1892-1976) – Jornalista, historiador e ensaísta francês. Autor de *Morte do pensamento burguês*. 90-5, 99

BERNSTEIN, Eduard (1850-1932) – Político e parlamentar socialista alemão. Viveu por anos exilado em Londres. Escreveu vários livros e foi líder da ala direita do socialismo mundial – sendo muito combatido por Lenin. Editou e comentou as *Obras completas de Lassalle*. 29, 37, 40, 42, 58, 156, 178

BERTH, Édouard (1875-1939) – Pensador socialista francês, partidário do sindicalismo revolucionário. Foi discípulo de Georges Sorel e de Pierre-Joseph Proudhon. Autor de *Guerra de Estados ou guerra de classes*. 55

BERTHELOT, Philippe (1866-1934) – Diplomata francês influente no pós-guerra. 92

BLOOMFIELD, Meyer (1878-1938) – Líder de movimento para orientação vocacional e estudioso do empreendedorismo. 153

BLOY, Léon (1846-1917) – Escritor francês católico de espírito mordaz e agressivo. Escreveu diversas obras, nas quais é marcante seu estilo obscuro. 83

BORDIGA, Amadeo (1889-1970) – Pensador e revolucionário marxista italiano. Fundador do Partido Comunista da Itália – do qual foi líder até 1924, quando da ascensão de Gramsci. Autor de *Da economia capitalista ao comunismo*, entre outras obras. 174, 176

BRETON, André (1896-1966) – Poeta francês. Fundador da escola surrealista. Dentre suas obras estão *Manifesto surrealista* e *Os vasos comunicantes*. 94, 172

BRIAND, Aristide (1862-1932) – Político e diplomata francês que desempenhou papel importante nas relações internacionais da Primeira Guerra Mundial. 104, 131, 149, 163-4, 166

BRUNETIÈRE, Ferdinand (1849-1906) – Crítico e orador francês. Inflamado defensor do conservadorismo e da doutrina católica. 48

BUKHARIN, Nikolai (1888-1938) – Economista, editor, político e revolucionário comunista russo. Apoiador das teses econômicas de Lenin. Autor de diversas obras e traduções. Diretor do jornal soviético *Pravda*. Foi fuzilado a mando de Stalin, sob a acusação de conspirar com Trotski contra o governo da URSS. Formulou os princípios da economia soviética. Sobre esse assunto, publicou em 1920 *Economia da etapa de transformação*. Foi crítico do crescimento econômico muito acelerado dos anos 1920. Autor também de *O abc do comunismo* e *Tratado de materialismo histórico*. 46, 79, 84

CAILLAUX, Joseph (1863-1944) – Político francês. Durante a Primeira Guerra, acusou Georges Clemenceau de colaborar com os alemães, sendo preso por isso. Anistiado, regressou ao Parlamento. Foi ministro da Fazenda e senador. Escreveu *Minhas memórias*. 40-1, 103, 116, 180, 183

CHAMSON, André (1900-1983) – Escritor, ensaísta e militante da Resistência Francesa durante a ocupação nazista. Autor de *O crime dos justos*. 86-8, 90

CHARCOT, Jean-Martin (1825-1893) – Médico francês. Fundou e desenvolveu a especialidade científica da neuropatologia. 93

COCTEAU, Jean (1889-1963) – Escritor francês. Cultivou vários gêneros literários, incursionando também pela pintura e pelo cinema. Escreveu *Ópio*, *Os monstros sagrados* e a peça *A voz humana*, entre outras obras. 83, 86, 92

COMTE, Augusto (1798-1857) – Filósofo e politécnico francês. Fundador da escola positivista, que teve grande influência na vida científica da segunda metade do século XIX e início do século XX. E ainda hoje, o positivismo, sob a forma de um racionalismo estrito, serve a discursos conservadores de várias tonalidades, com suas teses pragmáticas e imediatistas que reduzem a dimensão humana a um utilitarismo mensurável. Sua obra mais conhecida é *Sistema de política positiva*. 45

COOLIDGE, J. Calvin (1872-1933) – Presidente dos Estados Unidos (1923-1929). Defensor do liberalismo econômico, cedeu espaço à forte especulação financeira que geraria a crise de 1929. 133-5

COPÉRNICO, Nicolau (1473-1543) – Astrônomo e matemático polonês. Sua teoria heliocêntrica revolucionou a ciência da época e abalou o poder e o dogma cristãos, ao afirmar que a Terra não era o centro do Universo – o que, segundo Freud, foi a primeira grande ferida no narcisismo da cultura ocidental. Escreveu *Da revolução das órbitas celestes*. 69

CROCE, Benedetto (1866-1952) – Filósofo idealista italiano. Tentou identificar a filosofia com a história, além de ter deixado várias contribuições à estética. Foi opositor do fascismo e líder do Partido Liberal Italiano. 43-4, 47, 53-4, 67, 83

CROMWELL, Oliver (1599-1658) – Líder da seita protestante inglesa "Os Puritanos". Em 1648, liderou a derrubada do rei Carlos I, condenando-o à morte. Nomeou a si mesmo Lorde Protetor, governando com esse título até morrer. 75, 153

D'ÁVILA, Teresa (1515-1582) – Escritora e religiosa espanhola. Conhecida como Santa Teresa de Jesus, é padroeira de seu país. Reformou a Ordem Carmelita, restaurando seu antigo rigor. Autora de *Livro de sua vida*, *Caminho da perfeição* e *O castelo interior*. Cultivou também o gênero epistolar – cujos escritos foram publicados em *Cartas*. 47

DARWIN, Charles (1809-1882) – Biólogo e naturalista inglês. Entre 1831 e 1836, realizou uma viagem de caráter científico a bordo do famoso navio *Beagle*; em 1846, publicou suas observações sobre a expedição. Seu livro principal é *A origem das espécies*, que data de 1859. Nessa obra clássica, demonstra sua teoria da evolução, a qual Freud afirmará que foi a segunda grande ferida narcisista da cultura ocidental – após a aberta por Copérnico. 45, 69, 161

DAWES, Charles G. (1865-1951) – Economista estadunidense. Um dos mentores do plano econômico para a reconstrução da Europa após a Primeira Guerra, o qual levou seu nome. 133

DE BROUCKÈRE, Louis (1870-1951) – Político e militante socialista belga. Editor do jornal *Le Peuple*, de Bruxelas. 49

DE SANCTIS, Gaetano (1870-1957) – Professor e historiador italiano liberal. Foi demitido de sua cátedra universitária pelo fascismo, em 1931, regressando em 1945. Dirigiu a *Revista de Filologia Clássica* e o *Caderno de Roma*. Autor de *História da república ateniense*, *História da Grécia* e *História de Roma*. 54

DE VRIES, Hugo Marie (1848-1935) – Biólogo holandês. Um dos cientistas a quem se atribui a redescoberta das Leis de Mendel sobre a hereditariedade – e, supostamente, sem ter tido contato com seu predecessor. 45

DEVILLE, Charles (1814-1876) – Geólogo e astrônomo franco-caribenho. Fundou o Observatório Meteorológico de Montsouris e desenvolveu teoria sobre a origem dos vulcões. 50

DREYFUS, Alfred (1859-1935) – Militar francês. Ficou famoso devido ao processo que leva seu nome, do qual acabou por ser absolvido, após defesa feita por Émile Zola e apoio popular. 36

DRIEU LA ROCHELLE, Pierre (1893-1945) – Escritor e jornalista francês. Ex-combatente na Primeira Grande Guerra, caracterizou-se por seu nacionalismo, seu gosto pela boa vida e sua atitude de flerte com o fascismo. Aventurou-se por vários gêneros literários, abordando temas e acontecimentos de seu tempo. Destacam-se suas obras *A comédia de Charleroi* e *Gilles*. 86, 90

DUHAMEL, Georges (1884-1966) – Poeta e escritor francês. Autor da obra *Vida e aventuras de Salavin*, escrita entre 1920 e 1932, cujo personagem principal é tido como um dos primeiros anti-heróis da literatura francesa. Escreveu também: *Os homens abandonados, Cena da vida futura, Diário de um aspirante a santo* e *Civilização*. 36

DURTAIN, Luc – Pseudônimo do escritor francês André Nepveu (1881-1959). Sua vasta produção abarca vários gêneros literários. Autor de *Quadragésimo andar, A outra Europa* etc. 36, 55-6

EASTMAN, Max (1883-1969) – Escritor e jornalista estadunidense, autor de *Marx, Lenin e a ciência da revolução*, publicado em 1926. Foi ativista político socialista e admirador de Trotski, embora no fim da vida tenha se tornado reacionário. 68-9, 70, 73, 84, 91, 97-100

EBERT, Friedrich (1871-1925) – Presidente da Alemanha. Foi líder do Partido Social-Democrata. Ao final da Primeira Guerra, opôs-se à insurreição comunista, favorecendo o fascismo – que o atacaria depois. 89, 177-80

EINSTEIN, Albert (1879-1955) – Cientista, ensaísta e socialista alemão. Fundador da física moderna. Desenvolveu a teoria da relatividade, que viria a revolucionar não apenas a Física, mas toda a ciência e a filosofia – ao sepultar o positivismo, ao menos enquanto projeto filosófico. No campo social, defendeu que não há alternativa para a sociedade senão o projeto de um mundo socialista. Escreveu: *Teoria geral da relatividade, Evolução da física, Como vejo o mundo, A minha filosofia* etc. 45, 124

ENGELS, Friedrich (1820-1895) – Filósofo e economista alemão. Fundador do materialismo histórico, ou filosofia da práxis, ao lado de Marx – com quem escreveu o *Manifesto Comunista, A ideologia alemã, A sagrada família*, além de outros clássicos. Foi secretário-geral da Primeira Internacional e, após a morte de Marx, organizou e liderou a Segunda Internacional. Por ser filho de família abastada, trabalha como empresário e, entre 1842 e 1844, tem contato bastante próximo com o operariado, escrevendo sua primeira grande obra, *A situação da classe trabalhadora na Inglaterra* – uma acusação analítica e erudita contra os crimes dissimulados da burguesia. Também é autor de *A origem da família, da propriedade privada e do Estado*, *A dialética da natureza*, *Do socialismo utópico ao socialismo científico*, *Anti-Dühring*, *Ludwig Feuerbach e o fim da filosofia clássica alemã* etc. Editou os volumes II e III de *O capital*, de Karl Marx. 29, 37, 45, 53, 62, 91, 95, 97, 99, 155, 205

ERZBERGER, Matthias (1875-1921) – Político centrista católico e economista alemão. Foi opositor do belicismo do *Kaiser*. 104, 137, 179

FACTA, Luigi (1861-1930) – Lugar-tenente de Giovanni Giolitti, presidiu um ministério fraco, de figuras secundárias na Câmara. 120, 122

FERENCZI, Sándor (1873-1933) – Médico e psicanalista húngaro. Foi um dos mais fiéis discípulos de Freud. Escreveu *Sexo e psicanálise* e *Problemas e métodos da psicanálise*, entre outras obras. 33

FERRI, Enrico (1856-1929) – Político e acadêmico italiano. É considerado o criador da ciência criminológica. Autor de *Sociologia criminal*. 100

FEUERBACH, Ludwig (1804-1872) – Filósofo alemão. Discípulo de Hegel, de quem se afastou para postular um "humanismo ateu", oposto ao espiritualismo cristão – em 1839, critica seu mestre em artigo publicado nos *Annales de Halle*, órgão dos hegelianos de esquerda. É atribuída a ele a primeira crítica da religião como sendo uma alienação do homem de si mesmo. Marx criticaria os limites de seu materialismo altruísta e vulgar – espécie de divinização do homem. Escreveu: *Pensamentos sobre morte e imortalidade*, *A essência do cristianismo* etc. 46

FICHTE, Johann (1762-1814) – Filósofo alemão. Abandonou a academia, acusado de ateísmo. Foi crítico de Kant. Autor de *Discursos à nação alemã*. 46-7

FORD, Henry (1863-1947) – Industrial estadunidense. Aplicou a meta *taylorista* na indústria automobilística e foi o primeiro a conceder aos operários participação nos lucros, em 1914. Chegou a propor seus serviços como mediador para pôr fim à guerra. Autor de *Minha vida e minha obra*. 38-40, 155

FRANK, Waldo (1889-1967) – Ensaísta e editor estadunidense. Sua obra trata de características e problemas especialmente da América Latina e da Espanha. Autor de *Nossa América*, *Na selva americana* e *Espanha virgem*. 48

FREUD, Sigmund (1856-1939) – Médico psiquiatra austríaco. Fundador da psicanálise, escola psicológica centrada no desenvolvimento e comportamento humanos cuja terapia é baseada na determinação dos processos mentais. Criou a concepção de inconsciente – conjunto de elementos psíquicos que escapam à consciência. Sua obra (bem como a de Nietzsche) foi estudada e admirada – embora com ressalvas – por Mariátegui. O filósofo peruano foi um dos pioneiros no campo do marxismo a atentar às questões inconscientes que permeiam o subterrâneo humano, não podendo ser abrangidas por um racionalismo pragmático e estreito: "Freudismo e marxismo [...] são parentes em seus diferentes domínios" – afirma na p. 69 de em *Defesa do marxismo*. 33, 45, 68-70, 92-3

GENNARI, Egidio (1876-1942) – Político e militante comunista italiano. Foi fundador do Partido Comunista da Itália, no qual atuou ao lado de Gramsci e Bordiga. 174

GENTILE, Giovanni (1875-1944) – Educador italiano. Aplicou suas ideias sobre o ensino durante o regime fascista. 43, 48, 83

GEORGE, David Lloyd (1863-1945) – Estadista britânico, membro do Partido Liberal. Foi primeiro-ministro entre 1916 e 1922. 103-5, 109-12, 115, 117, 120, 124-5, 131, 155

GIRAUDOUX, Jean (1882-1944) – Dramaturgo e poeta francês. Desenvolveu uma literatura lírica e fantástica. Autor das peças *Judith* e *O Apolo de Bellac*. 86, 92

GIULIOTTI, Domenico (1877-1956) – Escritor italiano. Com Giovanni Papini, escreveu *Dicionário do homem selvagem* (1923). 83

GOBETTI, Piero (1901-1926) – Jornalista e militante antifascista italiano. Foi editor da revista *Energia Nova*. Morreu vítima de agressão por corja fascista. 50-1, 57, 82

GRAMSCI, Antonio (1891-1937) – Filósofo, político e escritor comunista italiano. Fundou o jornal socialista *A Nova Ordem* (1919). Em 1921, participou da fundação do Partido Comunista da Itália, do qual chegou a ser secretário-geral em 1924. Em 1926, durante seu mandato como deputado, foi detido e condenado a vinte anos de prisão pelo governo Mussolini. Foi libertado apenas poucos dias antes de morrer – vítima dos maus-tratos sofridos na cadeia. Sua obra monumental escrita na prisão, *Cadernos do cárcere*, só viria a público postumamente, publicada em seis volumes. 88-9, 176

GRAZIADEI, Antonio (1872-1953) – Economista, professor e político italiano. Foi um dos fundadores do Partido Comunista da Itália. Escreveu *Democracia burguesa e democracia socialista*, *Compêndio de economia política* etc. 37, 174, 176

GROSZ, George (1893-1959) – Pintor, desenhista e militante alemão. Em 1919, filiou-se ao Partido Comunista Alemão. Participou ao lado de Rosa Luxemburgo da insurreição espartaquista, pelo que foi detido. Fez parte do movimento Nova Objetividade, após iniciar-se no dadaísmo. Ficaram famosas suas caricaturas de figuras políticas. 89

GUESDE, Jules (1845-1922) – Político e editor socialista francês. Participou de várias publicações, dentre elas o jornal *Les Droits de l'Homme* [Os direitos do homem]. Foi fundador do Partido Operário, no qual se chocaria com Jaurès e Millerand. Durante a Primeira Guerra, foi ministro. 50, 162, 164-5

HALÉVY, Daniel (1872-1962) – Escritor e pesquisador francês. Estudioso do pensamento do escritor Charles Péguy e de Nietzsche. Escreveu: *Péguy, A vida de Nietzsche, Decadência da Liberdade, Ensaios sobre o movimento operário na França* etc. 55

HEGEL, Georg Wilhelm Friedrich (1770-1831) – Filósofo alemão. Criou vasto sistema filosófico no qual buscou abranger pela razão as diversas dimensões da vida e do conhecimento humanos. Em sua busca por uma verdade absoluta – que deveria ser perseguida pela reflexão –, expõe seu método dialético, segundo o qual toda a realidade é fruto de movimentos de contraposição: sendo a síntese o resultado do choque entre a tese e a antítese. Tal idealismo racional prega que o mundo avança dialeticamente rumo a uma ideia única, absoluta – o que seria criticado por Feuerbach, que tenta substituir esse caráter religioso de seu pensamento ("teologia especulativa") por uma antropologia. Engels e Marx, a partir da metodologia dialética de Hegel e do materialismo dogmático de Feuerbach, desenvolveriam sua filosofia, o materialismo histórico. 43, 45-7, 55, 97, 99

HERBART, Johann (1776-1841) – Filósofo e pedagogo alemão. A partir da influência filosófica de Fichte e da pedagógica de Pestalozzi, funda um sistema de ideias cujos fundamentos são uma psicologia baseada na experiência e uma meta moral. 53

HERRIOT, Édouard (1872-1957) – Político francês. Membro do Partido Republicano. Foi primeiro-ministro no período entreguerras. 108, 131, 144, 147, 150-4, 166, 183

HILFERDING, Rudolf (1877-1941) – Economista austríaco. Foi um teórico revisionista do marxismo e destacado líder da social-democracia alemã durante a República de Weimar. 37, 40, 71, 186-7

HOOVER, Herbert (1874-1964) – Empresário e presidente conservador dos Estados Unidos na época da grande depressão de 1929. 66

JAMES, William (1842-1910) – Filósofo e psicólogo estadunidense. Criador de uma filosofia da experiência, pragmática e com vistas a fins práticos e imediatos. Fundou o laboratório de psicologia experimental. Junto com Carl Lange desenvolveu uma teoria que aponta os fenômenos fisiológicos como a causa dos estados emocionais. 46, 97

JAURÈS, Jean (1859-1914) – Político socialista francês. Fundador do jornal *L'Humanité* [A humanidade]. Foi assassinado por se opor à Primeira Guerra, à véspera do conflito. 30-1, 36, 50, 83, 163-9

JOGICHES, Leon (1867-1919) – Comunista lituano. Fundador do Partido Social-Democrata da Polônia-Lituânia. Foi amante de Rosa Luxemburgo – relacionamento cujas cartas amorosas seriam publicadas em *Camarada e amante*. Morreu assassinado pelo governo quando investigava o assassinato de Rosa e Liebknecht. 179

JUNG, Carl Gustav (1875-1961) – Psicólogo suíço. Opôs-se a seu mestre Freud ao propor que, além da sexualidade, também o impulso criador molda a personalidade e por afirmar que há um "inconsciente coletivo". Desenvolve, a partir de estudos antropológicos, teoria em que sistematiza concepções de várias culturas antigas sobre a personalidade. Prega que o homem desenvolve e torna consciente só um aspecto de seu caráter: intelecto, sentimento, sensualidade ou intuição (as primeiras no campo racional, as últimas no irracional). Tal ideia, porém, falha ao não perceber a dialética que contrapõe tais potências, racionais e irracionais, permitindo o desenvolvimento de aspectos antes inconscientes, em uma individuação rumo à plenitude potencial – o que, para Marx, é obstruído por um sistema social que reduz e compartimenta as atividades humanas. 33

KANT, Immanuel (1724-1804) – Filósofo alemão. Criador do idealismo transcendental e do criticismo, que expõe os limites da filosofia. Afirma que o homem só pode conhecer a aparência da realidade; mas, ao mesmo tempo, aponta que a razão tem algumas faculdades que a permitem ter certo grau de conhecimento ideal. Autor, dentre outras obras, de *Crítica da razão pura*, *Crítica da faculdade do juízo* e *Crítica da razão prática*. 43, 45, 47, 53

KAUTSKY, Karl (1854-1938) – Político e escritor alemão. Líder da Segunda Internacional. Socialista reformista, foi atacado duramente por Lenin. Na vitória dos socialistas na Alemanha em 1918, foi ministro de Relações Exteriores. O advento do nazismo o exilou na Bélgica. Escreveu: *Origens do cristianismo*, *Friedrich Engels: sua vida, seu trabalho e seus escritos*, *As doutrinas econômicas de Karl Marx* etc. 47, 55-6, 60, 89-90, 156, 177-8

KEYNES, John Maynard (1883-1946) – Economista britânico. Um dos principais fundadores da macroeconomia moderna. Defendia uma política econômica intervencionista, por meio da qual os governos usassem medidas fiscais e monetárias para reduzir os efeitos das crises cíclicas do capitalismo. Escreveu *As consequências econômicas da paz*, *Tratado sobre a moeda* e *Teoria geral do emprego, do juro e da moeda*, entre outros livros. 105, 108, 111, 116, 124-30

KEYSERLING, Hermann (1880-1946) – Filósofo alemão. Fundou escola centrada no intuicionismo e no irracionalismo, sendo importante representante da filosofia não acadêmica. Viajou o mundo, em 1911, e escreveu *Diário de viagem de um filósofo*. Seu conceito de saber o aproxima do pensamento oriental tradicional, sobretudo o indiano. Autor de: *Psicanálise da América*, *O mundo em formação*, *Análise espectral da Europa*, *Sobre a arte da vida*, *Meditações sul-americanas* etc. 83-5

KRISHNAMURTI, Jiddu (1895-1986) – Filósofo, educador e teólogo hindu. Em seu nascimento foi anunciado como novo Messias, mas afastou-se desse tipo de seita e desenvolveu a ideia segundo a qual toda verdade se corrompe ao ser organizada externamente – o que daria espaço ao individualismo. Autor de *A arte de escutar*, *Busca da felicidade*, *O livro da vida*, *Conhece-te a ti mesmo*, *A educação e o significado da vida*, *Diante de um mundo em crise*, dentre outros. 81, 84

KROPOTKIN, Piotr Alexeyevich (1842-1921) – Geógrafo, escritor e militante anarquista russo. Aristocrata de nascimento, desprezou o título de nobre quando adulto. Fundador do anarcocomunismo – corrente libertária mais próxima do marxismo. Foi um dos principais pensadores políticos do anarquismo. Dentre sua vasta obra, destaca-se: *A Comuna*, *A decomposição dos Estados*, *Todos socialistas*, *Os prelúdios da revolução*, *Trabalho intelectual e trabalho manual* e *A anarquia na evolução socialista*. 98, 144

LA FOLLETTE, Robert Marion (1855-1925) – Político republicano estadunidense. Deputado progressista, defendeu os agricultores e a nacionalização das estradas de ferro de seu país. 134, 136

LABRIOLA, Antonio (1843-1904) – Filósofo italiano. Estudioso de Hegel, foi importante teórico do marxismo. Influenciou desde o fundador do Partido Liberal Italiano, Benedetto Croce, até Antonio Gramsci. Escreveu: *Da liberdade moral*, *A concepção materialista da história*, *O problema da filosofia da história* etc. 57

LAFARGUE, Paul (1842-1911) – Jornalista e revolucionário socialista franco-cubano. Foi genro de Karl Marx, casando-se com sua filha Laura. Seu mais conhecido trabalho é *O Direito à preguiça*, publicado no jornal socialista *L'Égalité* [A igualdade]. Suicidou-se junto com Laura, aos 69 anos, em um pacto existencial. 54, 57, 163

LASSALLE, Ferdinand (1825-1864) – Filósofo e economista alemão. Foi influenciado pelo socialismo utópico de Louis Blanc e depois por Karl Marx. Participou da revolução proletária de 1848-1849. Estudou especialmente a questão do salário e foi defensor do sufrágio universal. 30, 32, 37, 59, 159, 167

LE PLAY, Pierre-Guillaume-Frédéric (1806-1882) – Economista e sociólogo francês. Realizou diversas viagens para pesquisar o cotidiano dos trabalhadores. Pregava a necessidade de se salvar a unidade familiar enquanto célula social fundamental para toda reforma política. Autor de *A reforma social na França*. 35

LENIN [Vladimir Illitch Ulianov] (1870-1924) – Filósofo, revolucionário, estrategista e político russo. Foi fundador do Partido Bolchevique e líder máximo da Revolução Soviética. Fundou a Terceira Internacional e desenvolveu na prática e na teoria a filosofia comunista da práxis, aplicando o marxismo à etapa imperialista – o que analisa em obras como *Que fazer?*, *Materialismo e empiriocriticismo* e *O imperialismo, fase superior do capitalismo*. 31, 41, 43, 46, 56, 60, 71, 81, 83, 88-91, 95-6, 98, 109, 133, 141, 143, 153, 155, 171, 180-2, 190-1

LEVINE, Eugen (1883-1919) – Revolucionário comunista alemão. Foi dirigente do Partido Social-Democrata Independente e da efêmera República dos Conselhos de Munique. Com a derrota da Revolução Alemã, foi fuzilado. 88, 179

LIEBKNECHT, Karl (1871-1919) – Político e dirigente socialista alemão. Com Rosa Luxemburgo fundou a Liga Espartaquista, em 1916, movimento que surgiu na Alemanha em oposição ao regime social-democrata vigente na República de Weimar. Morreu junto com Rosa, assassinado por tropa reacionária. 88, 177-9

LUNACHARSKY, Anatoli (1875-1933) – Político e intelectual russo. Membro do Partido Comunista desde 1903. Entre 1917 e 1929 foi comissário do povo para a Instrução Pública, tendo se dedicado a salvaguardar os tesouros histórico-artísticos de seu povo – feito que lhe valeu consideração internacional. Autor de *Dom Quixote libertado*. 46, 144-8, 152-3

LUXEMBURGO, Rosa (1871-1919) – Revolucionária e filósofa comunista polaca-alemã. Foi líder do Partido Comunista Alemão e apoiou Karl Liebknecht na luta da Liga Espartaquista. Ficou encarcerada por vários anos e foi brutalmente assassinada durante uma insurreição popular socialista. Dentre sua obra, destacam-se: *Reforma ou Revolução?* e *A questão nacional e a autonomia*. 47, 88, 177-9

MACDONALD, James Ramsay (1866-1937) – Estadista inglês. Líder do Partido Trabalhista, opôs-se à entrada da Inglaterra na Primeira Guerra e foi muito combatido por seus ideais pacifistas. Apoiou o Plano Dawes e restabeleceu as relações de seu país com a URSS. Autor de *O parlamento e a revolução*. 72, 83, 108, 115-6, 131, 154, 189

MAIAKÓVSKI, Vladímir Vladimirovitch (1893-1930) – Poeta, dramaturgo e revolucionário russo, membro do Partido Bolchevique. Após a Revolução Soviética, apoiou a política cultural do Estado, criando diversas formas para cativar multidões e levar a arte ao povo. É um dos fundadores do futurismo russo. Entre sua obra, destacam-se: "Ode à Revolução" e "Vladimir Ilitch Lenin" (poesia), *Mistério-bufo* e *O percevejo* (teatro), *Poética – Como fazer versos?* (ensaio) e *Eu mesmo* (autobiografia). 146, 148

MALATESTA, Errico (1853-1932) – Militante e teórico anarquista italiano. É considerado um dos principais pensadores do anarquismo moderno. Opôs-se ao anarquismo "cientificista" de seu camarada Kropotkin – pois lhe pareceu positivista. Define o anarquismo como um "ideal ético e social". Escreveu: *A revolução na prática*, *Anarquia e reforma*, *Um projeto de organização anárquica*, *Democracia e anarquia* e *Base moral do anarquismo*, entre várias outras obras. 119

MALON, Benoît (1841-1893) – Político e militante socialista francês. Opôs-se à ideia de um socialismo evolucionista. Fundou a *Revue Socialiste* [Revista Socialista] e escreveu, dentre outros, os livros: *História do Socialismo* e *Socialismo integral*. 78

MAQUIAVEL, Nicolau (1469-1527) – Filósofo e político ítalo-florentino. Sua obra é considerada um pilar da política moderna. Autor, dentre outros, do clássico *O príncipe*. 54

MARINETTI, Filippo (1876-1944) – Poeta italiano. Fundador do movimento futurista, cujo Manifesto aparece no jornal *Le Figaro*, de Paris (1909), e cujos principais frutos se encontram na revista *Poesia*, editada por seu grupo. Suas ideias defendiam a destruição da sintaxe, a oposição às fórmulas tradicionais e acadêmicas, expondo a necessidade de abandonar as velhas fórmulas e criar uma arte livre e anárquica, capaz de expressar o dinamismo e a energia da moderna sociedade industrial. Mariátegui, em seu artigo *El balance del suprarrealismo* [O balanço do surrealismo], afirma que o aspecto megalomaníaco e ávido por modernidade desse movimento acabou por facilitar sua incorporação pelo regime fascista. Autor de: *Zang-Tumb-Brumb* e *Futurismo e fascismo*. 45, 48

MASARYK, Tomáš S. (1850-1937) – Político tchecoslovaco. Líder da resistência de seu país diante da invasão alemã na Primeira Guerra. Organizou também exércitos de libertação na Rússia e na França. Em 1918, proclamou a independência da Tchecoslováquia – hoje dividida em República Tcheca e Eslováquia – e foi eleito presidente por três vezes. Escreveu: *Memórias*. 29

MAUROIS, Andre (1885-1967) – Escritor francês cujo nome de batismo era Émile Herzog. Sua obra é vasta. Escreveu as biografias de Disraeli, Byron e Shelley, ensaios como *História da Inglaterra*, além de contos e romances. 92

MAURRAS, Charles (1868-1952) – Político monarquista-fascista francês. Dirigiu o jornal *L'Action Française* [A Ação Francesa]. Após a última ocupação alemã da França, foi condenado ao cárcere como colaboracionista. 48, 137

MEHRING, Franz (1846-1919) – Historiador, editor e político alemão. Durante a Primeira Guerra, distanciou-se do Partido Social-Democrata e foi fundador da Liga Espartaquista (em 1916), junto com Rosa Luxemburgo e Karl Liebknecht. 177-9

MENGER, Carl (1840 - 1921) – Economista austríaco. Fundador da escola austríaca de economia. Opôs-se à ideia de valor da economia clássica (valor-trabalho), propondo uma teoria subjetiva do valor – a teoria da utilidade marginal, centrada na satisfação dos desejos. 77-8

MONZIE, Anatole de (1876-1947) – Político francês. Foi senador e ministro no pós-guerra. 150-1, 153-4

MORAND, Paul (1888-1976) – Escritor modernista franco-russo. Sua capacidade descritiva fez seu nome percorrer o mundo, ao mostrar a Europa após a Primeira Guerra, na obra *Aberto de noite e fechado de dia*. Escreveu também teatro e poesia. 83, 92

MUSSOLINI, Benito (1883-1945) – Político italiano fundador do fascismo. Filiado de início ao movimento socialista, foi logo expulso por causa de suas ideias nacionalistas, belicistas e imperialistas. Conquistou o poder e governou desde 1922 até 1943 – tendo sido executado pela resistência popular antifascista durante a Segunda Guerra. 31, 107, 109, 115, 119-23, 139, 155, 162, 186

NICHOLSON, Joseph Shield (1850-1927) – Economista inglês. Escreveu *O Ressurgimento do marxismo*, publicado em 1921. 77

NITTI, Francesco Saverio (1868-1953) – Político italiano. Foi ministro do Reino da Itália. Desempenhou papel importante no pós-guerra. 103, 105, 108, 116-20, 122-3, 127, 135

NOSKE, Gustav (1868-1946) – Político belicista alemão. Membro do Partido Social-Democrata, foi um dos líderes do sanguinário esmagamento da Revolução Alemã – tendo ordenado o assassinato de Karl Liebknecht e Rosa Luxemburgo. Sua ação facilitou a ascensão nazista – que, ao assumir o poder, demitiu-o. 87

ORTEGA Y GASSET, José (1883-1955) – Filósofo e escritor espanhol. Meditou sobre os mais diversos problemas contemporâneos. Dentre suas principais obras, estão: *O tema de nosso tempo*, *Espanha invertebrada*, *Meditações de Quixote*, *A desumanização da arte*, *A rebelião das massas* e *Estudos sobre o amor*. Fundou e editou o periódico *Revista de Occidente*. 157

PACHA, Mustafá Kemal (Atatürk) (1881-1938) – Militar, político e revolucionário turco. Líder fundador da República da Turquia, da qual foi o primeiro presidente. Influenciado pelo iluminismo, liderou o Movimento Nacional Turco na Revolução de Independência. Após estabelecer um governo provisório em Ancara, derrotou as forças enviadas pela Tríplice Entente (Inglaterra, França e Rússia) – libertando o país e proclamando a República, no lugar do governo imperial otomano. 197-8

PARETO, Vilfredo (1848-1923) – Economista e sociólogo italiano. Professor de Economia Política na Universidade de Lausanne, escreveu: *Marx: o Capital*, *Os sistemas socialistas*, *Manual de Economia Política*, *Tratado de sociologia geral* etc. 46

PAUL-BONCOUR, Joseph (1873-1972) – Político e diplomata francês. Atuou no entreguerras. 72, 108, 165

POINCARÉ, Raymond (1860-1934) – Político nacionalista francês. Presidente da República Francesa durante a Primeira Guerra. Escreveu: *Questões e figuras políticas* e *Ideias contemporâneas*. 92, 105, 131, 136, 149-50, 154-5

PREOBRAJENSKI, Ievguêni Alexeivitch (1886-1937) – Revolucionário e economista soviético. Foi membro do Comitê Central do Partido Comunista da União Soviética e idealizador do planejamento soviético. Junto com Trotski, participou da Oposição de Esquerda (entre 1923 e 1927), quando do afastamento de Lenin do poder. Morreu fuzilado, assassinado pelos processos de Stalin. 158

PRÉVOST, Jean (1901-1944) – Ensaísta francês. Morreu como soldado na resistência francesa durante a Segunda Guerra. Seus textos foram organizados na publicação *Os caráteres*. 86-8, 90

PRIMO DE RIVERA, Miguel (1870-1930) – General e político conservador espanhol. Deu um golpe de Estado em 1923 e foi ditador até 1930. 162

PROUDHON, Pierre-Joseph (1809-1865) – Economista e político socialista francês. Defende a ideia – pela qual militaria por toda a vida – de que a propriedade privada é um roubo. Por seus ataques a Napoleão, foi preso (entre 1849 e 1855) e exilado. Sua obra *Sistemas de contradições econômicas* exerceu grande influência no movimento sindical da época – seus seguidores foram chamados "mutualistas". É tido como o primeiro a expor a ideia da "luta de classes". Autor de *Filosofia da miséria* – obra caracterizada por um socialismo utópico, à qual Marx responderia com sua *Miséria da filosofia*. 35, 98

RECLUS, Élisée (1830-1905) – Escritor e geógrafo francês. Aos 21 anos de idade, deixa a França por seus ideais republicanos, viajando pela Europa e América e se aproximando dos anarquistas. Em 1867, como anarquista, filiou-se à Internacional. Em 1871, dirigiu o movimento de defesa da Comuna de Paris, pelo que foi preso e exilado. Escreveu um tratado enciclopédico em cinco volumes, que deixou incompleto: *O homem sobre a Terra*. 50

RENAN, Ernest (1823-1892) – Escritor, filólogo e historiador francês. Professor do Colégio de França. Dentre sua obra, destaca-se *Vida de Jesus*, primeira parte de sua *História das origens do cristianismo*. 35, 57

REYBAUD, Marie Roch Louis (1799-1879) – Economista liberal, jornalista e político francês. 77

ROLLAND, Romain (1866-1944) – Escritor francês. Humanista defensor do pacifismo, exerceu influência sobre escritores de seu tempo. Autor das obras *A fonte encantada*, *Os lobos* e *Beethoven*, entre outras. 144, 148, 183, 187, 191, 193

ROUSSEAU, Jean-Jacques (1712-1778) – Filósofo e escritor suíço-genebrino. É considerado um dos principais expoentes do iluminismo, embora tenha sido uma figura desgarrada do movimento, por suas ideias que questionavam a visão artificialista a respeito do progresso humano. Por sua oposição ao racionalismo desenfreado, é tido como iniciador do romantismo. Acerca do assunto escreve *Discurso sobre as ciências e as artes* (1750), no qual acusa a "cultura moderna" de ter agravado os males sociais e degradado costumes naturais e saudáveis. Entendia que a cultura não é uma meta em si mesma, mas somente quando está a serviço do homem. Por tais características, segundo o filósofo marxista Galvano Della Volpe, seu pensamento foi precursor de ideias do marxismo – Marx o cita em estudo sobre a expulsão dos camponeses de suas terras. Autor, entre outras obras, de *O contrato social*, *Discurso sobre a origem e os fundamentos da desigualdade entre os homens*, *Julie – ou a Nova Heloísa* e *Emílio – ou da educação*. 65

RUSSELL, Bertrand Arthur William (1872-1970) – Matemático, filósofo, lógico e político galês. Foi ativista liberal, embora aristocrata (conde). Popularizador do ensino de filosofia, tendo escrito sobre diversos temas. 36

SADOUL, Jacques (1881-1956) – Capitão francês. Membro da missão militar da França em Moscou (1917), aderiu ao comunismo e ocupou várias funções na Rússia até 1924. Embora condenado à morte na França, retornou ao país; sua pena de morte foi suspensa e transformada em multa. Integrante do Partido Comunista Francês, permaneceu sempre aliado aos soviéticos. 144, 170, 180-4

SAINT-JUST, Louis Antoine Léon de (1767-1794) – Político e revolucionário francês. Partidário de Robespierre, votou a favor da execução imediata de Luís XVI. Foi membro do Triunvirato do Comitê de Saúde Pública. Morreu guilhotinado. 90, 152

SCHELER, Max (1874-1928) – Filósofo alemão. Seu trabalho fundamentou o desenvolvimento da fenomenologia. Estudou também a ética e a antropologia filosófica. 84

SCHWEYER, Alberto Lamar (1902-1942) – Jornalista cubano. Trabalhou no jornal *Heraldo* [Mensageiro] e nas revistas *Social* e *El Fígaro*. 33

SHAW, George Bernard (1856-1950) – Dramaturgo e socialista inglês. Foi propulsor de um teatro realista e atento às questões sociais. Ganhou o prêmio Nobel de Literatura em 1952. Dentre suas peças, destacam-se: *Pigmaleão*, *Santa Joana*, *A comandante bárbara* e *Homem e super-homem*. 93, 95, 161

SOREL, Georges Eugène (1847-1922) – Filósofo e engenheiro francês. Teórico do sindicalismo revolucionário, foi defensor da violência como meio de libertação da mediocridade social predominante. Marxista heterodoxo, influenciou-se pela ética de Proudhon, pela repulsa à mediocridade de Nietzsche e também por Giambattista Vico, Henri Bergson e William James. Trabalhando como engenheiro, pede demissão em 1892 para dedicar-se a estudos de filosofia social. Impulsionador da luta de classes, foi admirado por Mariátegui e Gramsci – embora tenha sido criticado por Lenin. Escreveu, dentre outros trabalhos, *Meditações sobre a violência* e *Materiais para uma teoria do proletariado*. 30-1, 35, 37, 46, 49, 51, 55-6, 58, 67, 77, 81, 85, 96, 100, 164, 167, 170-1

SPENCER, Herbert (1820-1903) – Sociólogo inglês. Aplicou ao campo social suas ideias evolucionistas. Autor de *Princípios de sociologia*. 45, 161

SPENGLER, Oswald (1880-1936) – Filósofo alemão. Ficou célebre por seu livro *A decadência do Ocidente*. 29, 85, 118, 124, 133, 142

STAMMLER, Rudolf (1856-1938) – Filósofo do direito alemão. Foi inspirador da corrente jurídica dita neokantiana – segundo a qual se tentou superar o positivismo predominante da época. 44, 84

STEINER, Rudolf (1861-1925) – Filósofo e educador austro-húngaro. Foi fundador da antroposofia e da pedagogia Waldorf. 84

STURZO, Dom Luigi (1871-1959) – Sacerdote e político italiano. Após a Primeira Guerra, quando o papa Pio X liberou os católicos para a atuação política, funda o Partido Popular – de orientação democrata-cristã. Exilado pelo fascismo, publicou no estrangeiro obras políticas como *Política e moralidade* e *A Itália e a nova ordem mundial*. 137-9

TAGORE, Rabindranath (1861-1941) – Poeta, romancista, músico e dramaturgo indiano. Foi um marco da literatura e da música bengali na passagem do século XIX ao XX, ao superar as rígidas formas clássicas. Autor de *Gitanjali* (1910), foi o primeiro escritor não europeu a conquistar o Nobel de Literatura (1913). 190-5

TARDIEU, André (1876-1945) – Político centro-direitista francês. Foi primeiro-ministro. Estudou a questão da paz no pós-guerra, sobre a qual escreveu o livro *A paz* (1921). 104-5

TERRACINI, Umberto Elia (1895-1983) – Político e militante italiano. Fundou e dirigiu o Partido Comunista Italiano. Autor de *Considerações sobre o comunismo difícil*. 89, 174, 176

THIBAUDET, Albert (1874-1936) – Ensaísta e crítico literário francês. Autor de *Gustave Flaubert*, *Poesia de Mallarmé*, *Paul Valery* e *Stendhal*, além da inacabada *História da literatura francesa*. 92

TILAK, Bal Gangadhar (1856-1920) – Político nacionalista e jornalista indiano. Lutou contra o Império Inglês pela independência, tendo sido líder do Movimento de Independência Indiano. 188, 190-1

TILGHER, Adriano (1887-1941) – Crítico e filósofo italiano. Em 1925, assina o *Manifesto dos Intelectuais Antifascistas*, redigido por Croce. Foi grande admirador de Pirandello. Autor de *O teatro de Luigi Pirandello*, *Relativismo contemporâneo* etc. 61, 65, 91, 103

TOLLER, Ernst (1893-1939) – Escritor, militante e político alemão. Em 1918, participou das revoltas da Baviera. Foi membro do governo revolucionário de Munique, pelo que seria encarcerado. Sua obra poética, escrita na prisão, é refinada. Em 1936 viaja para Nova York, onde se suicidaria três anos depois. Escreveu a autobiografia *Fui um alemão*. 89

TOLSTÓI, Leon (1828-1919) – Romancista e pacifista russo, foi um dos grandes nomes da literatura de seu país, ao lado de Dostoiévski, Górki e Tchekov. Entre suas obras principais figuram *Guerra e paz* e *Anna Kariênina*. 143-4, 190

TROMBETTI, Alfredo (1866-1929) – Professor e linguista italiano. Seus estudos se centraram especialmente na filologia. 48

TROTSKI, Leon (1879-1940) – Político, militante, escritor e filósofo russo. Após agitada juventude revolucionária, participa ativamente da Revolução Comunista de 1917. Foi presidente do soviete de Moscou e ministro das Relações Exteriores e da Guerra, além de um dos principais organizadores do Exército Vermelho. Sua disputa política com Stalin, após o afastamento de Lenin por problemas de saúde, o levaria ao exílio. Fundador da Quarta Internacional. Foi violentamente assassinado, a mando de Stalin, no México. Escreveu ampla obra, dentre ela *A Revolução Russa*, *A revolução permanente*, *A revolução traída*, *Vida de Lenin* e sua autobiografia. 46, 89, 141-4, 146, 152, 158, 167, 169, 181-2

UNAMUNO, Miguel de (1864-1936) – Filósofo, filólogo e escritor espanhol. Seu pensamento profundo, abrangente e contraditório exerceu grande influência na filosofia contemporânea. Suas mudanças políticas e religiosas foram motivo de bastante polêmica. Autor, dentre tantas obras, dos ensaios *A agonia do cristianismo* e *O sentimento trágico da vida*; da peça *Fedra*; e do livro de poesias *Teresa: rimas de um poeta desconhecido*. 54, 56, 60

VALENTINO, Rodolfo (1895-1926) – Popular ator e dançarino ítalo-estadunidense. Famoso por suas atuações no cinema mudo, foi um dos primeiros símbolos sensuais a caracterizar a ideia do "amante latino" – fabricada pela indústria de Hollywood. 36

VALÉRY, Paul (1871-1945) – Poeta e ensaísta francês. Filiou-se ainda jovem ao simbolismo, escola literária da qual foi grande representante. Ocupou cadeira na Academia Francesa. Sua poesia é considerada intelectual e obscura, embora brilhante. Escreveu *A jovem parca*, *Olhares sobre o mundo atual* etc. 43

VANDERVELDE, Émile (1866-1938) – Político e militante socialista belga. Membro do Executivo da Internacional Socialista. Foi ministro e representou a Bélgica na Conferência de Paz (1925), tendo assinado o Pacto de Locarno. Sendo pacifista, tentou reduzir o serviço militar para seis meses. Escreveu *A questão agrária na Bélgica*, entre outros livros. 32, 37, 49, 51-2, 77-9, 81, 84, 156

VILLARI, Pasquale (1827-1917) – Professor, historiador e político italiano. Foi senador. Escreveu *Ensaio sobre a filosofia da história*. 54

WELLS, H. G. (Herbert George) (1866-1946) – Romancista inglês. Dedicou-se a narrativas utópicas, fantásticas e científicas – e inclusive muitos de seus vaticínios se cumpriram. Defendia um ateísmo otimista. Escreveu: *A guerra dos mundos, O homem invisível, Breve história do mundo* e *Uma utopia moderna*, entre outros livros. 36, 144

WILSON, Thomas Woodrow (1856-1924) – Político estadunidense. Foi um presidente de práticas fortemente imperialistas. Por interesses estratégicos e econômicos no Canal do Panamá, forçou a secessão panamenha da Colômbia; invadiu o México com sua infantaria; e contraditoriamente ganhou o prêmio Nobel da Paz. Iniciada a Primeira Guerra, titubeou antes de se decidir pela – oportuna – entrada dos Estados Unidos no conflito. Depois, teve influência na política de Paz do pós-guerra, com sua proposta dos Catorze Pontos. Foi um dos idealizadores da extinta Liga das Nações. 103-7, 123-6, 133-5, 197

Cronologia resumida de José Carlos Mariátegui

1894   No dia 14 de junho, em Moquegua, nasce José Carlos Mariátegui, filho de Maria Amalia La Chira Ballejos (1860-1946) e Javier Francisco Mariátegui y Requejo (1849-1907). O pai, em seguida, abandona a família.

1899   Mariátegui, a mãe e os irmãos Guilhermina e Julio César vão viver em Huacho.

1901   Mariátegui ingressa na escola.

1902   Recebe um golpe no joelho da perna esquerda. É levado para Lima e internado na Maison de Santé. É obrigado a se tratar por quatro meses e largar os estudos. Fica coxo da perna esquerda.

1907   Perde o pai.

1909   Começa a trabalhar como entregador, ajudante e linotipista do jornal *La Prensa*, de Lima.

1911   Publica o primeiro artigo no jornal *La Prensa*. Começa a utilizar o pseudônimo de Juan Croniquer.

1914   Publica artigos na revista *Mundo Limeño*.

1915   Continua publicando artigos nas revistas *El Turf* e *Lulú*. Escreve, juntamente com Julio Baudoin, a peça teatral *Las tapadas*.

1916   Publica artigos na revista *Colónida*. Torna-se redator-chefe e cronista político do jornal *El Tiempo*. É nomeado codiretor da revista *El Turf*. Escreve a peça *La mariscala*, um "poema dramático em seis jornadas e um verso", com Abraham Valdelomar.

1917   Ganha um concurso literário promovido pela municipalidade de Lima com a crônica "La procesión tradicional". Participa, junto com outros jornalistas, do "escândalo" da bailarina Norka Rouskaya. Publica o jornal *La Noche*. Começa a estudar latim na Universidade Católica, mesmo tendo sido sempre autodidata e não tendo nenhuma formação acadêmica. É eleito vice-presidente do Círculo de Jornalistas.

1918   Renuncia ao pseudônimo de Juan Croniquer. Funda, com César Falcón e Félix del Valle, a revista *Nuestra Epoca*, sobre temas políticos. Ajuda a criar o Comitê de Propaganda e Organização Socialista, do qual mais tarde se afasta. Primeiro encontro com Haya de la Torre.

1919   Publica o jornal *La Razón*. Em 8 de outubro, passa a viver na Europa. Fica quarenta dias em Paris. Em dezembro, chega a Gênova, Itália.

1920   A partir de janeiro, começa a viver em Roma. Viaja no mesmo ano para Florença, Gênova e Veneza. Conhece Anna Chiappe, de 17 anos. Começa a enviar artigos novamente para *El Tiempo*.

1921   Casa-se com Anna Chiappe. Passa a lua de mel em Frascati. Em 5 de dezembro nasce seu filho Sandro. Assiste como jornalista ao XVII Congresso Nacional do Partido Socialista Italiano em Livorno. Viaja a Milão, Turim e Pisa.

1922   Retorna a Gênova para participar como jornalista da Conferência Econômica Internacional. Juntamente com César Falcón, Carlos Roe e Palmiro Machiavello, funda a primeira célula "comunista" peruana. Vai com a esposa e o filho a Munique, Alemanha. Entre junho e julho segue para Paris. Viaja de barco pelo rio Danúbio e passa por Viena e Budapeste. Também vai a Praga, Tchecoslováquia.

1923   Em fevereiro, retorna ao Peru no navio alemão Negada, com a esposa Anna e o filho. Começa a dar palestras nas Universidades Populares González Prada. Também começa a colaborar com as revistas *Variedades* e *Claridad* (desta última será diretor).

1924   Em janeiro é preso durante uma reunião dos editores da revista *Claridad* com alunos e professores universitários. Sua saúde piora. Tem a perna direita amputada. Continua escrevendo para a imprensa peruana.

1925   Funda, com o irmão Julio César, a editora Minerva. Começa a escrever para a revista *Mundial*. Publica o livro *La escena contemporánea*.

1926   Começa a publicar a revista *Amauta*.

1927   No começo do ano, envolve-se numa polêmica com Luis Alberto Sánchez sobre o indigenismo.

1928   Começa sua polêmica com Haya de la Torre. Publica o livro *Sete ensaios de interpretação da realidade peruana*. Funda o jornal *Labor*. Começa a se relacionar com a Secretaria Sindical da Terceira Internacional e envia dois delegados para o Congresso da Internacional, em Moscou, e para o Congresso dos Países Orientais, em Bakú. Funda o Partido Socialista do Peru e é escolhido secretário-geral da organização.

1929   Ajuda a fundar a CGTP (Confederação Geral dos Trabalhadores do Peru).

1930   Sua saúde piora novamente e em março é internado às pressas na Clínica Villarán. Morre no dia 16 de abril. No mesmo ano, seu partido muda de nome para Partido Comunista do Peru.

Obras do autor

Títulos organizados por José Carlos Mariátegui:
La escena contemporânea. Lima, Editorial Minerva, 1925.
Siete ensayos de interpretación de la realidad peruana. Lima, Editorial Minerva, 1928. [Ed. bras.: *Sete ensaios de interpretação da realidade peruana*. São Paulo, Expressão Popular, 2008.]

Títulos publicados postumamente na coleção Obras Completas Populares, da Empresa Editora Amauta (Lima):

Tomo I	*La escena contemporánea*, 1959.
Tomo II	*Siete ensayos de interpretación de la realidad peruana*, 1943.
Tomo III	*El alma matinal y otras estaciones del hombre de hoy*, 1950.
Tomo IV	*La novela de la vida*, 1955.
Tomo V	*Defensa del marxismo*, 1959.
Tomo VI	*El artista y la época*, 1959.
Tomo VII	*Signos y obras*, 1959.
Tomo VIII	*Historia de la crisis mundial*, 1959.
Tomo IX	*Poemas a Mariátegui* (este livro não foi escrito por Mariátegui, mas está incluído na coleção), 1959.
Tomo X	*José Carlos Mariátegui* (escrito por Maria Wiesse), 1945.
Tomo XI	*Peruanicemos al Perú*, 1970.
Tomo XII	*Temas de nuestra América*, 1960.
Tomo XIII	*Ideología y política*, 1969.
Tomo XIV	*Temas de educación*, 1970.
Tomo XV	*Cartas de Itália*, 1969.
Tomo XVI	*Figuras y aspectos de la vida mundial* (volume 1), 1970.
Tomo XVII	*Figuras y aspectos de la vida mundial* (volume 2), 1970.
Tomo XVIII	*Figuras y aspectos de la vida mundial* (volume 3), 1970.
Tomo XIX	*Amauta y su influencia* (escrito por Alberto Tauro), 1960.
Tomo XX	*Mariátegui y su tiempo* (escrito por Armando Bazán), 1969.
Tomo XXI	*Escritos juveniles*, 1987.

Veja também, da Boitempo, *Do sonho às coisas: retratos subversivos*, ensaios de Mariátegui selecionados por Luiz Bernardo Pericás.

Este livro foi composto em Adobe Garamond Pro 11/15 e Trajan, e reimpresso em papel Avena 80 g/m² pela gráfica Forma Certa, para a Boitempo, em abril de 2025, com tiragem de 100 exemplares.